"十二五"高职高专财经管理类规划教材
小微企业经营管理能力提升系列教材

企业法律风险管理与实训

邓白君　编著

上海财经大学出版社

图书在版编目(CIP)数据

企业法律风险管理与实训/邓白君编著.—上海:上海财经大学出版社,2015.4
"十二五"高职高专财经管理类规划教材
小微企业经营管理能力提升系列教材
ISBN 978-7-5642-2055-6/F·2055

Ⅰ.①企… Ⅱ.①邓… Ⅲ.①企业法-中国-高等职业教育-教材 Ⅳ.①D922.291.91

中国版本图书馆 CIP 数据核字(2014)第 286868 号

□ 责任编辑　石兴凤
□ 封面设计　张克瑶
□ 责任校对　赵　伟

QIYE FALÜ FENGXIAN GUANLI YU SHIXUN
企业法律风险管理与实训
邓白君　编著

上海财经大学出版社出版发行
(上海市武东路 321 号乙　邮编 200434)
网　　址:http://www.sufep.com
电子邮箱:webmaster@sufep.com
全国新华书店经销
同济大学印刷厂印刷
上海景条印刷有限公司装订
2015 年 4 月第 1 版　2015 年 4 月第 1 次印刷

787mm×1092mm　1/16　10.5 印张　268 千字
印数:0 001—4 000　定价:30.00 元

小微企业经营管理能力提升系列教材编审委员会

主　　任　钟丽英　王晓敏

副主任　冯星树　王　霜　童囡囡
　　　　　黎光治　陈松光　谭福河

编　　委　欧阳振成　阚雅玲　陈建成　吴　强
　　　　　王丽娜　　何　霞　邓白君　占　挺
　　　　　劳宇东　　吴　隽　陈志豪　卢北京
　　　　　梁　海　　陈森圭　程　丹　宋启平
　　　　　李　霞　　许宏林　李　军　彭　静

总 序

学习成就未来

在广州市职业能力培训指导中心（以下简称"培训指导中心"）与广州番禺职业技术学院的精心筹划之下，"小微企业经营管理能力提升系列教材"成功出版，这是值得祝贺的事。

在创造就业机会、增加税收、技术创新等方面，小微企业扮演着非常重要的角色，更重大的意义在于小微企业所代表的创新、创业精神，这是区域社会经济发展的基础动力。可以说，小微企业的素质决定了区域未来的发展。因此，小微企业的经营管理能力提升不单纯是对企业的自我完善，也对社会具有深远的影响和意义。

小微企业数量多、行业千差万别、经营不稳定、人员结构复杂等的特殊性，决定了对这个群体实施教育提升服务是颇具挑战性的。广州市人力资源和社会保障局积极践行国家、广东省和广州市对帮扶小微企业健康成长的相关政策，结合区域发展特点出台了一系列促进提升小微企业发展能力的政策，搭建了由学校、创业园区、行业大企业、社会服务机构等多方参与的社会化服务平台。本套教材即是广州市人力资源和社会保障局培训指导中心联合广州番禺职业技术学院在搭建小微企业社会化学习平台方面的一个尝试。这套教材的出版仅仅是学习系统中的一个部分。此外，双方在培训项目开发、网络化教学、师资培训、创业教育等方面尚有更多的课题需要攻克。"千里之行，始于足下"，预祝彼此的合作能取得更大成绩，让更多小微企业享受更优质的教育服务。

科技在进步，时代在发展，在知识经济时代，学习是主旋律，不学习就意味着被淘汰。这不是耸人听闻的口号，而应成为当下的警语。众所周知，教材是知识传播的载体。这套教材结合小微企业发展的特点，对该领域的知识内容进行比较系统的梳理与总结，非常有价值。当下各个学习领域都在发生革命性的变化，希望各位编委及项目团队能留意这种变化，在后续工作中大胆尝试、敢于创新，在内容和形式上有更多突破，进一步提升教材的价值，为广州市小微企业学习平台的建设贡献力量！

最后，向编纂教材及提供帮助的各位老师、各位工作人员和社会各界人士表示感谢，同时感谢广州番禺职业技术学院对本项工作的大力支持。

钟丽英

2015 年 1 月 1 日

前　言

动手写这本书的目的,在于长久以来想宣传的一个观念:法律风险意识不应当成为企业家的最后一堂课。无论我们是否愿意承认,企业与法律的关系一直十分密切。企业的任何经营行为都会表现为相应的法律行为,企业的任何风险最终都会表现为法律风险。尽管目前对企业法律风险并没有一个统一的定义,但我们认为,企业法律风险可以说就是企业实施的行为(包括不作为)受到法律的否定性评价、面临经济损失甚至刑事处罚的可能性,包括直接的法律风险和间接的法律风险。直接的法律风险是指由于法律原因直接导致的,或者由于经营管理时缺乏法律支持而带来的各类企业风险。例如,企业决策判断缺乏法务支持而导致的决策风险;企业管理体系中合同管理、知识产权管理、人力资源管理、管理人法律意识欠缺等而导致的管理风险等;企业的经营活动中不遵循法律规则、疏于法律审查、逃避法律监管所造成的经济纠纷和涉诉给企业带来的潜在或已发生的重大经济损失,包括债务拖欠,合同诈骗,盲目担保,公司治理结构软化、监督乏力,项目开发不作商标专利检索,不正当竞争给企业带来的身败名裂等。间接的法律风险是指非法律原因给企业带来的各种法律后果。例如,财务风险带来的法律风险,企业经营失败后给股东带来的企业清算责任,企业决策在实施中不可抗力导致的经营失败,给企业带来的民事赔偿以及法律纠纷等。

每位企业主都想通过成功经营企业来实现自己理想的人生境界,但如果不法其道,即使企业成功,那也是暂时的。不少企业主创业之时不惜艰苦奋斗、呕心沥血、披荆斩棘,终于成功而显赫一时,却突然有一天身败名裂、身陷囹圄,企业随之倾覆商海。这样的事例不胜枚举。然而,每一个这样令人扼腕的事例背后,无不与法律风险意识淡薄和法律风险防范机制的缺失有决定性关联。所以,较强的法制观念和有效的法律风险管理,毋庸置疑是企业主自身的基本素质和策略,同时也是其自身利益的保障,是促进企业利润增长、使企业可持续发展的保障。随着世界经济的交融、科技特别是网络科技的发展,经济全球化趋势不可阻挡,市场竞争暗涛汹涌、日趋激烈,新旧矛盾互相冲击,各种新生代因素层出不穷,并且呈现不确定性和变动性的特征,社会秩序、市场秩序的规范问题越发复杂和重要,"市场经济就是法治经济"的观念不断广泛地深入人心。有素质是因为有观念,人落后是因为观念落后。法制观念的强弱已经成为衡量一个人,特别是领导人、企业家素质高低的重要标志之一。"法治就是信誉和效益、法治就是稳健和发展、法治就是权益和保障"越来越成为更多具有远见卓识、高素质、高品位的企业家和领导人的共识,企业法律顾问愈显重要。

最后我想说的是,法律风险并不可怕,只要我们掌握了其中的基本规则,就能预防、控制风险产生的损失,使法律风险可以被评估、被预防、被控制。对认识、控制企业法律风险的提倡,也并不是要束缚员工、企业的手脚,而是促进员工、企业在可控制的风险范围内运作,增强企业的赢利能力和抗风险能力。企业法律风险防范体系的完善也必须制度化,并实行目标管理,唯有如此,企业才能健康、有序、可持续地发展,才能做大、做强。

目 录

总 序 ………………………………………………………………………… （1）

前 言 ………………………………………………………………………… （1）

第1章　企业如何加强内部规范管理 ………………………………… （1）
1.1　企业设立过程的合规性 ……………………………………… （1）
　　1.1.1　如何完善公司章程等纲领性文件 …………………… （1）
　　1.1.2　设立企业如何防范法律风险 ………………………… （11）
1.2　企业上层管理的合规性 ……………………………………… （15）
　　1.2.1　如何建立公司治理结构及内部控制制度 …………… （15）
　　1.2.2　如何建立合理、合法、有效的议事规则 …………… （19）
　　1.2.3　如何进行公司股权转让 ……………………………… （35）

第2章　企业如何建立和谐的用人环境 ……………………………… （43）
2.1　企业用工制度的合规性 ……………………………………… （43）
　　2.1.1　如何制定员工手册 …………………………………… （43）
　　2.1.2　建立适合本企业的劳动用工制度 …………………… （62）
　　2.1.3　如何为员工缴纳"五险一金" ……………………… （68）
　　2.1.4　如何制订有效的绩效薪酬及股权激励方案 ………… （74）
2.2　企业用工法律纠纷的处理 …………………………………… （85）
　　2.2.1　如何处理劳动合同纠纷 ……………………………… （85）
　　2.2.2　如何处理劳动报酬纠纷 ……………………………… （89）
　　2.2.3　如何处理工伤赔偿纠纷 ……………………………… （93）

第3章　企业参与公平竞争的法律规制与保护 ……………………… （102）
3.1　企业参与公平竞争的法律规制 ……………………………… （102）

3.1.1　提供产品与服务要承担哪些责任 ……………………………… (102)
　　3.1.2　在经营中要避免哪些不正当竞争行为 …………………………… (116)
3.2　企业参与公平竞争的法律保护 ………………………………………… (127)
　　3.2.1　常见的合同纠纷与处理方法 ……………………………………… (127)
　　3.2.2　企业工业产权的法律保护 ………………………………………… (140)

附录：企业法律风险体检评估表 …………………………………………… (151)

参考文献 ……………………………………………………………………… (156)

后记 …………………………………………………………………………… (158)

第1章

企业如何加强内部规范管理

商业风险无可回避,法律风险却可防范。合规性是企业预防法律风险的基石,从企业创立之时就已经决定了企业未来发展的基因。特别是法律对公司的内部管理规范有更为严格的要求,公司在设立的过程中不仅要考虑其具体的结构体制,而且要考虑其合法性,如果合法性不确定,则随时有可能使投资者的心血付诸东流。内部管理的合规性更多地聚焦于最高管理层,从上至下创建一个能够保证企业遵守所有法律规定的体系,避免、减少、防止企业决策中的违法违规行为。因此,创业者要合理分配创业伙伴及相关利益团体的权利与义务,完善公司章程、股东间出资协议等纲领性文件,制定合理的股东会及董事会议事规则,形成制度化、规范化的决策机制,建立公平、合理的股东退出机制。

学习目标

1. 能够根据本企业的实际情况起草公司章程等纲领性文件;
2. 能够掌握创办企业要规避的法律风险;
3. 能够建立合理的公司治理结构;
4. 能够建立合理、合法、有效的议事规则;
5. 能够建立公平、合理的股权转让机制。

1.1 企业设立过程的合规性

1.1.1 如何完善公司章程等纲领性文件

【导入案例】 李某是2010年5月从某机械有限责任公司离职的,并与该公司解除了劳动合同。根据工商登记的股东名册,李某系某机械有限责任公司的股东,出资数额为5万元,公司向其颁发了出资证明。2010年6月16日,公司召开股东大会,以83.9%的票数表决同意修改公司章程,其中修改后的公司章程第9章第58条规定:"股东因调离、辞职、被辞退、被开除、被除名而解除劳动合同的,其股权必须全部转让,转让价格为其原实际出资额,自解除合同之日起3个月内办理股权转让手续,逾期不办理的,不再分配股利。"

李某作为股东也参加了此次股东大会,但投了弃权票,未在表决书上签字。他于2011年6月26日向该公司提出要求查阅并复制公司章程、股东会议记录、董事会议决议、监事会议决议和财务会计报告等文件资料时,公司以他现在就职于与公司有竞争业务关系的公司,不适宜查阅上述文件资料为由,拒绝了他的要求。为此,李某以自己是合法股东为由诉至当地法院,要求享有股东权和分得公司红利的权利。

> {想一想} 能否通过修改公司章程剥夺股东的股权资格?

法律建议参考:这是有限责任公司通过修订公司章程剥夺股东资格的一起典型纠纷案件。《公司法》第72条第4款规定:"公司章程对股权转让另有规定的,从其规定。"根据该授权性条款,公司可以通过修订公司章程对股权转让有不同的规定。本案中,由于在实体上被告公司章程没有违反法律法规的强制性、禁止性规定,在程序上被告公司章程修改曾在股东大会上获得三分之二以上的股东通过,可见被告公司章程修改是合法有效的。再者,公司章程对股东身份所作出的限制,即解除劳动合同关系的股东丧失股东资格的规定,符合有限责任公司"人合性"的要求。相对于股份公司,有限责任公司更强调其"人合性",因为"人合性"是其存在的基础,有限责任公司的股东人数是2至50名,人数比较少,必须基于相互的了解和熟悉,才能建立信任。本案中,李某已于2010年5月从被告公司辞职,解除了劳动关系,且李某辞职后又在与被告公司有竞争关系的企业中任职,这进一步说明李某不再具备被告公司股东的资格。

公司章程是指公司依法制定的,规定公司名称、住所、经营范围、经营管理制度等重大事项的基本文件,也是公司必备的、规定公司组织活动及基本规则的书面文件。公司章程是股东共同一致的意思表示,载明了公司组织和活动的基本准则,是公司的宪章,也是确定公司股东、董事、监事、高级管理人员权利和义务的基本法律文件,无论对于公司的股东而言,还是对于公司本身而言,都具有十分重要的法律意义。制定一部有限责任公司章程,不仅是设立公司的必经程序,而且对公司日后的经营管理活动会产生巨大影响。

公司章程的记载事项根据是否由法律明确规定,分为必要记载事项和任意记载事项。法律明文规定必须载明或选择列举的事项,为必要记载事项。法律未予明确规定、由章程制定人任意选择记载的事项,为任意记载事项。必要记载事项包括公司名称和住所,公司经营范围,公司注册资本,股东的姓名或名称,股东的权利和义务,股东的出资方式和出资额,股东转让出资的条件,公司的机构及其产生办法、职权、议事规则,公司的法定代表人,公司的解散事由与清算办法,股东会认为需要记载的其他事项。任意记载事项是指法律未予明确规定是否记载于章程而由章程制定人根据本公司的实际情况任意选择记载的事项。公司章程任意记载的事项,只要不违反法律规定和公共秩序,章程制定人就可以根据实际需要而载入公司章程。任意记载事项如不予以记载,则不影响整个章程的效力;如予以记载,则该事项将发生法律效力,公司及其股东必须遵照执行,不能任意变更,如予以变更,必须遵循修改章程的特别程序。从我国《公司法》第 22 条第 11 项和第 79 条第 13 项来看，股东会或股东大会认为需要规定的其他事项应当属于任意记载事项。不同的公司其章程上记载事项的内容有某些差异，但主要是阐明三个方面的内容：公司股东成员的权利与责任，公司的组织规则，公司的权力与行为规则。

在现实生活中，很多创业者的章程意识非常淡薄，有相当一部分人认为章程就是工商登记机关要求注册公司时必须提交的文件，简单照抄照搬格式文本。很多公司章程几乎一模一样，并没有结合每个公司的客观实际、股权结构和股东的个性特征而建立起公平、公正、公开的自治机制，一旦发生公司与股东之间的争议、股东相互之间的争议和公司与高级管理人员的争议等诸多"内耗"，本应该提供解决机制的公司章程，却因为公司章程设立当初的人为失误及对权利和义务的漠视而形同废纸。而对于这些"祸起萧墙"的纠纷，公司章程是最为直接也是最为有效判断当事人是非对错的标准，当章程缺乏相关规定时，纠纷解决起来将充满很多变数，经常看到明争暗斗，多年的朋友反目为仇的现象，给公司带来灾难性的损失。从这个意义上讲，一部好的有限责任公司章程，既是"伙计们"的"君子协定"，更是公司做大做强的基础。

制定一部好的有限责任公司章程应当在以下细节处下功夫：

其一，公司名称和住所。

公司名称经过工商登记机关预先核准后，应当按照预先核准的名称在章程中载明。章程中载明的住所为公司的主要办事机构所在地。所谓"主要办事机构所在地"，是指执行公司的业务活动、决定和处理公司事务的机构所在地。若公司的办事机构有多个并位于不同地方，则以"主要办事机构"为公司的住所。住所地的选择对确定诉讼管辖、债务履行地、纳税机关资源整合等事关公司重大利益的事项均有着重大影响。

其二，公司主营项目类别。

公司的主营项目，属于法律、行政法规规定须经批准的项目，应当依法经过批准，其他一律不作限制。经营项目在工商备案登记放开后，并不意味着企业可以为所欲为，而是应该专注于某一个领域做实做透，切不可"眉毛胡子一把抓"，要立足主业，稳健发展。

其三，公司注册资本。

注册资本是全体股东"认缴的出资额"，允许分批出资，首次出资额不得低于注册资本的 20%，其余部分由股东自公司成立之日起两年内缴足。在实行商事登记改革的地区，不用限定两年内缴齐注册资本。有限责任公司和发起设立的股份有限公司实行注册资本认缴登记制度。商事登记机关登记全体股东、发起人认缴的注册资本或认购的股份，不登记实收资本，但并不意味着公司注册资本登记为"1 元"就可以规避责任。在实际中，很多交易伙伴以公司注册资本作为衡量该公司实力和偿债能力的标志。

其四，股东的姓名或者名称。

股东为自然人时，要写明股东的真实姓名和住址，与身份证上的姓名一致，还应载明股东个人的身份证号码。股东为法人时，除记载法人股东的名称和住所外，还应载明其法定代表人的姓名。不能回避的是，在现实经济生活中存在着大量的"公司实际控制人"，《公司法》将其定义为："虽不是公司的股东，但通过投资关系、协议或者其他安排，能够实际支配公司行为的人。"虽然"实际控制人"并不在公司章程中予以记载，但在个别公司中却控制着公司的经营管理活动。因此，处理好"实际控制人"与每个股东之间的关系，则是公司能否健康发展的基石，而这需要更多的商业经验和法律智慧。

其五，股东的出资方式、出资额和出资时间。

依据《公司法》第 27 条规定，股东可以用货币出资，也可以用实物、知识产权、土地使用权等可以用货币估价并可以依法转让的非货币财产作价出资;但是,法律、行政法规规定不得作为出资的财产除外。对作为出资的非货币财产应当评估作价,核实财产,不得高估或者低估作价。法律、行政法规对评估作价有规定的,从其规定。全体股东的货币出资额不得低于有限责任公司注册资本的30%。公司章程在规定股东出资时间时,要对每期的出资额、出资日期作明确规定,如果规定不明确,则很可能日后会给公司及股东之间的纠纷埋下祸根。

其六,公司的机构及其产生办法、职权、议事规则。

公司的机构设置有两种模式:一种是规模较大的公司同时设立股东会、董事会、监事会;另一种是股东人数较少、经营规模较小的可以只设立股东会、执行董事、执行监事,执行董事可以兼任公司经理。公司机构的职权、表决程序、议事方式、会议日期等规则都应当结合公司的实际情况,在公司章程中予以规定,但这些规定不得违背《公司法》对上述几项有关规定的法定限制。《公司法》第二章第二节对公司机构的职权分别做出了规定。必须明确的是,在制订公司章程时,可以赋予公司机构法定职权以外的其他职权,但是公司章程中不能有限制公司机构所享有的法定权利的规定;否则,该部分规定无效。

其七,公司法定代表人。

有限责任公司的法定代表人因公司机构设置的不同而不同。按照《公司法》第13条规定,公司法定代表人依照公司章程的规定,由董事长、执行董事或者经理担任,并依法登记。公司法定代表人变更,应当办理变更登记。

其八,股东会会议认为需要规定的其他事项。

公司章程还可以规定股东会会议认为应当载明的其他事项,所涉及的范围很广。

{练一练} 公司章程中可约定的内容有哪些?你将如何起草这些内容?

公司章程可约定的内容分为两类:一类是可自由约定,另一类是可约定但约定内容必须符合《公司法》的相关规定。

可自由约定的内容:公司的经营范围,公司对投资或者担保的总额及单项投资或担保的数额加以限定,股东会议(包括定期和不定期)召开的通知时间,股东会表决权,董事长、副董事长的产生办法,对公司经理职权的规定,执行董事的职权,有限责任公司的股权转让,继承股东资格,有限责任公司向股东递交财务会计报告的期限,股份有限公司对税后利润的分配,公司解散的事由,对高级管理人员的界定。

可约定但约定内容必须符合《公司法》的相关规定:出资额,公司法定代表人,公司向其他企业投资或为他人提供担保,股东会议事方式、表决程序,董事的任期,董事会议事方式、表决程序,监事会议事方式、表决程序,公司董事、监事、高级管理人员转让其所持公司股份的限制性规定,公司聘用、解聘承办公司审计业务的会计师事务所,监事会中关于股东代表和职工代表的具体比例,股东大会选举董事、监事,公司转让、受让重大资产。

【案例分析】 阅读下面公司章程的范本,以及通过网上查找本行业具有代表性的龙头企业的公司章程,分清哪些条款是法律规定的,哪些条款是可以约定的,并制定符合本企业实际的公司章程。

《重庆××广告有限公司章程》

第一章 总 则

第一条 公司宗旨:通过设立公司组织形式,由股东共同出资筹集资本金,建立新的经营机制,为振兴经济做贡献。依照《中华人民共和国公司法》(简称《公司法》)和《中华人民共和国公司登记管理条例》的有关规定,制定本公司章程。

第二条 公司名称:重庆××广告有限公司

第三条 公司住所:重庆市永川区萱花路××号

第四条 公司由2个股东出资设立,股东以认缴出资额为限对公司承担责任;公司以其全部资产对公司的债务承担责任。公司享有股东投资形成的全部法人财产权,并依法享有民事权利,承担民事责任,具有企业法人资格。

股东名称(姓名)　　　　　　证件号(身份证号)
甲　×××　　　　　　　　　×××××××××××××××××
乙　×××　　　　　　　　　×××××××××××××××××

第五条 经营范围:从事各类广告的制作、发布(涉及经营许可的,凭许可证经营)。

第六条 经营期限:20年。公司营业执照签发日期为本公司成立日期。

第二章 注册资本、认缴出资额、实缴资本额

第七条 公司注册资本为20万元人民币,实收资本为20万元人民币。公司注册资本为在公司登记机关依法登记的全体股东认缴的出资额,公司的实收资本为全体股东实际交付并经公司登记机关依法登记的出资额。

第八条 股东名称、认缴出资额、实缴出资额、出资方式、出资时间一览表。(略)

第九条 各股东认缴、实缴的公司注册资本应在公司申请登记前,委托会计师事务所进行验证。

第十条 公司登记注册后,应向股东签发出资证明书。出资证明书应载明公司名称、公司成立日期、公司注册资本、股东的姓名或者名称、缴纳的出资额和出资日期、出资证明书的编号和日期。出资证明书由公司盖章。出资证明书一式两份,股东和公司各执一份。出资证明书遗失,应立即向公司申报注销,经公司法定代表人审核后予以补发。

第十一条 公司应设置股东名册,记载股东的姓名、住所、出资额及出资证明书编号等内容。

第三章 股东的权利、义务和转让出资的条件

第十二条 股东作为出资者按出资比例享有所有者的资产受益、重大决策和选择管理者等权利,并承担相应的义务。

第十三条 股东的权利:
(一)出席股东会,并根据出资比例享有表决权;
(二)股东有权查阅股东会会议记录和公司财务会计报告;
(三)选举和被选举为公司执行董事或监事;
(四)股东按出资比例分取红利,公司新增资本时,股东可按出资比例优先认缴出资;

（五）公司新增资本金或其他股东转让时有优先认购权；

（六）公司终止后，依法分取公司剩余财产。

第十四条　股东的义务：

（一）按期足额缴纳各自所认缴的出资额；

（二）以认缴的出资额为限承担公司债务；

（三）公司办理工商登记注册后，不得抽回出资；

（四）遵守公司章程规定的各项条款。

第十五条　出资的转让：

（一）股东之间可以相互转让其全部出资或者部分出资。

（二）股东向股东以外的人转让其出资时，必须经其他股东过半数同意。股东应就其股权转让事项书面通知其他股东征求同意，其他股东自接到书面通知之日起满三十日未答复的，视为同意转让。其他股东半数以上不同意的，不同意转让的股东应当购买该转让的出资，如果不购买该转让的出资，视为同意转让。经股东同意转让的出资，在同等条件下其他股东对该转让的出资有优先购买权。两个以上股东主张行使优先购买权的，协商确定各自的购买比例；协商不成的，按照转让时各自的出资比例行使优先购买权。

（三）股东依法转让其出资后，公司应将受让人的姓名、住所以及受让的出资额记载于股东名册。

第四章　公司机构及高级管理人员的资格和义务

第十六条　为保障公司生产经营活动的顺利、正常开展，公司设立股东会、执行董事和监事，负责全公司生产经营活动的策划和组织领导、协调、监督等工作。

第十七条　本公司设经理、业务部、财务部等具体办理机构，分别负责处理公司在开展生产经营活动中的各项日常具体事务。

第十八条　执行董事、监事、经理应遵守公司章程、《公司法》和国家其他有关法律的规定。

第十九条　公司研究决定有关职工工资、福利、安全生产以及劳动保护、劳动保险等涉及职工切身利益的问题，应当事先听取公司工会及职工的意见，并邀请工会或者职工代表列席有关会议。

第二十条　公司研究决定生产经营的重大问题、制订重要的规章制度时，应当听取公司工会及职工的意见和建议。

第二十一条　有下列情形之一的人员，不得担任公司的执行董事、监事、经理：

（一）无民事行为能力或者限制民事行为能力的人；

（二）因犯有贪污、贿赂、侵占、挪用财产罪或者破坏社会经济秩序罪，被判处刑罚，执行期满未逾五年者；或者因犯罪被剥夺政治权利，执行期满未逾五年者；

（三）担任因经营不善破产清算公司（企业）的董事或者厂长、经理，并对该公司（企业）破产负有个人责任的，自该公司（企业）破产清算完结之日起未逾三年者；

（四）担任因违法被吊销营业执照的公司（企业）的法定代表人，并负有个人责任的，自该公司（企业）被吊销营业执照之日起未逾三年者；

（五）个人所负数额较大的债务到期未清偿者。

公司违反前款规定选举、委派执行董事和监事或者聘用经理的，该选举、委派或者聘任无效。

第二十二条　国家公务员不得兼任公司的执行董事、监事、经理。

第二十三条　执行董事、监事、经理应当遵守公司章程,忠实履行职责,维护公司利益,不得利用在公司的地位和职权为自己牟取私利。执行董事、监事、经理不得利用职权收受贿赂或者其他非法收入,不得侵占公司的财产。

第二十四条　执行董事、经理不得挪用公司资金或者将公司资金借给任何与公司业务无关的单位和个人。

执行董事、经理不得将公司的资金以其个人名义或者以其他个人名义开立账户存储,也不得将公司的资金以个人名义向外单位投资。

执行董事、经理不得以公司资产为本公司的股东或者其他个人债务提供担保。

第二十五条　执行董事、经理不得自营或者为他人经营与其所任职公司经营相同或相近的项目,或者从事损害本公司利益的活动。从事上述营业或者活动的,所得收入应当归公司所有。

第五章　股东会

第二十六条　公司设股东会。股东会由公司全体股东组成,股东会为公司的最高权力机构。股东会会议,由股东按照出资比例行使表决权。出席股东会的股东必须超过全体股东表决权的半数以上,方能召开股东会。首次股东会由出资最多的股东召集,以后股东会由执行董事召集主持。

第二十七条　股东会行使下列职权:

(一)决定公司的经营方针和投资计划;
(二)选举和更换执行董事,决定有关执行董事的报酬事项;
(三)选举和更换非由职工代表出任的监事,决定有关监事的报酬事项;
(四)审议批准执行董事的报告或监事的报告;
(五)审议批准公司年度财务预、决算方案以及利润分配、弥补亏损方案;
(六)对公司增加或减少注册资本作出决议;
(七)对公司的分立、合并、解散、清算或者变更公司形式作出决议;
(八)修改公司的章程;
(九)聘任或者解聘公司的经理;
(十)对发行公司的债券做出决议;
(十一)公司章程规定的其他职权。

股东会分定期会议和临时会议。股东会每半年定期召开,由执行董事召集和主持。执行董事不能履行或者不履行召集股东会会议职责的,由监事召集和主持;监事不召集和主持的,代表十分之一以上表决权的股东可以自行召集和主持。召开股东会会议,应于会议召开前十五日通知全体股东。

(一)股东会议应对所议事项作出决议。对修改公司章程,增加或减少注册资本,分立、合并、解散或者变更公司形式等事项做出决议,必须经代表三分之二以上表决权的股东同意通过;

(二)股东会议应对所议事项做成会议记录。出席会议的股东应在会议记录上签名,会议记录应作为公司档案材料长期保存。

第六章　执行董事、经理、监事

第二十八条　本公司不设董事会,只设董事一名。执行董事由股东会代表三分之二以上表决权的股东同意选举产生。

第二十九条　执行董事为本公司法定代表人。

第三十条　执行董事对股东会负责,行使下列职权:

(一)负责召集股东会,并向股东会报告工作;

(二)执行股东会的决议,制定实施细则;

(三)拟定公司的经营计划和投资方案;

(四)拟定公司年度财务预、决算、利润分配、弥补亏损方案;

(五)拟定公司增加和减少注册资本,分立、变更公司形式,解散、设立分公司等方案;

(六)决定公司内部管理机构的设置和公司经理人选及报酬事项;

(七)根据经理的提名,聘任或者解聘公司副经理、财务负责人,决定其报酬事项;

(八)制定公司的基本管理制度。

第三十一条　执行董事任期为三年,可以连选连任。执行董事在任期届满前,股东会不得无故解除其职务。

第三十二条　公司经理由股东会代表三分之二以上表决权的股东聘任或者解聘。经理对股东会负责,行使下列职权:

(一)主持公司的生产经营管理工作,组织实施股东会决议,组织实施公司年度经营计划和投资方案。

(二)拟定公司内部管理机构设置的方案。

(三)拟定公司的基本管理制度。

(四)制定公司的具体规章。

(五)向股东会提名聘任或者解聘公司副经理、财务负责人人选。

(六)聘任或者解聘除应由执行董事聘任或者解聘以外的管理部门负责人。

(七)股东会授予的其他职权。

第三十三条　公司不设监事会,只设监事一名,由股东会代表三分之二以上表决权的股东同意选举产生;监事任期为每届三年,届满可以连选连任;本公司的执行董事、经理、财务负责人不得兼任监事。

监事的职权:

(一)检查公司财务;

(二)对执行董事、高级管理人员执行公司职务的行为进行监督,对违反法律、行政法规、公司章程或者股东会决议的执行董事、高级管理人员提出罢免的建议;

(三)当执行董事和经理的行为损害公司的利益时,要求执行董事和经理予以纠正,在执行董事不履行本法规定的召集和主持股东会会议职责时召集和主持股东会会议;

(四)向股东会会议提出提案;

(五)依照《中华人民共和国公司法》第一百五十二条的规定,对执行董事、高级管理人员提起诉讼;

(六)公司章程规定的其他职权。

第七章　财务会计

第三十四条　公司依照法律、行政法规和国家财政行政主管部门的规定建立本公司的财务会计制度。

第三十五条　公司在每一会计年度终了时制作财务会计报表,按国家和有关部门的规定进行审计，报送财政、税务、工商行政管理等部门，并送交各股东审查。

财务会计报告包括下列会计报表及附属明细表：（一）资产负债表；（二）损益表；（三）财务状况变动表；（四）财务情况说明书；（五）利润分配表。

第三十六条　公司分配每年税后利润时，提取利润的百分之十列入法定公积金，公司法定公积金累计超过公司注册资本百分之五十时可不再提取。

公司的法定公积金不足弥补以前年度亏损的，在依照前款规定提取法定公积金之前，应当先用当年利润弥补亏损。

第三十七条　公司弥补亏损和提取公积金后所余税后利润，按照股东出资比例进行分配。

第三十八条　法定公积金转为资本时，所留存的该项公积金不得少于转增前公司注册资本的百分之二十五。

公司除法定会计账册外，不得另立会计账册。

会计账册、报表及各种凭证应按财政部有关规定装订成册归档，作为重要的档案资料妥善保管。

第八章　合并、分立和变更注册资本

第三十九条　公司合并、分立或者减少注册资本，由公司的股东会作出决议；按《中华人民共和国公司法》的要求签订协议，清算资产，编制资产负债表及财产清单，通知债权人并公告，依法办理有关手续。

第四十条　公司合并、分立、减少注册资本时，应编制资产负债表及财产清单，10日内通知债权人，并于30日内在报纸上公告。债权人自接到通知书之日起30日内，未接到通知书的自公告之日起45日内，有权要求公司清偿债务或者提供相应的担保。

第四十一条　公司合并或者分立，登记事项发生变更的，应当依法向公司登记机关办理变更登记；公司解散的，应当依法办理公司注销登记；设立新公司的，应当依法办理公司设立登记。

公司增加或减少注册资本，应依法向公司登记机关办理变更登记手续。

第九章　破产、解散、终止和清算

第四十二条　公司因《中华人民共和国公司法》第181条所列(1)、(2)、(4)、(5)项规定而解散的，应当在解散事由出现之日起15日内成立清算组，开始清算。逾期不成立清算组进行清算的，债权人可以向人民法院申请指定有关人员组成清算组进行清算。

公司清算组自成立之日起10日内通告债权人，并于60日内在报纸上公告。债权人应当自接到通知书之日起30日内，未接到通知书的，自公告之日起45日内向清算组申报债权。

公司财产在分别支付清算费用、职工的工资、社会保险费用和法定补偿金，缴纳所欠税款，清偿公司债务后的剩余资产，有限责任公司按照股东的出资比例分配。

公司清算结束后，应依法向公司登记机关申请注销公司登记。

第十章　工　会

第四十三条　公司按照国家有关法律和《中华人民共和国工会法》设立工会。工会独立自主地开展工作，公司应支持工会的工作。公司劳动用工制度严格按照《劳动法》执行。

第十一章　附　则

第四十四条　公司章程的解释权属公司股东会。

第四十五条　公司章程经全体股东签字盖章生效。

第四十六条　经股东会提议,公司可以修改章程,修改章程须经股东会代表公司三分之二以上表决权的股东通过后,由公司法定代表人签署并报公司登记机关备案。

第四十七条　公司章程与国家法律、行政法规、国务院规定等有抵触的,以国家法律、行政法规、国务院规定的为准。

全体股东签章：

年　　月　　日

{练一练}　请根据以上参考,拟定本企业的章程,需要约定的事项与创业伙伴进行协商。（可另附页）

【拓展资讯】　以广州为例,实施商事登记制度改革后,会带来哪些变化？

1. 什么是商事登记？商事主体包括哪些类型？

商事登记是指申请人向商事登记机关提出申请,由商事登记机关将商事主体的设立、变更、注销事项登记于商事登记簿并予以公示的行为。商事主体类型包括企业法人、非企业法人、企业分支机构和个体工商户。

2. 商事主体的登记事项和申报事项分别包括哪些内容？

商事主体的登记事项包括：(1)名称；(2)住所；(3)类型；(4)主营项目类别；(5)法定代表人或者其他商事主体负责人；(6)出资总额；(7)营业期限；(8)投资人姓名（名称）及其出资额；(9)其他事项。

商事主体的申报事项包括：(1)章程或者协议；(2)经营范围；(3)实际缴纳的出资额、出资方式、出资期限；(4)董事、监事、高级管理人员；(5)清算组成员及负责人；(6)其他事项。

3. 商事主体名称有何新的规定？

商事主体名称应当符合法律、行政法规规定,并反映其行业或经营特征。由于实施商事登记后,不再将经营范围作为登记事项,仅登记主营项目类别,因此,对于涉及多个行业的商事主体,必须将其经营范围的第一项经营项目,作为其名称中的行业或者经营特点。

4. 商事登记改革后,经营范围有什么变化？

商事登记机关仅在营业执照中记载商事主体主营项目类别,不再记载商事主体经营范围。商事主体经营范围在章程或协议等文件中规定,并向商事登记机关申报。主营项目类别由国民经济行业分类中的大类确定。商事登记机关根据商事主体章程或协议等文件规定的一项主营业务,核定其主营项目类别。主营项目类别和经营范围的用语,应当符合国民经济行业分类标准。

5. 哪一类商事主体需要申请名称预先核准登记？

设立法人企业和非法人企业的商事主体应当申请名称预先核准登记。预先核准的商事主体名称有效期为6个月。预先核准登记的名称在有效期内不得用于经营活动,不得转让。有效期满,预先核准的名称自动失效。商事主体经商事登记机关登记注册后,方可使用其名称,享用专用权。

6. 商事登记制度改革后,是否都是"先照后证"?

商事登记制度改革后,保留了少部分前置行政许可审批事项。申请设立金融、电信等涉及国家安全的商事主体,应在取得许可证或批准文件后,向商事登记机关申请登记。从事其他许可经营项目活动的,经商事登记机关核准登记后,取得许可证或者批准文件,方可开展经营活动。从事一般经营项目活动的,经商事登记机关核准登记后,开展经营活动。申请设立外商投资企业,经外经贸部门批准后,向商事登记机关申请登记。从事许可经营活动的,取得许可证或者批准文件,方可开展经营活动。

7. 商事登记改革后,是否不用限定两年内缴齐注册资本?

是,商事登记改革后,不用限定两年内缴齐注册资本。有限责任公司和发起设立的股份有限公司实行注册资本认缴登记制度。商事登记机关登记全体股东、发起人认缴的注册资本或认购的股份,不登记实收资本。

8. 商事登记改革后,股东出资方式及出资期限有无规定?

有限责任公司股东和发起设立的股份有限公司发起人,应当对出资额、出资方式、出资期限进行约定,并记载于公司章程。股东、发起人的出资方式应当是货币或者实物、知识产权、土地使用权等可以用货币估价并可以依法转让的非货币财产,非货币财产应当由具有评估资格的资产评估机构评估作价。出资期限由股东、发起人自行约定,但不得约定为无期限,不得超出公司章程规定的营业期限。

9. 商事登记制度改革后,如何理解"一照多址"?

企业在住所所属行政辖区(区、县级市,下同)内增设经营场所,不需要申请分支机构设立登记,但应当申报经营场所信息。企业在住所所属行政辖区外增设经营场所的,应当申请分支机构设立登记。

10. 商事主体登记事项与原登记事项有何不同?

商事主体取消或调整登记事项包括主营项目类别、经营范围、经营方式、实收资本、出资方式,以及认缴或实缴出资数额、出资时间、缴付期限、评估方式等。

1.1.2 设立企业如何防范法律风险

【导入案例】 2004年10月,A与B经协商一致,决定由双方共同出资50万元,设立××矿泉水有限责任公司。A与B作为发起人,签订了一份发起人协议,协议规定:(1)A投入30万元,B投入20万元;(2)公司设立股东会、董事会,董事会作为公司决策和业务执行机构;(3)出资双方各按投资比例分享利润、分担风险;(4)公司筹备过程中的具体事宜及公司的登记注册均由B负责。同年11月,A按协议规定将30万元投资款汇入B账户。之后,A与B共同制定了××矿泉水有限责任公司的章程,确定了董事会人选,并举行了两次董事会议,制定了生产经营计划。此后,矿泉水有限责任公司迟迟没有开展业务活动,A经查问,才知矿泉水公司尚未办理注册登记。A向B催办数次,但B一直没有办理注册登记。2005年4月,A以矿泉水公司没有进行注册并开展业务活动为由,要求B退还其全部投资款30万元并赔偿其损失。B则认为,双方已签订协议,缴纳出资,制定章程,成立董事会,至今已逾半年,虽然没有办理注册登记手续,但事实上公司已经成立,故A不能抽回出资。如果A要求退还投资款,则属于违约行为,应承担违约责任。

> 〖想一想〗 在公司设立过程中发起人是否可以抽回出资?

法律建议参考:按照《公司法》第 34 条的规定,公司成立后严禁发起人抽回出资,而在公司尚未成立时,发起人可否抽回出资呢? 对此,《公司法》未作禁止性的规定,又按《公司法》理论,发起人协议是被视为合伙协议的,而合伙人的退伙是法律所允许的,基于上述情况,A 在矿泉水公司成立前是可以抽回出资的。本案的焦点是矿泉水公司是否已经成立。根据《公司法》第 27 条第 3 款:"公司营业执照签发日期,为有限责任公司的成立日期。"因此,A 在公司设立的过程中有权利抽回出资。

本部分将以有限责任公司为例,阐述公司在设立过程中需要防范的法律风险。有限责任公司的设立过程要经过股权结构安排、资金准备、名称预先核准、办理股东资格证明、制定公司章程、签订股东协议、开具法定代表人任职证明、办理出资证明、办理前置行政审批、办理公司住所证明、准备必要的经营条件、办理注册登记等一系列法律程序,至少需要 1 个月甚至更长的时间。公司未能成立,有法律风险,即使公司顺利成立,但在设立过程中也存在法律风险,主要集中在出资问题和设立协议两个方面。

其一,公司出资法律风险点。

即使已实行商事登记,公司发起人仍需要按期足额缴纳公司章程中确定的出资额,这是公司能正常运营的资金保障,也是股东享受股权的基础。以货币出资的,要将出资足额存入指定的银行账户;以实物、工业产权、非专利技术、土地使用权等非货币财产出资的,必须对作价有一定的控制,且必须评估作价,核实财产,不得高估或者低估,同时应当办理财产权的转移手续。但在实践中,出资履行瑕疵很可能会引发诸多法律风险。

1. 虚假出资引发的法律风险

虚假出资是指出资人违反法律规定未履行出资,通过虚假手段取得验资机构的验资证明,从而造成表面上已按章程约定的出资额出资,但实际上并未出资到位的情形。对此,一经查实,虚假出资人不仅要为自己的虚假行为承担一系列的法律责任,即向其他出资人承担违约赔偿责任、向公司承担补缴出资责任及赔偿责任、向公司债权人承担无限清偿责任或有限补充清偿责任;情节严重的,还可能受到刑事责任追究。

2. 抽逃出资引发的法律风险

抽逃出资是指出资人在公司成立后,将其所缴纳的出资额暗中抽逃撤回,但其仍保留股东身份和原有的出资份额。出资人抽逃出资,除了要承担相应的赔偿责任、违约责任,也可能会涉及刑事犯罪的问题。根据我国法律的规定,抽逃出资,情节严重的,最高可被判处 5 年有期徒刑,同时可以并处虚假出资额或者抽逃出资额 10% 的罚金。

3. 评估不实引发的法律风险

此类风险主要发生在以实物、工业产权、非专利技术、土地使用权等非货币方式出资的股东身上,因为其出资实际价额显著低于其出资时的评估价额。出资资产评估不实,一般情况下与提供的资产评估材料、资产评估中介机构以及评估方法等因素有关。如果因为上述因素中的一个或者多个环节出现问题,则很可能会隐埋法律风险,由此导致评估结果不被有关机关认可,延误公司设立或者最终导致公司设立不能。

4. 出资财产权利瑕疵引发的法律风险

出资财产权利瑕疵,主要是指出资人以实物、知识产权、土地使用权等非货币财产权利出资,但是对这些权利并不具有合法的处分权利。出资人交付的非货币财产权利存在瑕疵,很可能会影响财产权利转移手续,延误出资履行,影响公司成立。同时,不合法地使用他人的财产权利,还可能因为侵权在先,将公司卷入一系列的赔偿纠纷旋涡。出资人自己,如果向其他出资人恶意隐瞒资产权利归属,构成犯罪的,也将承担刑事法律责任。

其二,公司设立协议法律风险点。

公司设立协议,是指发起人为规范公司设立过程中各发起人的权利和义务而签署的协议。由于公司设立协议从本质上隶属民事法律关系中的合同,所有违反公司设立协议的行为,对出资人而言都是违约行为,适用《合同法》的有关规定。在公司不能依法成立的情形下,设立协议显得格外重要。同时,由于设立公司协议作为公司章程的一个母版,决定着章程的内容。因此,签订和完善公司设立协议意义重大。在公司的设立协议问题上,通常存在以下法律风险:

1. 缺少书面设立协议或约定不当引发的法律风险

实践中,公司的出资人因较少考虑公司设立过程中出现的问题,或缺乏书面的设立协议。当公司设立活动出现与预想结果相悖的情况时,出现纠纷和诉讼的可能性增加,由于出资人之间缺少设立协议的约束,权利和义务的边界模糊,潜在的不确定性法律风险将一直持续存在于公司股东之间。另外,公司设立协议约定事项违法导致条款无效,可能影响公司的成立。如果设立协议并没有明确约定权利和义务以及违约责任,法律风险则同样存在。

2. 缺乏股东之间竞业禁止机制引发的法律风险

实践中最为常见的缺乏对股东约束的法律风险体现为竞业禁止。公司股东另外投资从事与公司相同的行业,形成与公司直接或间接的竞争关系,在公司存在不参与经营的小股东的情况下更为突出。这种法律风险的原因在于,股东作为公司的投资者和公司利益的享有者能够了解公司的全部经营活动,但股东因出资的多寡从公司获取的利益有所差异,所以难以避免股东利用该公司的信息"另起炉灶",与公司形成直接的竞争关系。另外,公司设立协议约定事项违法导致条款无效,可能会影响公司的成立。如果设立协议并没有明确约定权利和义务以及违约责任时,法律风险则同样存在。

3. 设立协议中保密条款缺失引发的法律风险

一般人认为,商业秘密主要限于公司运营中掌握的专利技术、技术信息及客户资源等可以为公司带来收益的技术或信息。但是,实际上,现在的商业秘密攻守战无处不在,而对于一些具有特定专利技术、技术秘密或者具有特殊经营方法或者服务理念的公司,在公司设立之初,保密问题就应当作为头等大事进行防控。因为这些信息一旦被他人恶意利用,很有可能被复制或整体抄袭,致使公司在本行业的领先优势或者独特优势被淡化,对公司未来造成难以估量的损失,情况严重的,很有可能将公司扼杀在设立之中。

〖**联系实际**〗 你的公司在成立过程中曾遇到过哪些问题？你当时是如何解决的？是否给未来的发展埋下了隐患？

【**拓展资讯**】 关于公司设立过程中存在的其他法律风险，下面再做一些阐释。

1. 在公司设立的过程中提供虚假材料有什么法律责任？

开办公司如果向工商登记机关提交虚假材料或者采取其他欺诈手段隐瞒重要事实，骗取公司登记的，应承担法律责任。提交虚假材料是指在公司登记注册时，开办人故意向登记机关提交虚假材料，其目的是骗取公司登记。例如：有的人在开办公司时，为了骗取公司登记，私刻其他公司的公章，在设立公司申请书中假盖其他公司的公章；还有的将验资报告进行嫁接，本来是对甲公司的验资报告却被嫁接到乙公司的头上，实际上乙公司并没有任何注册资本。对于这种提供虚假材料骗取公司登记的行为，由登记机关处以5万元以上50万元以下的罚款，情节严重的，撤销公司登记或者吊销其营业执照。

2. 在公司设立的过程中违反公司财务制度有什么法律责任？

开办公司，在财务管理上应该按照会计准则办理，不可违反财务制度，如果公司不按会计准则办理，而在会计账簿以外另立会计财务账簿的，应承担法律责任。

承担法律责任的方式有：

(1) 由县级以上人民政府的财政部门责令改正；

(2) 可以处5万～50万元的罚款。

3. 公司逾期开业、停业有什么法律责任？

公司成立后无正当理由超过6个月未开业的，或者开业后自行停业连续6个月以上的，可以由公司登记机关吊销其营业执照。

4. 股东出资协议与公司章程有什么区别和联系？

股东出资协议是出资人为规范公司出资过程中各出资人（股东）的权利和义务而签署的协议，一般包括如下内容：公司的注册资本数额、出资方式和出资时间，出资人在设立过程中的权利和义务，公司设立不成时承担的费用等。出资协议与公司章程的目标是一致的，都是为了设立公司。两者在内容上也常有类同或相通之处，例如，约定公司名称、注册资本、经营范围、股东出资与比例、出资形式等。但是，两者在法律性质和功能上还是有着巨大的差别：

(1) 公司章程是公司的必备文件，而公司设立协议则是任意性文件。

(2) 两者的效力范围不同。公司章程的作用范围包括股东、公司以及公司内部组织机构与人员，而出资协议的作用范围仅限于签约的主体之间。

(3) 两者的效力期限不同。出资协议主要是在公司设立期间发生法律效力，从设立行为开始到公司成立为止，而公司章程则自公司设立开始直至公司解散并清算终止。

通常情况下，公司章程往往是以出资协议为基础而制定的，出资协议的主要内容通常都会被公司章程所吸收。但当两者发生冲突时，应以公司章程为准。如果公司章程中未规定的事项，股东出资协议中予以约定的，该约定对签约的股东继续有效。

1.2 企业上层管理的合规性

1.2.1 如何建立公司治理结构及内部控制制度

【导入案例】 一家公司内部居然出现了两个水火不容的董事会，原因何在？2009年的国庆节，××公司的董事长、总经理张某过得十分窝火。因为那期间，他不但未能迫使董事会通过新的投资议案，反而被董事会"逼宫"，把自己给罢免了。更加令他没有想到的是，紧接着到来的竟然是牢狱之灾。事情得从那次投资谈起。2009年国庆节期间，张某通知公司的5名董事开会，说是在新疆某县城中心有一块50多亩的土地可以开发，利润很大，希望说服董事会同意他的意见去投资。董事们当即对他的想法表示怀疑。为了达到董事会让步的目的，张某亮出了"杀手锏"：他持有公司51%的股份，即使董事会不同意，他也要这么做。张某没有想到的是其他几名董事早就对他有所怀疑了，有董事听说他在新疆私自开了一家公司，开始实施严厉的反击措施——"政变"！2009年10月8日，国庆节刚过完，公司董事会的5名董事突然罢免了张某的董事长、总经理职务，并决定由董事李某、赵某暂时分别行使董事长和总经理的职权。具体的罢免理由是：张某作为董事长兼总经理未能尽到《公司法》和公司章程赋予其应履行的职责，造成公司管理混乱，股东和员工人心涣散，财务信息也未能公开，致使董事和绝大多数股东未能享受到应有的知情权。

关于张某挪用公司资金用于新疆项目的传闻也很快得到了证实。董事们经调查发现，张某在新疆注册了房地产开发有限公司，并担任法定代表人。董事会迅速向公安机关进行了举报。2009年11月，张某因涉嫌挪用公司巨额资金被立案侦查。同月，董事会和公司股东向公安机关提交了要求审计的报告。最终，审计报告表明，张某挪用公司资金230万元。

2009年12月20日，被立案调查的张某委托公司拆迁部经理邢某主持公司日常工作。同日，有4名董事针锋相对，以董事会名义发表声明，宣布张某的授权委托无效，属非法委托。此时，恰好原董事会任期已届三年。张某、邢某等人便以公司的名义组织召开股东大会。股东大会上，张某仍被选为董事长，邢某任总经理，并在报上发了通告。不久，张某退出，邢某接任董事长。

对此，4名董事和其他24名股东联名以公司的名义登报发表"严正声明"，宣布选举无效。不久，李某等4名董事组织召开股东大会。会议选举产生了包括原4名董事在内的7人组成的董事会，李某为董事长，赵某任总经理，并在报上发了通告。随后，董事会向市工商局提出了变更法定代表人的申请，但工商局迟迟未做出回应。至此，公司出现了两个水火不容的董事会，而且都以公司名义行事。

{想一想} 造成这一闹剧的根源是什么？有什么借鉴意义？

法律建议参考：股权公众化、分散化是大势所趋。但随着股东的增加，特别是小股东的增多，就会出现股东的权利意识表面化、利益诉求多样化、公司内部治理问题复杂化的情况。如果不能建立科学、规范的公司治理结构，很容易导致公司管理的"无政府化"。案例中的公司领导层无视《公司法》，没有构建合理的公司治理结构，致使管理混乱。在他们看来，公司的股东会和董事会基本形同虚设，内部的制约机制基本不存在，公司不开股东会，小股东的权益得不到体现，对经营状况一无所知，更别说参与决策了。

要避免重蹈该公司的覆辙，首先股东之间的股权分配要合理。因为股份如果绝对平均，就会导致公司决策不能；如果畸高或者畸低，就会导致一方说了算或者怎么说都不算。虽然企业在创业初期，由于环境艰难，需要强的企业家铁腕推动企业发展，而这样的企业家同时也往往是一个企业的大股东。长此以往，企业往往形成一言堂的现象，其他小股东的权利得不到充分的尊重。特别是，当企业规模发展壮大，企业的小股东从当初的几万元、几十万元资产投入，发展到几百万元，甚至数千万元的资产后，他们对权利会更加敏感，更需要大股东的尊重。如果小股东长期笼罩在大股东的"阴影"之下，则很容易引发内部矛盾。如果同时还存在大股东滥用企业的控制权，损害小股东的利益问题，小股东最终往往会走上与大股东反目的道路。如果企业的股权比例比较分散，容易导致小股东联合"逼宫"，罢免同时作为董事长的大股东的情形。如果企业股权相对集中，小股东一般可能选择提起股东代表诉讼，或侵权诉讼，向大股东主张权益。无论哪种方式，最终都会造成企业内部股东反目，影响企业的发展。

公司治理结构是指联系并规范股东财产所有者、董事会、高级管理人员权利与义务分配，以及与此有关的聘选、监督等问题的制度框架。简单地说，就是如何在公司内部划分权力。公司治理结构的内容由一系列契约规定，这些契约包括正式契约和非正式契约。正式契约包括政府颁布的、适用于所有企业的法律，如《公司法》《破产法》等，也包括企业自己的正式规定，如公司章程以及各种合同。非正式契约是指由文化、社会习惯而形成的行为规范。这些规范没有具体化为成文的合同，从而不具有法律上的强制性，但却在实实在在地起着作用。

公司治理结构涉及关乎公司成败的三个重要方面：

一是如何保证投资者（股东）的投资回报，即协调股东与企业的利益关系。在所有权与经营权分离的情况下，由于股权分散，股东有可能失去控制权，企业被内部人（即管理者）所控制。这时控制了企业的内部人有可能做出违背股东利益的决策，侵犯股东的利益，会有损于企业的长期发展。公司治理结构正是从制度上保证所有者（股东）的控制与利益。

二是企业内各利益集团的关系协调。这包括对经理层的激励，以及对高层管理者的制约。这个问题的解决有助于处理企业各集团的利益关系，又可以避免因高管决策失误给企业造成的不利影响。

三是提高企业自身的抗风险能力。随着企业的发展不断加速，企业规模不断扩大，企业中股东与企业的利益关系、企业内各利益集团的关系、企业与其他企业的关系以及企业与政府的关系将越来越复杂，风险增加，尤其是法律风险。合理的公司治理结构，能有效地缓解各利益关系的冲突，增强企业自身的抗风险能力。

我国公司治理结构是采用"三权分立"制度，即决策权、经营管理权、监督权分属于股东（大）会、董事会或执行董事、监事会。通过权力的制衡，使三大机关既各司其职，又相互制约，保证公司顺利运行。

其一，股东（大）会。

股东（大）会由全体股东组成，是公司的权力机构，行使对公司的控制权。股东通过股东大会对公司行使控制权,主要表现在两个方面:一是选举和更换董事。董事的任免是体现公司治理特征的最基本制度安排,该权属于谁,谁就在事实上成为公司的控制者。二是决定公司的重要事项,即决定公司的经营方针和投资计划,审议批准董事会和监事会的报告,公司年度财务预算、决算方案,公司利益分配和弥补亏损方案,对公司增加和减少注册资本,发行公司债券,公司合并、分立、解散和清算等事项作出决议,修改公司章程等。

其二,董事会。

董事会由董事组成,是公司经营决策机构,董事会对股东(大)会负责并向其报告工作,行使经营决策权和控制权。董事会行使的业务执行和经营决策权包括:执行股东大会的决议;决定公司的经营计划和投资方案;决定公司内部管理机构的设置;制定公司的基本管理制度等。而控制权是董事会对经营管理者行使的权力,即董事会聘任或解聘经理,根据经理的提名,聘任或解聘副经理、财务负责人,决定其报酬。如果公司规模较小,只设立执行董事1人,也就没有董事会议事规则;执行董事的职权由公司章程规定。

经理由董事会聘任,对董事会负责,主要行使下列职权:主持公司的生产经营管理工作,组织实施董事会决议;组织实施公司年度计划和投资方案;制定公司的具体规章;公司章程和董事会授予的其他职权。执行董事可以兼任公司经理。

其三,监事会。

监事会由股东代表和适当比例的职工代表组成,是公司的监督机构,行使监督权,即对经营管理者进行监督,主要包括:检查公司的财务;对董事、经理执行公司职务时违反法律、法规或者公司章程的行为进行监督;当董事、经理的行为损害公司的利益时,要求董事和经理予以纠正;公司章程规定的其他职权。

〖联系实际〗 你的公司的治理结构如何?三权分立是否平衡?各机关是否依法履行了职权、发挥了作用?

内部控制与公司治理之间是相辅相成、互相制约的关系。公司治理是源头,内部控制是中间机制,两者有交叉区域。公司治理机制辐射两个层次的内容:一是企业与股东及其他利益相关者之间的权责利分配,这个层次中,股东要授权给管理层,而管理层应从股东利益出发管理企业,并且保护股东利益真正得以实现;二是企业董事会及管理层为履行对股东的承诺,承担自己应有的职责所形成的权责利及内部各部门与有关人员之间的权责利分配。与此相对应,作为公司治理系统的制约机制,内部控制制度也可分为两个层次:第一个层次是从所有者的角度出发,对包括管理者在内实施监控的控制系统;第二个层次是从管理者的角度出发,对经营生产过程实施控制。

内部控制是一项系统性工程,根源于企业管理,贯穿于企业组织架构、会计审计、业务流程架构、资产运作、信息管理等多项活动中,成为提升企业风险防范能力和增强竞争力的一项重要举措。企业主在优化企业股权结构、设计公司章程、制定议事规则、参与具体项目尽职调查、商业谈判、起草合同等方面都要有较强的法律意识,必要时聘请律师担任企业法律顾问,从源头上防范法律风险。

一些发展较为成熟的公司,要确立董事会在内部控制中的核心地位:

1. 建立董事资格认定和清理管理权限

禁止把董事作为一种荣耀或奖赏随便送人,对董事进行业绩评估;推行职务不兼容制度,杜绝高管交叉任职。建立内部控制框架,首先要在组织机构设置和人员配置方面做到董事长和总经理分设、董事会和总经理班子分设,避免人员重叠。

2. 董事会下设立专业性机构

为了进一步强化决策的可行性论证,强化单位内部控制,除依靠独立董事的作用外还必须在董事会下设专门委员会,如审计委员会、薪酬委员会、提名委员会、预算委员会等,以便有效地发挥董事会的作用。

3. 董事持股

董事必须持有公司股权。将董事的切身利益与公司持续经营绩效挂钩,有助于激励董事做好分内工作。

【案例分析】 俗话说,"创业容易,守业难",在企业发展壮大的过程中,法人治理结构与内部控制制度的缺失,会使企业的"主干"崩塌。阅读下面的案例,思考企业如何建立完善的治理结构,做好各个方面的内部控制,特别是对高层领导的道德与诚信如何监督。

某集团系全国造纸行业重点骨干企业。2003 年,王某走马上任,成为该集团的总经理、党委书记,2005 年又兼任集团公司董事长。走上企业经营者的岗位后,王某开始利欲熏心,一步步地滑向犯罪的深渊。该集团职工集体上访后,上级即对集团的主要领导进行经济责任审查,重点审查有无重大决策失误和越权行为;审查财务收支方面的真实性、合法性和效益性;审查其内控是否健全有效;审计期末资产,摸清企业家底。

审查结果发现,王某在购进原材料,基建招、投标,发包,职工福利等方面,导演了一幕幕权钱交易的丑剧。个人涉案金额高达 600 余万元,集团内上行下效,"蛀虫"成窝,其内幕触目惊心。上自总经理、副总经理,下至热电分厂调度员、采购员等共计 20 余人,因涉嫌受贿、贪污而纷纷落马。

{想一想} 本案件折射出该集团在治理结构和内部控制上的什么问题?如何从源头上进行防范?

法律建议参考:对于该案件的反思,主要从组织规划、采购、销售三个方面进行。

首先,组织规划控制制度。组织规划是对企业组织机构设置、职务分工的合理性和有效性所进行的控制。一般而言,企业应建立"股东会—董事会—管理层"的法人治理结构,其中董事会成员应由内部管理董事和外部独立董事混合组成,并赋予独立董事对公司财务报告和利润分配方案、公司投资、财产处置、收购兼并、对外投资、担保事项、关联交易等发表独立意见的权力。为了保护股东利益,确保公司内各项政策、制度的贯彻执行和保证公司合法、合规经营,企业应建立独立于董事会的监事会或隶属于董事会主要由公司外部独立董事参加的审计委员会。股东会、董事会、经理层和监事会或审计委员会充分发挥各自的效能,相互牵制和制约,就能有效地约束管理层的各种经营管理行为,防止领导层失控的情况再度发生。

其次,采购业务的内部控制制度。采购业务中常见的弊端有盲目采购、收受回扣、虚报损耗、混淆采购成本、验收不严、违规结算等。为了防止出现这些舞弊行为,通常有效的采购中不能指定单一供应商或某些特定供应商而排除其他竞争者,在购置大批货物时应获取一些合理的、有竞争性的书面报价单。选取某一供应商时应提供相应的证明文件包括报价汇总表,以证明不选取其他竞争性报价供应商的理由。对大宗采购业务,应成立评标委员会实行招、投标管理,保证投标商家进行公平竞争,由采购部门和其他部门共同选定中标商家,这种牵制防止采购部门滥用职权、一手遮天,保证了选定的中标者以最低的成本和最优的质量提供采购材料。

再次,销售业务的内部控制制度。对多数企业来讲,给予客户一定的折扣是相当普遍的一种销售行为,因此企业应当制定较为详细的折扣政策或规定。严格的审核制度应使这种折扣保持在合理的范围内和为企业最终的利益带来好处。例如,商业折扣规定应详细说明可以享受折扣的客户的条件,不同数量和品种的购货订单可以享受的折扣比例。现金折扣规定应详细说明使用的范围和不同支付时间可享受的折扣比例等。

案例的介绍比较简单,但可以看出其深层次原因还是在领导,所谓"上梁不正下梁歪",内控制度再严密,最终都要靠人去执行,个人的诚信、道德问题就显得尤为重要。

1.2.2 如何建立合理、合法、有效的议事规则

【导入案例】 李某系上海××环保科技有限公司(以下简称环保科技公司)股东,并担任总经理职务。环保科技公司的股权结构为:葛某持股50%、李某持股32%、王某持股18%。三人共同组成董事会,由葛某担任董事长,其余二人为公司董事。公司章程规定:董事会行使包括聘任或者解聘公司经理等权力;董事会须由三分之二以上的董事出席方为有效;董事会对所议事项做出的决定应由占全体股东三分之二以上的董事表决通过方为有效。2012年7月18日,经葛某电话召集,环保科技公司召开董事会,会议经葛某、王某表决同意通过了"鉴于总经理李某不经董事会同意私自动用公司资金在二级市场炒股,造成巨大损失,现免去其总经理职务,即日生效"的决议。决议由葛某、王某及监事签名,李某未在决议上签名。李某提起诉讼,要求撤销上述董事会决议。

〔想一想〕 董事会做出的该决议有效吗?

法律建议参考:对于董事会决议效力瑕疵的诉讼救济,《公司法》第22条对包括董事会决议在内的公司决议瑕疵的救济方法作了专门规定:"公司股东会或者股东大会、董事会的决议内容违反法律、行政法规的无效。股东会或者股东大会、董事会的会议召集程序、表决方式违反法律、行政法规或者公司章程,或者决议内容违反公司章程的,股东可以自决议作出之日起六十日内,请求人民法院撤销。"

而聘任和解聘总经理是公司董事会的法定职权,符合公司自治的原则。只要董事会决议在程序上不违反《公司法》和公司章程的规定、内容上不违反公司章程的规定,司法审查范围将严格限定在《公司法》第22条的规定事项内,法院对解聘事由是否属实不予审查和认定,其对董事会的决议效力也不构成影响。因此,董事会做出的该决议有效。

对于董事会决议瑕疵纠纷案件,《公司法》将司法审查的范围限定于:

1. 决议的内容符合法律、行政法规,即内容合法。决议的实体内容应当遵守法律、行政法规中的强制性规定,遵循诚实信用原则和公序良俗原则。如违反此规定,应认定为无效,股东可提起无效确认之诉。

2. 董事会会议的召集程序、表决方式符合法律、行政法规和公司章程,即程序合法。此时,应根据《公司法》第48条的规定,审查是否存在由无召集权人召集、未通知部分股东;是否按"一人一票"表决,对所议事项的决定做成会议记录并签名等情形;是否符合公司章程对程序方面的特别规定。

3. 决议内容符合公司章程。若公司章程对决议的内容和范围进行了具体和补充规定的,应据此予以内容审查。

《公司法》对公司的议事规则,特别是议事程序有严格的规定,而公司章程中也应该做进一步的详细规定,分配好权力制衡,保证公司决策高效、有序地进行。下面将对股东(大)会议事规则、董事会议事规则以及监事会议事规则进行详细说明。

其一,股东(大)会议事规则。

股东(大)会是以会议的形式行使最终所有者的权力,公司的重大事务都由股东(大)会来决定。

1. 股东(大)会的召开

股东(大)会会议分为定期会议和临时会议两种。根据《公司法》第101条的规定,定期会议一般每年召开1次,当公司出现下列情形之一的,应当在两个月内召开临时股东(大)会:董事人数不足《公司法》规定人数或者公司章程所定人数的2/3时;公司未弥补的亏损达到实收股本总额1/3时;单独或者合计持有公司10%以上股份的股东请求时;董事会认为必要时;监事会提议召开时;公司章程规定的其他情形。

2. 股东(大)会会议的召集制度

股东(大)会会议的召集、通知、提案、表决等程序,应当制订《股东(大)会会议议事规则》的详细规定,并具有可操作性,以保证股东(大)会决议的合法、有效。

其中,股东(大)会的召集制度是关于股东(大)会召集条件、召集权人、召集通知等各项规定的总和。股东(大)会召集制度在股东(大)会的制度设计中非常重要,它使得股东(大)会得以启动,召集程序的合法与否直接关系到股东(大)会的正常运作以及其决议的效力。股东(大)会作为公司的权力机构,通常要对涉及公司重大利益的事项进行决议,例如,公司的经营方针、投资计划、选举或更换董事、出现亏损的补救和处理等,如果不能及时召开股东(大)会,这些事项则可能被搁置,造成时机延误,公司的正常运作因此会受到严重的影响。有时尽管进行了召集,但由于程序不合法,造成其决议瑕疵,无法产生效力。可以说,没有科学、合理的召集制度,就没有股东(大)会的启动,更不可能有股东(大)会的决策。

《公司法》第40～42条、第101～103条对股东(大)会的召集制度做出了具体规定。现以有限责任公司为例,在表1-1中列明。

表1—1　　　　　　　　　　　有限责任公司股东(大)会召集制度

定期会议	依照公司章程的规定按时召开
召集权人	第一顺序:董事会或执行董事 第二顺序:监事会或监事(无监事会) 第三顺序:代表1/10以上表决权的股东
召集通知	原则上,会议召开前15日通知全体股东 例外:公司章程或全体股东另行约定
提议召开临时会议的主体	代表1/10以上表决权的股东;1/3以上的董事;监事会或不设监事会的公司监事

3. 股东(大)会会议的表决制度。

在表决权上,公司自治与法律直接规定并行。现以有限责任公司为例,在表1—2中对股东(大)会表决制度进行列明。

表1—2　　　　　　　　　　　有限责任公司股东(大)会表决制度

表决规则	任意的资本多数表决 原则上:由股东按照出资比例行使表决权 例外:公司章程另行规定的从其规定,也就是说,股东可以约定表决比例,不一定按照出资比例表决
表决通过	普通表决:相对多数表决 经代表1/2以上表决权的股东通过
	特别表决:绝对多数表决 经代表2/3以上表决权的股东通过 适用事项:修改公司章程;增、减注册资本;公司合并、分立、解散,变更公司形式
	股东以书面形式一致同意的,可以不召开股东会议,直接作出决定,全体股东签名、盖章
委托投票	必须出具公正过的委托代理合同

其二,董事会议事规则。

董事会实行集体负责制,在董事会成员中,各个董事(包括董事长)是平等的,不存在领导与被领导的关系,他们共同对股东(大)会负责,不存在董事长的个人绝对权力。下面以有限责任公司为例,用表1—3和表1—4分别对董事会的召集制度和表决制度作详细说明。

1. 召集制度(见表1—3)

表1—3　　　　　　　　　　　有限责任公司董事会的召集制度

召集权人	董事会会议由董事长召集和主持; 董事长不能履行职务或者不履行职务的,由副董事长召集和主持; 副董事长不能履行职务或者不履行职务的,由半数以上董事共同推举一名董事召集和主持
召集通知	无规定
会议种类	无规定

2. 表决制度(见表1—4)

表1—4　　　　　　　　　　有限责任公司董事会的表决制度

出席规则	由章程规定
表决程序	由章程规定
表决规则	由章程规定
委托投票	必须出具公正过的委托代理合同

其三,监事会议事规则。

如果设立监事会,监事会成员不得少于3人。股东人数较少或规模较小的有限责任公司,可以设1～2名监事,不设监事会。监事会应当包括股东代表和适当比例的职工代表。其中,职工代表的比例不得低于1/3,具体比例由公司章程规定。监事会中的职工代表由公司职工通过职工代表大会、职工大会或者其他形式民主选举产生。董事、高级管理人员不得兼任监事。监事的任期每届为三年。监事任期届满,连选可以连任。有限责任公司不设监事会的,由监事行使监事会的职权。

有限责任公司的监事会每年度至少召开一次会议,监事可以提议召开临时监事会会议。监事会的议事规则和表决程序,除《公司法》规定的外,由公司章程规定。监事会作为股东选派的监督机构,其工作方式分为定期会议和临时会议,表决方式一般以简单多数作出。下面以有限责任公司为例,用表1—5对监事会制度作详细说明。

表1—5　　　　　　　　　　有限责任公司监事会制度

召集权人	监事会主席召集和主持监事会会议; 监事会主席不能履行职务或者不履行职务的,由半数以上监事共同推举一名监事召集和主持监事会会议
召开时间	每年度至少召开一次
表决规则	监事会决议应当经过半数以上监事通过

有限责任公司设立监事会的,应制定《监事会会议议事规则》,详细地规定监事会的工作程序和职权范围,使监事会开展工作符合《公司法》的要求和公司章程的规定。监事会是公司的监督机构,其权力来源于法律和公司章程的规定,依法监督董事会、董事、总经理及公司高级管理人员,保证公司依法经营和保护股东的合法权益,防止公司的董事会、董事、总经理及公司高级管理人员利用职务便利,侵害公司的利益或股东的利益。监事会在行使职权时必须按程序办理,使公司监督工作纳入程序化和法律化。

【案例分析】　阅读下面的有限责任公司股东会会议议事规则、有限责任公司董事会会议议事规则、有限责任公司监事会会议议事规则范本,联系自己公司的实际,制定本公司的议事规则。

有限责任公司股东会会议议事规则

第一章　总　则

第一条　为规范股东会的运作程序,以充分发挥股东会的决策作用,根据《中华人民共和国公司法》等相关法律、法规及公司章程的规定,特制定如下公司股东会会议议事规则。

第二条　本规则是股东会审议决定议案的基本行为准则。

第二章 股东会的职权

第三条 股东会是公司的权力机构,依法行使下列职权:
(一)决定公司的经营方针和投资计划;
(二)选举和更换董事,决定有关董事的报酬事项;
(三)选举和更换由股东代表出任的监事,决定有关监事的报酬事项;
(四)审议批准董事会的报告;
(五)审议批准监事会的报告;
(六)审议批准公司的年度财务预算方案、决算方案;
(七)审议批准公司的利润分配方案和弥补亏损方案;
(八)对公司增加或者减少注册资本作出决议;
(九)对发行公司债券作出决议;
(十)对公司合并、分立、解散和清算等事项作出决议;
(十一)修改公司章程;
(十二)对公司聘用、解聘会计师事务所作出决议;
(十三)审议单独或者合并享有公司有表决权股权总数25%以上的股东或者1/3以上董事或监事的提案;
(十四)对股东向股东以外的人转让出资作出决议;
(十五)审议法律、法规和公司章程规定应当由股东会决定的其他事项。

第三章 股东会的召开

第四条 股东会分为年度股东会和临时股东会。年度股东会每年至少召开一次,应当于上一会计年度结束后的10日内举行。

第五条 有下列情形之一的,公司在事实发生之日起1个月以内召开临时股东会:
(一)董事人数不足《公司法》规定的法定最低人数,或者少于公司章程所定人数的2/3时;
(二)公司未弥补的亏损达股本总额的1/3时;
(三)单独或者合并享有公司有表决权股权总数25%(不含投票代理权)以上的股东书面请求时;
(四)1/3以上董事认为必要时;
(五)1/3以上监事提议召开时;
(六)公司章程规定的其他情形。

前述第(三)项持股股数按股东提出书面要求日计算。

第六条 临时股东会只对会议召开通知中列明的事项做出决议。

第七条 股东会会议由董事会依法召集,董事长主持。董事长因故不能履行职务时,由董事长指定的副董事长或其他董事主持;董事长和副董事长均不能出席会议,董事长也未指定人选的,由董事会指定一名董事主持会议;董事会未指定会议主持人的,由出席会议的股东共同推举一名股东主持会议;如果因任何理由,该股东无法主持会议,应当由出席会议的享有最多表决权股权的股东(或股东代理人)主持。

第八条 召开股东会,董事会应当在会议召开15日以前以书面方式通知公司全体股东。拟出席股东会的股东,应当于会议召开10日前将出席会议的书面回复送达公司。公司根据股东会召开前10日收到的书面回复,计算拟出席会议的股东所代表的有表决权的股权额。拟出席会议的股东所代表的有表决权的股权数达到公司有表决权的股权总数 1/2 以上的,公司可以召开股东会;达不到的,公司在 5 日之内将会议拟审议的事项、开会日期和地点以公告形式再次通知股东,经公告通知,公司可以召开股东会。

第九条 股东会会议通知包括以下内容:

(一)会议的日期、地点和会议期限;

(二)提交会议审议的事项;

(三)以明显的文字说明:全体股东均有权出席股东会,并可以委托代理人出席会议和参加表决,该股东代理人不必是公司的股东;

(四)有权出席股东会股东的股权登记日;

(五)投票授权委托书的送达时间和地点;

(六)会务常设联系人姓名、电话号码。

第十条 股东可以亲自出席股东会,也可以委托代理人出席和表决。

股东应当以书面形式委托代理人,由委托人签署或者由其以书面形式委托的代理人签署;委托人为法人的,应当加盖法人印章或由其正式委托的代理人签署。

第十一条 个人股东亲自出席会议的,应出示本人身份证和持股凭证;代理人出席会议的,应出示本人身份证、授权委托书和持股凭证。

法人股东应由法定代表人或者法定代表人委托的代理人出席会议。法定代表人出席会议的,应出示本人身份证,能证明其具有法定代表人资格的有效证明和持股凭证;委托代理人出席会议的,代理人应出示本人身份证、法人股东单位的法定代表人依法出具的授权委托书和持股凭证。

第十二条 股东出具的委托他人出席股东会的授权委托书应当载明下列内容:

(一)代理人的姓名;

(二)是否具有表决权;

(三)分别对列入股东会议程的每一审议事项投赞成、反对或弃权票的指示;

(四)对可能纳入股东会议程的临时提案是否有表决权,如果有表决权,则应行使何种表决权的具体指示;

(五)委托书的签发日期和有效期限;

(六)委托人签名(或盖章)。委托人为法人股东的,应加盖法人单位印章。委托书应当注明如果股东不作具体指示,股东代理人是否可以按自己的意思表决。

第十三条 投票代理委托书至少应当在有关会议召开前 24 小时备置于公司住所,或者召集会议的通知中指定的其他地方。委托书由委托人授权他人签署的,授权签署的授权书或者其他授权文件应当经过公证。经公证的授权书或者其他授权文件和投票代理委托书均需备置于公司住所或者召集会议的通知中指定的其他地方。委托人为法人的,由其法定代表人或者董事会其他决策机构决议授权的人作为代表出席公司的股东会议。

第十四条 出席会议人员的签名册由公司负责制作。签名册载明参加会议人员的姓名(或单位名称)、身份证号码、住所地址、享有或者代表有表决权的股权数额、被代理人姓名(或单位名称)等事项。

第十五条 1/3 以上董事或者监事以及股东要求召集临时股东会的,应当按照下列程序办理:

(一)签署一份或者数份同样格式内容的书面要求,提请董事会召集临时股东会,并阐明会议议题。董事会在收到前述书面要求后,应当尽快发出召集临时股东会的通知。

(二)如果董事会在收到前述书面要求后十日内没有发出召集会议的通告,提出召集会议的董事、监事或者股东可以在董事会收到该要求后两个月内自行召集临时股东会。召集的程序应当尽可能与董事会召集股东会议的程序相同。董事、监事或者股东因董事会未应前述要求举行会议而自行召集并举行会议的,由公司给予股东或者董事、监事必要的协助,并承担会议费用。

第十六条 股东会召开的会议通知发出后,除了有不可抗力或者其他意外事件等原因,董事会不得变更股东会召开的时间;因不可抗力确需变更股东会召开时间的,不应因此而变更股权登记日。

第十七条 董事会人数不足《公司法》规定的法定最低人数,或者少于章程规定人数的2/3,或者公司未弥补亏损额达到股本总额的1/3,董事会未在规定期限内召集临时股东会的,监事会或者股东可以按照本规则规定的程序自行召集临时股东会。

第十八条 公司董事会可以聘请律师出席股东会,对以下问题出具意见:
(一)股东会的召集、召开程序是否符合法律法规的规定,是否符合公司章程;
(二)验证出席会议人员资格的合法有效性;
(三)验证年度股东会提出新提案的股东的资格;
(四)股东会的表决程序是否合法、有效。

第十九条 公司董事会、监事会应当采取必要的措施,保证股东会的严肃性和正常程序,除出席会议的股东(或代理人)、董事、监事、董事会秘书、高级管理人员、聘任律师及董事会邀请的人员以外,公司有权依法拒绝其他人士入场。

第四章 股东会提案的审议

第二十条 股东会的提案是针对应当由股东会讨论的事项所提出的具体议案,股东会应当对具体的提案做出决议。

董事会在召开股东会的通知中应列出本次股东会讨论的事项,并将董事会提出的所有提案的内容充分披露。需要变更前次股东会决议涉及的事项的,提案内容应当完整,不能只列出变更的内容。列入"其他事项"但未明确具体内容的,不能视为提案,股东会不得进行表决。

第二十一条 股东会提案应当符合下列条件:
(一)内容与法律、法规和章程的规定不相抵触,并且属于公司经营范围和股东会职责范围;
(二)有明确议题和具体决议事项;
(三)以书面形式提交或送达董事会。

第二十二条 公司召开股东会,单独或合并享有公司有表决权股权总数的25%以上的股东,有权向公司提出新的提案。

第二十三条 董事会应当以公司和股东的最大利益为行为准则,依法律、法规、公司章程的规定对股东会提案进行审查。

第二十四条 董事会决定不将股东会提案列入会议议案的,应当在该次股东会上进行解释和说明。

第二十五条 在年度股东会上,董事会应当就前次年度股东会以来股东会决议中应由董事会办理的各事项的执行情况向股东会做出专项报告,由于特殊原因,股东会决议事项不能执行的,董事会应当说明原因。

第五章 股东会提案的表决

第二十六条 股东(包括股东代理人)以其出资比例行使表决权。

第二十七条 股东会采取记名方式投票表决。

第二十八条 出席股东会的股东对所审议的提案可投赞成、反对或弃权票。出席股东会的股东委托代理人在其授权范围内对所审议的提案投赞成、反对或弃权票。

第二十九条 股东会对所有列入议事日程的提案应当进行逐项表决,不得以任何理由搁置或不予表决。年度股东会对同一事项有不同提案的,应以提案提出的时间顺序进行表决,对事项作出决议。

第三十条 董事、监事候选人名单以提案的方式提请股东会决议。

股东会审议董事、监事选举的提案,应当对每一个董事、监事候选人逐个进行表决。改选董事、监事提案获得通过的,新任董事、监事在会议结束之后立即就任。

第六章 股东会的决议

第三十一条 股东会决议分为普通决议和特别决议。

股东会作出普通决议,应当由代表1/2以上表决权的股东通过。

第三十二条 下列事项由股东会以特别决议通过:

(一)公司增加或者减少注册资本;

(二)发行公司债券;

(三)公司的分立、合并、解散和清算;

(四)公司章程的修改;

(五)公司章程规定和股东会以普通决议认定会对公司产生重大影响的、需要以特别决议通过的其他事项。

上述以外其他事项由股东会以普通决议通过。

第三十三条 股东会决议应注明出席会议的股东(或股东代理人)人数、所代表股权的比例、表决方式以及每项提案的表决结果。对股东提案作出的决议,应列明提案股东的姓名或名称、持股比例和提案内容。

第三十四条 股东会各项决议应当符合法律和公司章程的规定。出席会议的董事应当忠实履行职责,保证决议的真实、准确和完整,不得使用容易引起歧义的表述。

第三十五条 股东会应有会议记录。会议记录记载以下内容:

(一)出席股东会的有表决权股权数,占公司总股本的比例;

(二)召开会议的日期、地点;

(三)会议主持人的姓名、会议议程;

(四)各发言人对每个审议事项的发言要点;

(五)每一表决事项的表决结果;

(六)股东的质询意见、建议及董事会、监事会的答复或说明等内容;

(七)股东会认为和公司章程规定应当载入会议记录的其他内容。

第三十六条 股东会记录由出席会议的董事和记录员签名,并作为公司档案由董事会秘书保存。公司股东会记录的保管期限为自股东会结束之日起3年。

第七章 附 则

第三十七条 股东会的召开、审议、表决程序及决议内容应符合《公司法》、公司章程及本议事规则的要求。

第三十八条 对股东会的召集、召开、表决程序及决议的合法性、有效性发生争议又无法协调的，有关当事人可以向人民法院提起诉讼。

第三十九条 本规则经股东会批准后施行，如有与公司章程冲突之处，以公司章程为准。

第四十条 本规则由股东会负责解释和修改。

有限责任公司董事会会议议事规则

第一章 总 则

第一条 为了规范本公司董事会的工作秩序和行为方式，保证董事会依法行使权力、履行职责、承担义务，根据《中华人民共和国公司法》（以下简称《公司法》）及公司章程，特制定本规则。

第二条 公司董事会是公司的法定代表机构和决策机构，是公司的常设权力机构，对股东会负责并向其报告工作。

第三条 公司董事会由_____名董事组成，设董事长一名，副董事长一名。

第四条 董事会董事由股东会选举产生，董事长、副董事长由公司董事担任，由董事会以全体董事的过半数选举产生和罢免。董事长为公司的法定代表人。

第二章 董事会的职权与义务

第五条 根据公司章程的规定，董事会依法行使下列职权：

（一）负责召集股东会，并向股东会报告工作；

（二）执行股东会决议；

（三）决定公司的经营计划和投资方案；

（四）制订公司的年度财务预算、决算方案；

（五）制订公司的利润分配方案和弥补亏损方案；

（六）制订公司增加或减少注册资本的方案；

（七）拟定公司合并、分立、变更公司形式、解散的方案；

（八）决定公司管理机构的设置；

（九）聘任或解聘公司总经理，并根据总经理的提名聘任或者解聘公司副总经理、财务负责人等高级管理人员，决定其报酬等事项；

（十）制订公司的基本管理制度；

（十一）在股东会授权范围内，决定公司的风险投资、资产抵押及其他担保事项；

（十二）决定公司职工的工资、福利、奖惩方案；

（十三）制订公司章程的修改方案；

（十四）听取总经理的工作汇报并检查总经理的工作；

（十五）法律、法规或者公司章程规定以及股东大会授予的其他职权。

第六条 董事会承担以下义务：

（一）向股东大会报告公司的生产经营情况；

（二）承担向股东大会和监事会提供查阅所需资料的义务。

第七条 审批权限的划分：

（一）投资权限。

＿＿＿＿万元人民币以内的投资由公司总经理决定。超过＿＿＿＿万元且不超过最近经审计净资产总额的30％的投资由董事会决定。重大投资项目由董事会研究后报股东大会批准。

（二）收购或出售资产。

1. 被收购、出售资产的总额（按最近一期经审计的财务报表或评估报告）占公司最近经审计总资产的10％以上；

2. 与被收购、出售资产相关的净利润或亏损（按最近一期经审计的财务报表或评估报告）占公司最近经审计净利润的10％以上；

3. 收购、出售资产时，其应付、应收金额超过公司最近经审计净资产总额的10％以上。

符合上述标准之一的，经董事会批准；相对数字占50％以上的，经股东大会批准。

（三）关联交易。

1. 公司与关联法人签署的一次性协议或连续12个月内签署的不同协议，所涉及的金额为＿＿＿＿万元至＿＿＿＿万元或占净资产的5‰至5％，由董事会批准；＿＿＿＿万元以上或超过净资产的5％以上由股东大会批准。

2. 公司向有关联的自然人一次（或连续12个月内）收付的现金或收购、出售的资产达＿＿＿＿万元以上，由董事会批准。

（四）重要合同。

公司资产抵押、借贷、为其他公司提供担保等事项由董事会批准。

（五）提取资产减值准备和损失处理。

核销和计提资产减值准备金额低于公司最近经审计净资产总额10％的由董事会批准；超过公司最近经审计净资产总额10％以上或涉及关联交易的应向股东大会报告。

第三章　董事会会议

第八条　董事会会议由董事长召集和主持，董事长由于特殊原因不能履行职务时，可书面委托副董事长或其他董事召集和主持。委托时，应当出具委托书，并列举出授权范围。

第九条　董事会会议的召集，应当在董事会会议举行十日前通知各董事，但遇到紧急情况时，可以随时召集。

通知必须以书面形式进行，并载明召集事由和开会时间、地点。通知必须送达全体董事。

第十条　董事会会议原则上每年召开四次，遇特殊情况时，可临时召集。

第十一条　有下列情形之一的，董事长应在5个工作日内召集临时董事会会议：

（一）董事长认为必要时；

（二）1/3以上董事联名提议时；

（三）监事会提议时；

（四）经理提议时。

第十二条　董事会召开临时董事会会议的通知方式为传真，通知时限为3日内。

如有本章第十一条第（二）、（三）、（四）规定的情形，董事长不能履行职责时，应当指定一名副董事长或者一名董事代其召集临时董事会会议；董事长无故不履行职责，亦未指定具体人员代其行使职责的，可由副董事长或者1/2以上的董事共同推举一名董事负责召集会议。

第十三条　董事会会议通知包括以下内容：

（一）会议的日期和地点；

（二）会议的期限；

（三）事由及议题；

(四)发出通知的日期。

第十四条　董事会会议应当由 1/2 以上的董事出席方可举行。每一董事享有一票表决权。董事会决议实行多数表决原则。普通决议(法律专门列举规定的特别决议以外的所有其他决议)要求超过半数董事出席会议,出席会议的董事表决权过半数同意方为有效。特别决议必须由 2/3 以上董事出席会议,出席会议的表决权超过半数同意方为有效。

第十五条　董事会临时会议在保障董事充分表达意见的前提下,可以用传真的方式进行并做出决议,由参会董事签字。

第十六条　董事会会议应当由董事本人出席,董事因故不能出席的,可以书面委托其他董事代为出席。

委托书应当载明代理人的姓名以及代理事项、权限和有效期限,并由委托人签名或盖章。代为出席会议的董事应当在授权范围内行使董事的权利。董事未出席董事会会议,也未委托代表出席的,视为放弃在该次会议上的投票权。

第十七条　董事会决议表决方式为举手表决。每名董事有一票表决权。

第十八条　董事会会议应当有记录,出席会议的董事和记录人应当在会议记录上签名,在会后 3 日内分发给各董事。出席会议的董事有权要求在记录上对其在会议上的发言做出说明性记载。

董事会会议记录应与出席会议的董事签名簿及代理出席委托书一并作为公司档案保存,10 年内任何人不得销毁。

第十九条　董事会会议记录包括以下内容：
(一)会议召开的日期、地点和召集人的姓名；
(二)出席董事的姓名以及受他人委托出席董事会的董事(代理人)姓名；
(三)会议议程；
(四)董事发言要点；
(五)每一决议事项的表决方式和结果(表决结果应载明赞成、反对或弃权的票数)。

第二十条　董事应当在董事会决议上签字并对董事会的决议承担责任。董事会决议违反法律、法规或者公司章程,致使公司遭受损失的,参与决议的董事对公司负赔偿责任。但经证明在表决时曾表明异议并记载于会议记录的,该董事可以免除责任。

第四章　董　事

第二十一条　公司董事为自然人。董事无需持有公司股份。

第二十二条　具有《公司法》第五十七条、第五十八条规定的情形之一的人员,不得担任公司的董事。

第二十三条　董事为公司董事会的成员。董事由股东会选举或更换,每届任期四年,可以连选连任。董事名单是向政府主管机关申请进行公司设立登记的内容。

董事在任期届满以前,股东大会不得无故解除其职务。董事任期从股东大会决议通过之日起计算,至本届董事会任期届满时为止。

第二十四条　董事应当遵守法律、法规和公司章程的规定,忠实履行职责,维护公司的利益。当其自身的利益与公司和股东的利益相冲突时,应当以公司和股东的最大利益为行为准则,并保证：
(一)在其职责范围内行使权利,不得越权；
(二)除经公司章程规定或者股东大会在知情的情况下批准,不得同本公司订立合同或者进行交易；

（三）不得利用内幕信息为自己或他人谋取利益；

（四）不得自营或者为他人经营与公司同类的营业或者从事损害本公司利益的活动；

（五）不得利用职权收受贿赂或者其他非法收入，不得侵占公司的财产；

（六）不得挪用资金或者将公司资金借贷给他人；

（七）不得利用职务便利为自己或他人侵占或者接受本应属于公司的商业机会；

（八）未经股东大会在知情的情况下批准，不得接受与公司交易有关的佣金；

（九）不得将公司资产以其个人名义或者以其他个人名义开立账户储存；

（十）不得以公司资产为本公司的股东或者其他个人债务提供担保；

（十一）未经股东大会在知情的情况下同意，不得泄露在任职期间所获得的涉及本公司的机密信息。但在下列情形下，可以向法院或者其他政府主管机关披露该信息：

1. 法律有规定；

2. 公众利益有要求；

3. 该董事本身的合法利益有要求。

第二十五条　董事应当谨慎、认真、勤勉地行使公司所赋予的权利，以保证：

（一）公司的商业行为符合国家的法律、行政法规以及国家各项经济政策的要求，商业活动不超越营业执照规定的业务范围。

（二）公平对待所有股东。

（三）认真阅读公司的各项商务、财务报告，及时了解公司的业务经营管理状况。

（四）亲自行使被合法赋予的公司管理处置权，不得受他人操纵；非经法律、行政法规允许或者得到股东大会在知情的情况下的批准，不得将其处置权转授他人行使。

（五）接受监事会对其履行职责的合法监督和合理建议。

第二十六条　未按照公司章程的规定或者未经董事会的合法授权，任何董事不得以个人名义代表公司或者董事会行事。董事以其个人名义行事时，在第三方会合理地认为该董事在代表公司或者董事会行事的情况下，该董事应当事先声明其立场和身份。

第二十七条　董事连续两次未能亲自出席，也不委托其他董事出席董事会会议，视为不能履行职责，董事会应当建议股东大会予以撤换。

第二十八条　公司不以任何形式为董事纳税。

第二十九条　董事遇有下列情形之一时，必须解任：

（一）任期届满；

（二）被股东大会罢免；

（三）董事自动辞职。

第三十条　因董事退任而发生缺额达 1/3 时，除因届满事由者外，应要求股东大会补选董事，以补足原任董事名额为限。在董事缺额未及补选有必要时，可由股东大会指定人员代行董事职务。

第三十一条　董事的报酬由股东大会确定。

第三十二条　董事依法享有以下权限：

（一）出席董事会议，参与董事会决策。

（二）办理公司业务，具体包括：

1. 执行董事会决议委托的业务；

2. 处理董事会委托分管的日常事务。

(三)以下特殊情况下代表公司有：

1. 申请公司设立等各项登记的代表权；

2. 申请募集公司债券的代表权；

3. 在公司证券上签名或盖章的代表权。

第三十三条　董事不得兼任其他同类业务事业的董事或经理人,但经董事会许可的除外。

第三十四条　董事必须承担以下责任：

(一)当董事依照董事会决议具体执行业务时,若董事会的决议违反法律、法规或公司章程致使公司遭受损害时,参与决议的董事应对公司负损害赔偿责任。但曾经表示异议的董事,有记录或书面声明可资证明者,不负其责任。

(二)当董事在具体执行业务中没有依照董事会决议时,如果致使公司遭受损害,应对公司负损害赔偿责任。

(三)当董事在执行业务中逾越权限致使公司遭受损害时,应对公司负损害赔偿责任。

(四)董事为自己或他人进行属于公司营业范围之内的行为时,该行为本身有效；但公司可以将该行为的所得视为公司所得,并形成董事会决议。董事应向公司交付该行为所取得的财物,转移该行为所取得的权利。

第五章　董事长

第三十五条　董事长是公司法定代表人。董事长任期4年,可以连选连任,但不得超过其为董事的任期。

第三十六条　董事长行使下列职权：

(一)主持股东大会和召集、主持董事会会议；

(二)督促、检查董事会决议的执行；

(三)签署公司股票、公司债券及其他有价证券；

(四)签署董事会的重要文件和其他应由公司法定代表人签署的其他文件；

(五)行使法定代表人的职权；

(六)在发生特大自然灾害等不可抗力的紧急情况下,对公司事务行使符合法律规定和公司利益的特别处置权,并在事后向公司董事会和股东大会报告；

(七)董事会授予的其他职权。

第三十七条　董事长不能履行职权时,董事长应当指定副董事长代行其职权。副董事长请假或因事不能行使职权时,由董事长指定董事一人代行。

第三十八条　董事长有总理董事的业务执行权限；在董事会休会时,董事长有依照法律、公司章程及董事会决议而代行董事会职权的权限,即有对业务执行的重大问题做出决定的权限。

第三十九条　董事长基于委托关系,享有董事会其他董事同样的权利,承担其他董事同样的义务和责任。

第四十条　董事长由于下列事由而退任：

(一)失去董事身份。导致董事长失去董事身份的事由即董事退任的事由。

(二)股东会通过董事会特别决议进行解任。

第六章　附　则

第四十一条　本规则由公司董事会负责解释。

第四十二条 本规则未尽事宜,依据《公司法》等有关法律和行政法规及公司章程办理。

第四十三条 本规则经公司董事会审议通过后实施。

有限责任公司监事会会议议事规则

第一章 总 则

第一条 为了完善公司治理结构,保障监事会依法独立行使监督权,根据《中华人民共和国公司法》(以下简称《公司法》)等有关法律法规及规范性文件和公司章程的规定,制定本议事规则。

第二条 监事会是本公司的监督机构,向股东大会负责,对本公司财务以及本公司董事、CEO和其他高级管理人员履行职责的合法合规性进行监督,维护本公司及股东的合法权益。

第二章 监事会的组成和职权

第三条 监事由股东大会选举产生。监事会中至少有外部监事以及职工代表。

第四条 监事会由3名监事组成。由监事会选举一名监事长。监事长不能履行职权时,由其指定一名监事代行其职权。

第五条 监事会是本公司的监督机构,对股东大会负责,行使下列职权:

(一)制订监事会议事规则,并报股东大会批准;

(二)监督董事会、高级管理层履行职责的情况;

(三)监督董事、董事长及高级管理层成员的尽职情况;

(四)要求董事、董事长及高级管理层成员纠正其损害本公司利益的行为;

(五)对董事和高级管理层成员进行离任审计;

(六)对董事、董事长及高级管理层成员进行质询;

(七)审议董事会拟定的利润分配方案;

(八)向董事会抄送审计报告;

(九)根据监事会提名和委员会提名聘任内审负责人;

(十)对本公司的经营决策、风险管理和内部控制等进行审计,并指导本公司内部审计部门的工作;

(十一)检查、监督本公司的财务活动;

(十二)委托外部审计机构进行年度审计;

(十三)准备和及时递交监管部门所要求的文件;

(十四)接受并组织完成监管部门下达的有关任务;

(十五)提议召开临时股东大会;

(十六)其他法律、法规、规章及章程规定应当由监事会行使的职权。

第六条 监事会设立审计委员会和提名委员会,负责人由外部监事担任。

第三章 会议的召开与议事范围

第七条 监事会会议每年至少召开4次。在本公司年度报告、半年度报告和季度报告完成后披露前召开,由监事长召集。

第八条 有下列情形之一的,监事长应在5个工作日内召集临时监事会会议:

(一)监事长认为必要时;

(二)1/3以上的监事提议时;

第九条　监事会会议应于会议召开 10 日前,将书面通知及会议文件送达全体监事。临时监事会会议通知及会议文件应在会议召开前 5 个工作日送达。

第十条　监事会会议通知应包括如下内容:

(一)会议的日期、地点;

(二)会议期限;

(三)提交会议审议的事由及议题;

(四)发出通知的日期。

第十一条　监事会会议应有 1/2 以上监事出席方可举行。

第十二条　监事在收到书面通知后应亲自出席监事会会议。监事因故不能亲自出席的,可以书面委托其他监事代理出席行使表决权。外部监事只能委托其他外部监事代为出席行使表决权。

委托书应当载明受托监事的姓名,代理事项、权限和有效期限,并由委托人签名或盖章。

代为出席会议的监事应当在授权范围内行使监事的权利。监事未出席监事会会议,也未委托代表出席的,视为放弃在该次会议上的投票权。

第十三条　监事连续两次不能亲自出席监事会会议,也不委托其他监事出席监事会会议,视为不能履行职责,监事会应当提请股东大会或建议职工代表大会予以罢免。

外部监事一年内亲自出席监事会会议次数少于监事会会议总数 2/3 的,监事会应当提请股东大会予以罢免。

第十四条　监事会会议的议事范围有:

(一)审议本公司的年度报告、半年度报告、季度报告等定期报告,对本公司内控制度制定情况和执行情况的监督意见;

(二)审议与本公司董事、总部高级管理人员有关联的交易;

(三)审议本公司的财务预算、决算方案;

(四)审议本公司利润分配方案和弥补亏损方案;

(五)对本公司董事、高级管理层的述职报告进行评议,并出具其履行职责情况的监督意见;

(六)相关法律、法规和章程规定需要监事会出具的报告和意见。

第十五条　监事会有权要求本公司董事和高级管理层人员、内部及外部审计人员出席监事会会议,接受质询。

(一)审议本公司的年度报告、半年度报告、季度报告等定期报告,对本公司内控制度制定情况和执行情况的监督意见;

(二)审议与本公司董事、总部高级管理人员有关联的交易;

(三)审议本公司的财务预算、决算方案;

(四)审议本公司的利润分配方案和弥补亏损方案;

(五)对本公司董事、高级管理层的述职报告进行评议,并出具其履行职责情况的监督意见;

(六)相关法律、法规和章程规定需要监事会出具的报告和意见。

第四章　会议的表决与决议

第十六条　监事会会议对审议事项采取逐项表决方式,即提案审议完毕后,开始表决,一项提案未表决完毕,不得表决下一项提案。每名监事享有一票表决权。

第十七条　监事会会议在保障监事充分表达意见的前提下,可以用通信表决方式进行并做出决议,由参会监事签字。通信表决应规定表决的有效时限,在规定时限内未表达意见的监事,视为弃权。监事会审议年度报告、利润分配方案等重大事项不应采取通信表决方式。

第十八条 监事会会议以举手、记名投票或通信方式进行表决。根据表决的结果,宣布决议及报告通过情况,并应将表决结果记录在会议记录中。

第十九条 监事会的有关决议和报告,应当由到会监事会成员 2/3 以上(含 2/3)同意表决通过。

监事对决议或报告有原则性不同意见的,应当在决议或报告中说明。

第二十条 监事应在监事会决议上签字并对监事会承担责任。但经证明在表决时曾表明异议并记载于会议记录的,该监事可以免除责任。

第五章 会议记录

第二十一条 监事会会议应当有会议记录,出席会议的监事和记录人应当在会议记录上签名。监事有权要求在会议记录上对其在会议上的发言做出某种说明性记载。

第二十二条 监事会会议记录包括以下内容:

(一)会议日期、地点和召集人的姓名;
(二)出席监事的姓名以及受他人委托出席监事会的监事(代理人)姓名;
(三)会议议程;
(四)监事发言要点;
(五)每一决议事项的表决方式和结果(表决结果应载明赞成、反对或弃权的票数)。

第六章 附 则

第二十三条 本议事规则自股东大会批准通过之日起施行。

第二十四条 本议事规则由监事会负责解释。

> 〖练一练〗 请根据上述议事规则范本,拟定本公司的议事规则,需要和创业伙伴商讨的事项可标明,并进一步进行斟酌(可另附页)。

需要注意的是,议事规则是公司上层设计的,程序的严肃性非常强,通常需要由创业核心团队自己来拟定。范本只作为参考,各公司的实际情况不同,根据公司自治原则,除了法律强制性规定的事项以外,其他都需要根据本公司的情况具体拟定。另外,还可以建立重大决策法律论证制度,事前将重大经营决策基本情况及资料交由公司法律事务部门或法律顾问进行专门论证,进一步规范公司的重大经营决策行为,确保决策的科学、合法、透明,有效防范各种法律和经营风险,保障公司和股东的利益。

1.2.3 如何进行公司股权转让

【导入案例】 2012年5月,李某、陈某、王某、周某、郑某每人出资50万元,共250万元,共同组建了佳佳运输有限责任公司(化名),五人分别持股20%。经营了一年后,公司组建人之一李某欲将其在公司所持股份的10%作价30万元转让给公司以外的齐某。2013年8月25日召开股东大会时,陈某坚决反对,王某明确表示同意,而周某与郑某当时未表态。会后,李某根据《公司法》的相关规定书面通知了周某与郑某,收到书面通知两个月后,周某与郑某一直未给李某明确表态是否同意转让。李某与陈某多次协商,陈某不同意转让也未表示自己购买。

{想一想} 这种情况下,李某能否继续向齐某转让股份?

法律建议参考:《公司法》第72条规定:"有限责任公司的股东之间可以相互转让其全部或者部分股权。股东向股东以外的人转让股权,应当经其他股东过半数同意。股东应就其股权转让事项书面通知其他股东征求同意,其他股东自接到书面通知之日起满30日未答复的,视为同意转让。其他股东半数以上不同意转让的,不同意的股东应当购买该转让的股权;不购买的,视为同意转让。经股东同意转让的股权,在同等条件下,其他股东有优先购买权。公司章程对股权转让另有规定的,从其规定。"

根据该条规定,有限责任公司的股东向本公司股东以外的第三人转让股份的,首先,在公司章程有对此作出约定的情况下,应当优先遵守公司章程的约定。其次,在公司章程没有对此作出约定的情况下,如上述案例中,股东李某在对外转让其股份时已书面通知了周某与郑某,周某与郑某超过30日未答复,视为同意转让,加上明确表示同意的王某,同意对外转让股份的股东人数已过半。因此股东李某可以将其所持有的公司10%的股份转让给第三人齐某。

股权转让是指股东将其公司所持有的股权转移给受让人,受让人因此取得股权而成为公司的新股东。有限责任公司的股东转让股权又称为出资转让,股份有限公司的股东转让其股权又称为股份转让。出资转让和股份转让只是称呼不同,实质没有什么区别。股权转让的实质是股东公平、合理的退出机制,当股东间的利益与认识不一致时,可以通过股权转让或退出机制来避免股东间的冲突。本部分将主要阐述股权转让的前提条件、股权转让的程序与效力、股权转让的价格、股权转让中的优先购买权。

其一,股权转让的前提条件有三个:

1. 公司应当依法成立。公司必须经过工商行政管理机关登记注册,颁发企业法人营业执照，才依法取得法人资格。

2. 出让人依法取得股东资格。股东必须在工商行政管理机关登记才能获得股东资格，出资人或发起人填写的《开业登记申请表》和《公司变更登记申请表》中都有股东的登记和变更登记记载。公司应当置备股东名册。有限责任公司应当向股东签发出资证明书，股份有限公司应当将发起人记载于公司的股东名册。出资证明和股东名册是公司对出资人或发起人认定为公司股东的法律凭证。如果没有获得出资证明书或者没有记载于股东名册，则很难认定为该公司的股东。

3. 取得股权程序合法。对可能因为违反法定程序而取得的股权，比如出让人是通过欺诈、胁迫等非法手段取得的或者取得股权时侵犯了他人的优先权，均可能导致股权取得无效，转让股权就会出现障碍。

其二，股权转让的程序。

以有限责任公司股权转让为例。

1. 欲转让股权的股东向董事会提出转让股权的申请，由董事会提交股东会讨论表决，这是对向股东以外的人转让股权的规定。根据《公司法》第71条的规定，股东超过半数表决通过后，股权方可转让。股东会讨论股权转让时，不同意转让的股东应当按照同等条件购买股权，不同意转让又不同意购买，视为同意转让。股东之间转让股权无需经过股东会表决。

2. 转让双方签订转让股权的协议，协议中应对转让股权的数额、价格、程序、双方的权利和义务作出具体规定，使其作为有效的法律文书来约束双方的转让行为。股权转让合同应当遵循《合同法》的一般规定。

3. 收回原股东的出资证明书，发给新股东出资证明书，对公司股东名册进行变更登记，注销原股东名册，并相应地修改公司章程。但要注意，出资证明书作为公司对股东履行出资义务和享有股权的证明，只是股东对抗公司的证明，并不足以产生对外公示的效力。

4. 将新修改的公司章程、股东及出资变更等向工商行政管理部门进行工商变更登记，至此，有限责任公司股权转让的法定程序才告完成。

受让方取得股东资格的标志是股权转让被记载到公司章程中，取得出资证明或记载于股东名册。股权转让款是否支付完毕、工商登记是否变更，并不影响新股东身份对公司的效力。工商登记作为股东身份的形式要件，具有公示公信的效力，仅产生对抗第三人的效力。

【拓展资讯】 在股权转让的过程中，股权转让合同的签订尤为重要，不仅要遵守法律的限制性规定和公司章程，还要谨慎地从商业角度约定转让的条件等。那么，如何拟定有限责任公司的股权转让合同呢？下面给出一个参考范本。

股权转让协议

甲方（转让方）：
法定地址：
法定代表人：
乙方（受让方）：
法定地址：
法定代表人：

鉴于甲方_____公司（以下简称公司）合法拥有_____%股权，现甲方有意转让其在公司拥有的全部股权，并且甲方转让其股权给乙方的要求已获得公司股东会的批准。

甲、乙双方经友好协商,本着平等互利、协商一致的原则,就股权转让事宜达成如下协议:

第一条　股权转让

(一)甲方同意将其在公司所持股权,即公司注册资本的_____%转让给乙方,乙方同意受让。

(二)甲方同意出售而乙方同意购买的股权,包括该股权项下所有的附带权益及权利,且上述股权未设定任何(包括但不限于)留置权、抵押权及其他第三者权益或主张。

(三)协议生效之后,甲方将对公司的经营管理及债权债务不承担任何责任、义务。

第二条　股权转让价格及价款的支付方式

(一)甲方同意根据本合同所规定的条件,以_____元将其在公司拥有的_____%股权转让给乙方,乙方同意以此价格受让该股权。

(二)乙方同意按下列方式将合同价款支付给甲方:

乙方同意在本合同双方签字之日向甲方支付_____元;在甲乙双方办理完工商变更登记后,乙方向甲方支付剩余的价款_____元。

第三条　甲方声明

(一)甲方为本协议第一条所转让股权的唯一所有权人。

(二)甲方作为公司股东已完全履行了公司注册资本的出资义务。

(三)自本协议生效之日起,甲方完全退出公司的经营,不再参与公司财产、利润的分配。

第四条　乙方声明

(一)乙方以出资额为限对公司承担责任。

(二)乙方承认并履行公司修改后的章程。

(三)乙方保证按本合同第二条所规定的方式支付价款。

第五条　股权转让有关费用的负担

双方同意办理与本合同约定的股权转让手续所产生的有关费用,由_____方承担。

第六条　有关股东权利和义务包括公司盈亏(含债权债务)的承受

(一)从本协议生效之日起,乙方实际行使作为公司股东的权利,并履行相应的股东义务。必要时,甲方应协助乙方行使股东权利、履行股东义务,包括以甲方名义签署相关文件。

(二)从本协议生效之日起,乙方按其所持股权比例依法分享利润和分担风险及亏损。

第七条　协议的变更和解除

发生下列情况之一时,可变更或解除本协议,但甲、乙双方需签订变更或解除协议书。

(一)由于不可抗力或由于一方当事人虽无过失但无法防止的外因,致使本协议无法履行;

(二)一方当事人丧失实际履约能力;

(三)由于一方违约,严重影响了另一方的经济利益,使合同履行成为不必要;

(四)因情况发生变化,当事人双方经过协商同意;

(五)合同中约定的其他变更或解除协议的情况出现。

第八条　违约责任

(一)如协议一方不履行或严重违反本协议的任何条款,违约方须赔偿守约方的一切经济损失。除协议另有规定外,守约方亦有权要求解除本协议及向违约方索取赔偿守约方因此蒙受的一切经济损失。

(二)如果乙方未能按本合同第二条的规定按时支付股权价款,每延迟一天,应按延迟部分价款的_____‰支付滞纳金。乙方向甲方支付滞纳金后,如果乙方的违约给甲方造成的损失超过滞纳金数额,或因乙方违约给甲方造成其他损害的,不影响甲方就超过部分或其他损害要求赔偿的权利。

第九条　保密条款

(一)未经对方书面同意,任何一方均不得向其他第三人泄漏在协议履行过程中知悉的商业秘密或相关信息,也不得将本协议内容及相关档案材料泄漏给任何第三方,但法律、法规规定必须披露的除外。

(二)保密条款为独立条款,不论本协议是否签署、变更、解除或终止等,本条款均有效。

第十条　争议解决条款

甲、乙双方因履行本协议所发生的或与本协议有关的一切争议,应当友好协商解决。如协商不成,任何一方均有权按下列第_____种方式解决:

(一)将争议提交仲裁委员会仲裁,按照提交仲裁时该委员会现行有效的仲裁规则进行仲裁。仲裁裁决是终局的,对甲、乙双方均有约束力。

(二)各自向所在地人民法院起诉。

第十一条　生效条款及其他

(一)本协议经甲、乙双方签字盖章之日起生效。

(二)本协议生效后,如一方需修改本协议的,须提前10个工作日以书面形式通知另一方,并经双方书面协商一致后签订补充协议。补充协议与本协议具有同等效力。

(三)本协议执行过程中的未尽事宜,甲、乙双方应本着实事求是的友好协商态度加以解决。双方协商一致的,签订补充协议。补充协议与本协议具有同等效力。

(四)本协议的订立、效力、解释、终止及争议的解决均适用中华人民共和国法律的相关规定。

(五)甲、乙双方应配合公司尽快办理有关股东变更的审批手续,并办理相应的工商变更登记手续。

(六)本协议正本一式四份,甲、乙双方各执一份,公司存档一份,工商登记机关一份,具有同等法律效力。

甲方:　　　　　　　　　　　　　　　乙方:
法定代表人(授权代表):　　　　　　　法定代表人(授权代表):
签订日期:
签订地点:

〖联系实际〗　你自己或你的创业伙伴在什么情况下会转让股权?你在转让股权时要考虑哪些风险因素?如何预防?当有股东申请向股东以外的人转让股权时,其他股东为了公司的长远发展,应该怎样做?

其三,股权转让的价格。

在公司股权转让的过程中,如何确定股权转让价格,在实务中常常引起争议。《公司法》及相关法律除了对国有股权的转让价格做了限制性规定外,对于普通股权转让价格的确定并未作具体的规定。根据意思自治的原则,只要当事人不违反法律的强制性规定,不损害国家和第三人的合法权益,法律允许双方自由协商确定股权转让价格。但并不代表股权转让的价格能随意定价,如果股权转让价格与股权实际价值(或市场价值)差距过大,往往容易产生股权转让纠纷,有异议的一方可能会以此为由主张股权转让双方恶意串通。而根据我国《合同法》的相关规定,恶意串通约定股权转让价格,致国家、集体、第三人利益受损的,将导致股权转让行为无效。在实际中,股东和受让方之间对确定股权转让价格的方法常常不科学,并不能接近股权的价值和市场价格。

为了规避此类法律风险、保障股权转让各方的合法权益,双方应尽量采取反映股权实际价值或市场价值的价格确定方式。通常确定普通股权转让价格的方法有以下几种:

1. 将股东出资时所确认的股权价格作为转让价格;
2. 以公司净资产额为标准确定股权转让价格;
3. 由会计师事务所出具审计报告、评估报告,作为转让价格;
4. 将拍卖、变卖价作为转让价格。

上述几种方法,都有其可取之处,但也存在不足。将出资额和公司净资产额作为股权转让价格简单明了,便于计算和操作;审计、评估方法通过对公司会计账目、资产的清理核查,较能体现公司的资产状况;拍卖、变卖的方法引入了市场机制,在一定程度上能体现股权的市场价值。但是,公司的生产经营活动受经营者的决策及市场因素的影响较大,公司的资产状况处于一种动态变化之中,股东的出资与股权的实际价值往往存在较大的差异,如对股东的股权未经作价以原出资额直接转让,这无疑混淆了股权与出资的概念;公司净资产额虽然反映了公司一定的财务状况,但由于其不体现公司资金的流转等公司运作的重要指数,也不能反映公司经营的实际情况;审计、评估能反映公司的财产状况,也能对公司运作的大部分情况进行估算,却不能体现公司的不良资产率、公司发展前景等对股权价值有重要影响的因素;拍卖、变卖一般时间较紧,转让方和受让方常无法进行更多的直接沟通。如不能很好地理解和运用这几种方法,将造成股权的滥用,侵犯股东和公司的合法权益。

其四,股权转让中的优先购买权。

为了维持有限公司的人合性,《公司法》规定了三种权利:一是同意权,二是否决权,三是优先购买权。优先购买权是股权转让制度中的核心权利。股权转让中的优先购买权,是指有限责任公司的股东向股东之外的第三人转让股权时,在同等条件下,公司中的其他股东具有优先购买的权利。同等条件是行使优先购买权的前提,具体包括相同的价格条件、付款期限、付款方式。在股权转让中,价格条款是其核心条款,集中反映了股权买卖双方的利益。只有在价格条件相同的前提下,才能保障在行使优先购买权时维护出让人的利益,体现法律公平、合理的精神。同时,因付款期限、付款方式将会涉及出让人的期限利益、价款受偿的风险,在行使优先购买权时,享有优先购买权的人不得超过第三人向出卖人支付价款期限而主张与出卖人订立合同。

股东优先购买权的行使期限与不同意对外转让的股东应当购买的义务履行期限是重合的,从转让出资股东公开表达转让意图并正式通知转让条件时起算。其他股东同意对外转让出资,意味着其在作出同意决定的时候,放弃了在一定条件下的优先购买权。但在办理股权变更工商登记时,即使同意转让的股东也必须提交放弃优先购买权的声明,否则导致无法办理过户手续,还要承担对第三人的违约责任。行使期间的起算是相对于既定条件而言的,每当转让出资的股东确定一个更为优惠的转让条件时,股东优先购买权的行使期就应当重新计算。

【案例分析】 阅读下面的案例,思考股权转让不成功,会给转让方、受让方、其他股东带来怎样的影响,要注意哪些技巧才能防范股权转让中的风险。

A公司成立于2010年,注册资本100万元,甲、乙、丙、丁四股东各占25%的股份。2012年1月8日,甲股东决定转让其所持股份,并于当日书面通知其他股东,其他股东对此不置可否;2012年2月8日,甲将其股份以50万元的价格转让给第三人戊,股权转让合同约定甲应当在1个月内办妥股权变更手续,戊应当在签订合同当日支付股权转让费25万元,其他部分款项应当在甲与A公司办妥股权变动手续后当日一次性支付。戊在签订合同当日即支付了合同约定款项。2012年3月8日,乙股东主张甲与戊的转让合同无效,并要求优先购买甲的股份。

{想一想} 甲与戊的股权转让合同是否无效?乙股东的主张是否能得到法律支持?一旦乙主张优先购买权得到支持,戊如何主张权利?

法律建议参考: 甲与戊的股权转让合同系当事人的真实意思表示,同时,甲的股权转让意向已经按照提前30天的规定告知其他股东,未得到否定表示,视为同意。因此,甲与戊的转让合同当然有效。但需要注意的是,股权转让合同有效不一定必然产生股权变动的效果,前者涉及的是合同的效力问题,后者则涉及《公司法》的问题,二者不能混同。

根据《公司法》的规定,基于有限责任公司的人合性特征,其可以行使该项权利。因此,在同等条件下其可以优先购买甲股东的股权。

一旦乙股东行使优先购买权,第三人戊将无缘取得甲的该股权,戊只能依据《股权转让协议》向甲主张转让股权不能的违约责任。因此,作为第三人收购其他公司的相关股权,可能因为出让方公司的股东行使优先购买权而目的落空。

{拓展思考} 公司股东放弃优先购买权时声明如何写?

放弃优先购买权声明

鉴于:

_____(弃权股东)为有限公司(以下简称"目标公司")的合法股东之一,并依据公司章程规定持有目标公司百分之十(10%)的股权。

_____(股权出让方)为目标公司的另一股东。依据公司章程规定合法持有目标公司百分之二十五(25%)的股权。

2014年1月5日,依法召开目标公司股东会,股东同意并形成决议,_____(股权出让方)向_____(股权受让方)转让其持有目标公司百分之二十(20%)的股权。_____(弃权股东)在此声明：

1. 本人无条件放弃依据《中华人民共和国公司法》(简称《公司法》)和投资有限公司章程对出让股权所享有的优先购买权。

2. 本人放弃股权优先购买权的决定是无条件的和不可撤销的,并承诺在目标公司股权转让的过程中不反悔。

3. 本人同意就出让相关事宜对投资有限公司章程进行相应的修改。

声明人(签字)：

日期：　　年　　月　　日

【拓展资讯】　下面7个问题是法律关于有限公司股权转让的特别规定。

1. 公司股东可以退股吗？

不能。公司成立后,股东不能退股只能依法转让。只有在几种法定情况下,股东可以请求公司收购其股权。但这不属于退股,是特定意义的转让股权。

2. 什么是股权间接转让？

它是指依照法律强制性规定,法院将属于某人的股权依法转让给某债权人,或继承人依法继承被继承人的股权等情况。

3. 股权的各项权利可以分开转让吗？

不能。股权的实质是基于股东身份而对公司享有的一种综合性权利。股权的转让就是股东身份的转让,股东权利内容中的各项权利不能分开转让,在实际操作上也无法实现。例如,股权转让保留分红权的约定对公司是不发生效力的。

4. 公司可以回购公司股东的股权吗？

公司只能在特定情况下收购股东的股权。对于有限责任公司,有下列情形之一的,对股东会该项决议投反对票的股东可以请求公司按照合理的价格收购其股权：

(1)公司连续5年不向股东分配利润,而公司该5年连续盈利,并且符合本法规定的分配利润条件的；

(2)公司合并、分立、转让主要财产的；

(3)公司章程规定的营业期限届满或者章程规定的其他解散事由出现,股东会会议通过决议修改章程使公司存续的。

自股东会会议决议通过之日起60日内,股东与公司不能达成股权收购协议的,股东可以自股东会会议决议通过之日起90日内向人民法院提起诉讼。

5. 以无形资产出资的股东的股权可以转让吗？

可以。股东可以用货币出资,也可以用实物、知识产权、土地使用权等可以用货币估价并可以依法转让的非货币财产作价出资；但是,法律、行政法规规定不得作为出资的财产除外。不论以何种方式出资,股东的股权在本质上都是相同的。因此,以无形资产出资的股东的股权也可以转让。

6. 公司章程可以限制股权转让和规定股权转让的方法吗？

有限责任公司的章程可以限制股权转让,但不得违反法律强制性规定。有限责任公司的章程可以在不违反《公司法》基本原则的情况下规定本公司股权转让的方法。

7. 股权转让的对价是支付给公司还是出让方？公司注册资本会发生变化吗？

价款支付给出让方。股权转让不涉及公司注册资本、实收资本及对外负债等资产状况的变化。

课后思考

企业在创办之始就应该树立合法经营有助长远发展的观念,防止、减少、化解创业核心团队及高层管理者之间内部的矛盾与冲突。特别是公司有独立的法人资格,法律对其从设立到运行的规制相对较为严格。本章以有限责任公司为主要阐述对象,在实际中还有其他灵活、简便的企业设立形式可以选择,但法律对其内部管理的监管没有公司这么严格。学习完本章内容以后,请想一想你曾经创办企业或你打算即将开办企业时,在上层结构设计中遇到过哪些问题,当时是如何解决的。学习了本章以后,你认为这些问题从法律角度是否可以事先规避。请列出你学到的法律方法。

实训项目

甲、乙公司与另外9家公司拟联合组建设立"中天有限责任公司"(以下简称"中天公司")。公司章程的部分内容为:公司股东会除召开定期会议外,还可以召开临时会议,临时会议须经代表1/2以上表决权的股东、1/2以上的董事或1/2以上的监事提议召开。在申请公司设立登记时,工商行政管理机构指出了公司章程中规定的关于召开临时股东会议方面的不合法之处。经全体股东协商后,予以纠正。2012年3月,中天公司依法登记成立,注册资本为1亿元,其中,甲用工业产权出资,协议作价金额1 200万元;乙出资1 400万元,是出资最多的股东。公司成立后,由甲召集和主持了首次股东会会议,设立了董事会。

2012年5月,中天公司董事会发现,甲作为出资的工业产权的实际价额显著低于公司章程所定的价额,为了使公司股东的出资总额仍达到1亿元,董事会提出了解决方案,即由甲补足差额;如果甲不能补足差额,则由其他股东按出资比例分担该差额。

2013年5月,公司经过一段时间的运作后,经济效益较好,董事会制订了一个增加注册资本的方案,方案提出将公司现有的注册资本由1亿元增加到1.5亿元。增资方案提交股东会讨论表决时,7家股东赞成增资,出资总和为5 830万元,占表决权总数的58.3%;4家股东不赞成增资,出资总和为4 170万元,占表决权总数的41.7%。股东会通过了增资决议,并授权董事会执行。

2014年3月,中天公司因业务发展需要,依法成立了海南分公司。海南分公司在生产经营过程中因违反了合同约定被诉至法院,对方以中天公司是海南分公司的总公司为由,要求中天公司承担违约责任。

根据上述事实及有关法律规定,分析下列问题:

(1)中天公司设立过程中订立的公司章程中关于召开临时股东会议的规定有哪些不合法之处?说明理由。

(2)中天公司的首次股东会会议由甲召集和主持是否合法?为什么?

(3)中天公司董事会作出的关于甲出资不足的解决方案的内容是否合法?说明理由。

(4)中天公司股东会作出的增资决议是否合法?说明理由。

(5)中天公司是否应替海南分公司承担违约责任?说明理由。

第 2 章

企业如何建立和谐的用人环境

人才是企业最重要的核心资源,要吸引、用好、留住人才,离不开劳动法律法规的保护。据统计,起诉到法院的劳动争议案件中,企业的占比较高,集中凸显了涉诉企业存在劳动法律法规知识欠缺、用工管理机制缺位以及证据与诉讼意识薄弱等众多"盲区"。在劳动者维权意识提高、法治环境日趋完善的大形势下,身陷上述"盲区"的企业一旦涉诉,尤其是连环性或群体性诉讼,有限的用工和经营成本往往将导致企业的发展乃至生存"不堪一击"。企业规模虽小,但用工管理制度也应"五脏俱全",并应将之作为企业管理环节的重中之重。因此,企业管理者更应学习如何建立和完善劳动合同、用工管理、工资薪酬、社会保险等制度,学会如何预防、避免以及应对处理用工法律纠纷,方能为企业的发展提供坚实的后盾保障。

学习目标

1. 能制定符合《劳动法》及维护企业与员工合法利益的员工手册;
2. 能建立适合本企业的劳动用工制度;
3. 能掌握本地区、本行业、本企业的"五险一金"缴纳要求;
4. 能制订有效的绩效薪酬及股权激励方案;
5. 能合理避免及有效解决劳动合同纠纷;
6. 能合理避免及有效解决劳动报酬纠纷;
7. 能妥善处理工伤赔偿事宜。

2.1 企业用工制度的合规性

2.1.1 如何制定员工手册

【导入案例】 员工没有完成工作任务可以不发工资吗?小刘一年前受聘为某软件公司的程序设计员,每月领 7 000 元的工资,双方没有签订劳动合同。今年 4 月,公司安排小刘为某工厂编制一套企业管理网络软件。小刘由于感情问题心不在焉,影响了工作状态,导致其编制的企业管理网络软件未能达到客户的要求。软件公司另行安排其他程序设计员进行了修改，造成了4万多元的经济损失。软件公司决定由小刘承担责任，每月扣罚小刘的工资，直至完全弥补该损失。因此，5~7月期间，软件公司扣罚了小刘3个月的工资，共计21 000元。8月初，小刘的生活难以为继，遂向劳动仲裁委员会申诉。

该案中，双方各执一词。假如你是该软件公司主管人事的管理者，你认为该如何应对？

> **{想一想}** 案件争议的焦点是什么？

法律建议参考： 本案争议的焦点是员工由于未能完成工作任务，给公司带来的损失，应该由员工还是公司来承担。如果员工要承担一定的经济责任，是否可以由公司决定扣罚数额，并直接实行工资扣罚。

> **{想一想}** 处理该案件第一步要分析的问题是什么？

法律建议参考： 本案首先要清晰地认识到虽然双方没有签订劳动合同，但从工作安排及工资支付等方面证实双方存在事实劳动关系。但正是由于没有签订劳动合同，公司对小刘的工作内容和工作任务没有任何具体约定，也没有关于完成工作任务要求以及相关处罚的制度规定，因此公司扣罚小刘的工资缺乏直接的依据。

> **{想一想}** 该案件申诉到劳动仲裁委员会，会给公司带来什么样的影响和后果？

法律建议参考： 由于公司与小刘之间对岗位工作没有任何具体约定，所以根据《劳动法》规定，公司必须支付给小刘工资。并且按照广东省企业职工劳动权益保障规定，企业当月未发工资的，从下月第六日起，每日按欠发工资额的1‰赔偿职工经济损失。连续3个月以上不按期发放工资的，可以对企业并处5 000元以上5万元以下的罚款。如果公司要与小刘解除劳动合同，则要依据《违反和解除劳动合同的经济补偿办法》，按克扣工资全额的 25% 支付经济补偿金。

对于小刘没有按要求完成工作造成公司经济损失的事实，公司只能依据《工资支付暂行规定》，但每月扣除的部分不得超过劳动者当月工资的 20%，若扣除后的剩余工资部分低于当地月最低工资标准，则按最低工资标准支付。

可以看出，公司在双方没有任何约定、制度规定的前提下，单方强行扣罚小刘的工资，违反了相关法律法规的规定，反而要对小刘进行经济补偿以及赔偿经济损失，甚至有被罚款的风险。

〖想一想〗 小刘未按要求完成工作任务，公司可以采取哪些更好的方法处理该事件？

法律建议参考：在劳动合同中明确劳动者的工作性质、工作范围、工作内容，以及劳动者的违约责任。经公司职工代表会议通过相关规章制度，在不与现行劳动法律法规相抵触的前提下，规定员工给公司造成经济损失的处罚办法。成立工会，维护员工的合法权益，促进员工与公司的良性发展。制定有效的《员工手册》，通过培训和引导员工认同企业文化，确立自己的工作规范和行为规范，这样企业在管理上就有据可依。

〖联系实际〗 你的企业遇到过哪些劳动关系问题？其中哪些问题是由于没有事先约定或者缺乏相关管理制度造成的？

员工手册是指导企业员工行为的准则，是员工在企业内部从事各项工作、享受各种待遇的依据，它是企业员工所必须遵守的基本法则。它有两项基本功能：一是使刚进入公司的"准员工"能够快速地了解公司的历史、文化、运作模式、员工管理政策、日常行为规范等，快速地成长为公司的"合格员工"；二是规范员工的日常行为，强化行业或公司的特殊要求，提升公司整体的运作效率。实际上，员工手册是使企业文化快速传递给员工的一个有效工具。

〖拓展思考〗 员工手册印刷成什么版式最适合？

铜版纸精美画册

便携式小册子

简洁三折页

{练一练} 请拟定员工手册的目录,即你认为你的企业若要制定员工手册应包含哪些内容。

员工手册通用的内容结构基本包含以下方面:

手册前言：对这份员工手册的目的和效力给予说明。

公司简介：使每一位员工都对公司的过去、现状和文化有深入的了解，可以介绍公司的历史、宗旨等。

手册总则：一般包括礼仪守则、公共财产、办公室安全、人事档案管理、员工关系、客户关系、供应商关系等条款。这有助于保证员工按照公司认同的方式行事，从而达成员工与公司之间的彼此认同。

培训开发：一般新员工上岗前均须参加人力资源部等统一组织的入职培训以及公司不定期举行的各种培训，以提高业务素质以及专业技能。

任职聘用：说明任职开始、试用期、员工评估、调任以及离职等相关事项。

考核晋升：一般分为试用转正考核、晋升考核、定期考核等。考核评估内容一般包括指标完成情况、工作态度、工作能力、工作绩效、合作精神、服务意识、专业技能等。考核结果为"优秀、良好、合格、延长及辞退"。

员工薪酬：员工最关心的问题之一。应对公司的薪酬结构、薪酬基准、薪资发放和业绩评估方法等给予详细的说明。

员工福利：阐述公司的福利政策和为员工提供的福利项目。

工作时间：使员工了解公司关于工作时间的规定，往往与费用相关。基本内容是：办公时间、出差政策、关于各种假期的详细规定以及相关的费用政策等。

行政管理：多为约束性条款。比如，对办公用品和设备的管理、各人对自己工作区域的管理、奖惩、员工智力成果的版权声明等。

安全守则：一般分为安全规则、火情处理、意外紧急事故处理等。

手册附件：与以上各条款相关的或需要员工了解的其他文件，如财务制度、社会保险制度等。

不同的企业对员工有着不同的要求，因此，员工手册的基本内容也不尽一致。企业在制订员工手册时一般应考虑以下依据：

一是企业的基本特征。企业的基本特征表现为行业特征和企业特征两个方面。行业特征一般对行业内企业提出基本要求，如食品工业产品的质量指标和卫生指标。行业内部都有行业标准，企业的生产环境和生产条件等应当按照这个标准设定。行业的一切要求和标准对行业内所属的企业均具有约束力和控制力。这样，企业在制订员工手册时对员工的行为约束如着装约束、员工工作秩序约束、员工卫生条件约束等，都要相应地提出具体的要求和措施。企业特征是企业的个性风格，它对制订企业的员工手册也会产生一定的影响。例如，企业可能依据企业自身的观念（如决策者的观念、性格等），对员工提出一些有利于企业发展的基本要求和基本规则。有些企业对员工提出：员工在任何场合、任何条件下绝不能向企业的客人（包括消费者、经销商等）说"不"。这类要求不是在行业的规定下提出的，更不是在国家法律的规定下提出的，而是在企业经营发展的过程中逐渐总结出来的，并使其成为企业内部的规则。

二是企业的管理制度。企业的管理制度包括企业对生产的管理制度、对人事的管理制度、对用工的管理制度、对后勤的管理制度、对财务的管理制度、对经营计划的管理制度、对市场的管理制度、对服务的管理制度。其中，对企业的员工手册影响较大的是企业对人事的管理制度和对用工的管理制度等。因为企业的员工手册是企业员工管理制度的一种延续，是企业对员工管理规则的具体化。它是在企业的人事管理制度和用工管理制度的基础上制定的，其规则必须要全面地反映企业的人事管理与用工管理的基本思想和基本内涵。

三是企业的形象战略目标。企业形象战略的内容主要有产品形象、员工形象、品牌形象、环境形象等。其中,员工形象通过员工的各项表现得以形成,包括员工的着装、员工的精神风貌、员工的语言特征、员工的行为表现等。而这些内容又是企业的员工手册中所必备的内容。这说明企业的形象战略目标是企业制订员工手册的一个重要依据。而员工手册是企业战略目标具体分目标的一种表现,是实现其战略目标的一种具体规划。

【案例分析】 阅读以下不同行业的员工手册示例,以及通过网上查找本行业具有代表性的龙头企业的员工手册范本,找出与自己企业类似的版本,标注出该行业/企业特殊的规定,并删除不适合自己企业的内容,补充适合自己企业的内容。

员工手册(工厂类)

第一章 总 则

第一条 为了让员工对本厂的简况、工作要求、奖惩办法等规定有所了解,在工作中能认真执行,以维护生产经营、工作、生活的正常秩序,保障员工的合法权益,特制订本手册。

第二条 制订本手册的指导思想:以生产经营为中心,坚持把加强思想政治工作与必要的行政手段、经济手段结合起来,培养和造就一支有理想、有道德、有文化、有纪律的员工队伍,充分发挥他们的积极性和创造性,保证企业奋斗目标的实现。

第三条 公司情况介绍(略)。

第四条 本手册仅适用本厂全体员工。

第二章 员工的权利和义务

第五条 员工必须热爱祖国,自觉遵守国家的政策、法规、法令。

第六条 员工必须有"爱厂如爱家"的意识,树立"我为公司,公司为我"的企业文化理念,关心和维护国家与企业的公共利益,忠于职守,快节奏、高质量地完成各项工作任务。

第七条 员工必须努力学习政治、科学文化知识,不断地提高政治、文化、技术、业务水平。

第八条 员工必须遵守本厂制订的各项规章制度,对规章制度有不同意见的建议,可以在执行制度指令的前提下,向有关部门直至厂长提出。

第九条 员工对企业管理人员的工作有提出批评、建议的权利,对管理人员的违法违章和失职行为有申诉、控告或检举的权利。

第十条 员工可按本厂制度规定,享受劳动、工资、福利等各项权利的待遇。

第三章 劳动合同

第十一条 本厂实行劳动合同制度,凡本厂员工均应签订劳动合同。

第十二条 劳动合同由厂长与员工本人签订,员工应仔细阅读和了解劳动合同文件的内容,同意后方可签字。劳动合同一经签订即产生法律效力。

第十三条 新员工招聘,按招聘岗位的基本要求,坚持全面考核,择优采用,并执行3~6个月的试用期。试用期内发现不符合用工条件的,可即时辞退。

第十四条 员工要求辞退或企业解聘员工,除违规、违纪、违法原因可即时辞退外,其余均应提前一个月通知对方,并不折不扣地办好档案、财物、技术资料等的清理交接工作。

第十五条 劳动合同期满,企业生产经营需要,员工本人同意,可以续签劳动合同。

第十六条 家住外地的员工签订劳动合同时,应出具"身份证"、"外来人员务工"和"计划生育"证明。

第四章 工作纪律

第十七条　员工应自觉遵守劳动纪律,按时上下班,不准旷工、迟到、早退,工作时间不准擅离工作岗位和做与工作无关的事。

第十八条　员工应无条件地服从工作分配、调动和指挥。

第十九条　员工必须高度集中精力,认真、负责地进行工作,把好工作质量关,节约原材料,爱护设备、工具等一切公共财物。

第二十条　员工应自觉遵守文明生产、文明办公的制度规定,经常保持工作地环境的整洁,维护企业的良好形象。

第二十一条　员工应忠诚于企业,保守本厂的技术、商务等机密。

第二十二条　员工在对外营业窗口或其他对外交往中,应坚持热情、礼貌的工作态度,接听电话用礼貌语:"您好,×××公司";客人来访,笑脸相迎,"请"字当头,热情接待;客人辞行,以礼相送,须说"再见"、"欢迎再来"、"一路顺风"等;洽谈业务,说话和气,举止大方,处事慎重。

第五章 考勤和请假制度

第二十三条　上下班作息时间根据生产经营实际需要和季节变换,由厂部作出决定,并发书面通知执行。

第二十四条　考勤工作各部门自行负责进行。各部门负责人或负责人指定的考勤员,必须对考勤的准确性负责。

第二十五条　考勤内容包括出勤、病事假、迟到、早退、旷工、工伤、加班、公出等项目。

第二十六条　考勤记录表,由考勤员每天按时正点考勤,班中、班后考勤,并准确填好记录表,经部门负责人签字后,在次月2日前连同各种请假条或有关证明交财务,作为核发工资和扣罚款的考勤依据。

第二十七条　员工因病、因事请假,必须先提出书面申请,经所在部门负责人审核批准(急病、急事可事后补办请假手续),假期不发工资、午餐补贴。

第二十八条　员工因工受伤需要休息,必须由事故发生部门写出书面报告,经厂办公室审核,确定工伤性质和伤残程度,报请厂长同意签字后,方可按工伤的有关规定处理。

凡未按上述规定办妥请假手续而不上班者,一概以旷工论处。

第六章 工资福利

第二十九条　员工工资按职务、职称、生产技能、业务水平、工作表现、贡献大小,由厂自行确定实施办法。实行计时工资(月薪制)的员工,工资多少在劳动合同中予以明确。实行计件工资(劳动分)的员工,工资多少按计件考核办法,与劳动效率或经济效益挂钩。

第三十条　全厂的工资管理由厂办公室、财务部具体负责,每月依据各人的考勤实绩,由财务造册报厂长批准发放。公司的发工资日为次月五日。

第三十一条　本厂将根据企业的经济效益和个人的实际表现不定期地调整工资,工资水平坚持在企业经济发展的基础上逐步提高。

第三十二条　本厂实行最低工资保障制度,最低工资的具体标准按所在地政府劳动部门的规定执行。

第三十三条　员工可享受每年7天的法定有薪假日,元旦1天,春节3天,国际劳动节1天,国庆节2天。

第三十四条　员工可享受午餐补贴,补贴根据出勤天数计发,每月与工资一起发放。

第三十五条　本厂免费为员工提供宿舍,住宿员工必须遵守"员工宿舍管理规定"。

第三十六条　本厂将随着经济发展、实力增强,在承受能力许可的前提下,逐步建立医疗保险制度,使员工在年老、患病、工伤、待业、生育的情况下获得帮助。

第七章　培　训

第三十七条　所有员工均需接受本厂的政治和业务技术培训。

第三十八条　凡经厂批准,受本厂指派赴厂外培训、进修的员工占用的上班时间不计缺勤,取得合格证书后,学费给予报销。员工自行联系的培训、进修不得占用工作时间,学费全部自付。

第三十九条　经本厂培训的员工,如合同期未满,中途自动离职的,按员工培训后在本厂的工作年限,每年递减20%收回培训费(含工资、学费)。

第八章　安全质量

第四十条　企业安全生产工作由厂长全面负责,对出现重大事故的部门,应根据情节和损失程度严肃追究责任人的有关领导的责任,并予以必要的经济处罚或行政处分。

第四十一条　员工在工作过程中必须严格执行各项安全操作规程,爱护并正确使用劳动防护用品和安全灭火设施,不准违章指挥,不准违章作业。

第四十二条　加强对易发事故的动火作业、起重作业、电线电器作业部位及工种的安全管理和安全教育,建立安全责任制度,定期开展安全检查工作,发现事故苗头,必须立即查找原因并采取整改措施。

第四十三条　加强现场生产全过程,包括作业准备过程、辅助生产过程和交付服务过程的产品质量管理。严格按工艺要求施工,发生产品质量事故,要坚持按照"三不放过"的原则(即事故原因不清不放过、事故责任不清不放过、整改措施不制订不放过)进行严肃处理。

第四十四条　做好产品质量售后服务工作,建立主要调查访问制度,对客户提出的意见,做到条条有着落、有答复、有整改、有记录。

第九章　治安管理

第四十五条　门卫值班应严守岗位,坚持夜间巡查,发现事故苗头或形迹可疑的人和事,应及时报告有关部门或厂部领导。

第四十六条　加强财务现金、仓库和食堂物品、员工宿舍的管理,切实做好安全防范工作。

第四十七条　员工必须遵守国家的法律法规,不准打架斗殴和辱骂他人;不准无理取闹,扰乱正常的工作和生活秩序;不准赌博;不准偷挪公物,损坏设备;不准偷挪他人财物或私拿私拆他人信件、电报等邮件。

第十章　卫生守则

第四十八条　办公室、营业部、生产车间应做到布局合理,物品摆放整齐,地面洁净无杂物,通道畅通无阻。

第四十九条　禁止随地吐痰、乱扔果皮、纸屑、烟蒂;禁止向盥洗室水池内乱倒饭菜、茶叶、杂物;禁止在墙上和所有设备设施上乱写、乱画、乱涂、乱挂;禁止穿拖鞋或赤膊上班。

第五十条　不准任意攀折、损坏、挪用厂区周围的绿化带、花草、树木。

第五十一条　各部门工作场所卫生,应由本部门员工负责包干,发现卫生包干区域内有不卫生、不整洁的现象时,要立即清扫。

第十一章 奖惩制度

第五十二条 本厂对全体员工实行有功者奖，有过者罚，奖罚分明制度。奖励坚持精神鼓励和物质鼓励相结合的办法。对犯有过失的员工，坚持思想教育和处罚相结合的原则。

第五十三条 对于有下列十个方面的有功员工，给予一次性奖励和经常性奖励：

（一）对本厂各方面工作能提出合理化、有价值的意见和建议，经审核评定，确能给企业生产经营、管理带来实际效益的，予以一次性奖励；

（二）为本厂研制、开发适合市场的新产品、新项目做出显著成绩的，予以一次性奖励；

（三）为本厂的产品打开市场销路、对产品销售增长做出积极贡献的，予以一次性奖励；

（四）为维护本厂的利益，在对外经济活动中能一次性地为公司节约资金 3 000 元以上或挽回经济损失 5 000 元以上的，经核实确有其事，予以一次性奖励；

（五）对提出并实施重大技术革新，经评定，确实具有实用价值、能节约资金或提高效率的，予以一次性奖励；

（六）为了树立社会正气和企业的形象，维护企业的声誉而身心受到伤害的，予以一次性奖励；

（七）为了保护公共财产，防止或者抢救事故有功，使国家和本厂的利益免受重大损失的，予以一次性奖励；

（八）对一贯忠于职守、积极负责、廉洁奉公、舍己为人、事迹突出的，予以一次性奖励；

（九）在完成生产任务或工作任务、提高产品质量或者服务质量方面做出显著成绩的，予以一次性或经常性奖励；

（十）其他应当给予奖励的。

一次性奖励分为记功、授予先进生产（工作）者等，在给予上述奖励时，同时发给一次性奖金，奖金最低不少于 100 元，最高不封顶。经常性奖励以发奖金的形式体现，奖金最低不小于 50 元，最高为 1 000 元。

第五十四条 对犯有过失行为的员工，视情节轻重，给予经济处罚和行政处分。经济处罚分为罚款和赔偿经济损失。行政处分分为警告、记过、记大过、撤职、辞退、开除。对于员工的行政处分，必须在弄清事实、取得证据的基础上，按规定的申报程序办理。

第五十五条 对犯有以下过失行为的员工，分别给予以下罚款和赔偿经济损失的处罚。

（一）对犯有以下过失行为的员工，每发现一次，罚款 10 元：

1. 上班迟到、早退或中途溜号在一小时之内的（超过 1 小时作旷工半天论处，超过 4 小时作旷工一天论处）；
2. 穿拖鞋或赤膊上班的；
3. 工作时有非工作性串岗、脱岗或有嬉闹、闲谈、看无关书报行为的；
4. 在要求禁烟的仓库等地随便吸烟的；
5. 乱丢烟蒂、果壳、纸屑，乱倒饭、菜、茶叶，乱扔杂物，随地吐痰等影响环境卫生的；
6. 攀折、损坏、挪用厂区的树木、花草的；
7. 厕所、浴室、盥洗处用水后龙头不关的；
8. 未经批准擅自留宿外来人员的；
9. 在员工宿舍私拉电线、安装电路、新加插座，不按时熄灯的；
10. 在营销和对外交往中，工作态度粗暴，有投诉反映并经核查确有其事的；
11. 有违反工艺操作规程和安全生产管理制度的行为，但未造成不良后果的。

（二）对犯有以下过失行为的员工,每发现一次,罚款 20 元:
1. 当月上班迟到、早退累计已达到 3 次及以上的;
2. 旷工半天的;
3. 工作器具、仓库材料、机电零部件等,不按规定存放的;
4. 非电工人员,乱拉、乱开用电设备的;
5. 非本设备操作人员,擅自动用该设备的;
6. 在本厂范围内干私活的;
7. 上班时睡觉、喝酒的(业务接待例外);
8. 多次违反工艺操作规程的安全生产管理制度,或违反情节严重,但未造成不良后果的;
9. 在员工宿舍使用电炉及功率较大的电器具以及明火的;
10. 门卫当班不严格执行门卫制度和巡查制度的。
（三）对犯有以下过失行为的员工,处以 50～200 元的罚款:
1. 旷工 1 天的;
2. 谎报、虚报考勤的;
3. 在禁烟禁火区未经主管领导的同意,擅自明火的;
4. 非紧急情况,未经主管领导的同意,动用消防器材的;
5. 非驾驶员或无证开铲车、汽车的;
6. 随意挪用、损坏设备或安全器材的;
7. 有赌博或打架斗殴行为的;
8. 有损害本厂的利益,泄露或出卖商务、技术机密的行为,及对有可能或已经发生的损害本厂的利益和声誉的情况知情不报或隐瞒实情的;
9. 因工作失职,造成财产受损或失窃 500 元以下的;
10. 发生产品质量事故,造成废品或其他经济损失在 500 元以下的;
11. 违反工艺操作规程和安全生产管理制度,发生人身伤害或其他经济损失 500 元以下的各类责任事故的;
12. 占用、挪用本厂的原材料、设备、工具,上班干私活的。
对违反 7、8、9、10、11、12 的,还可酌情同时给予赔偿经济损失的处分。

第五十六条　对以下严重违反劳动纪律的规章制度的员工,可酌情给予警告、记过、撤职、辞退、开除的行政处分,对情节特别严重的,可送交公安、司法机关处理。
（一）有赌博行为,受罚款教育后仍不改的;
（二）有行凶斗殴、盗窃及其他违法行为的;
（三）损害企业形象的社会公德,给社会、本厂及他人造成不良影响或损害的;
（四）擅自挪用本厂的资金和财产,经教育不及时归还的;
（五）玩忽职守,造成事故,使本厂的财产或员工的生命蒙受严重损失的;
（六）无故旷工,经教育不改的;
（七）经常违反本厂的规章制度,屡教不改的;
（八）有意损害公共财物的;
（九）偷窃本厂、同事或客户钱物的;
（十）触犯国家刑事法律的;
（十一）无理取闹或不服从工作分配、调动、指挥而影响生产秩序、工作秩序、生活秩序和社会秩序的；

（十二）工作不负责任，损害设备工具，浪费原材料、能源，造成严重的经济损失的；

（十三）泄露或出卖商务、技术机密，使本厂的经济和声誉蒙受重大损失的。

在给予上述行政处分时，可同时给予一次性罚款或降薪处理。

第十二章 附 则

第五十七条 本手册各条规定自发布之日起执行。

第五十八条 本手册各条规定解释权属厂部。

员工手册（酒店餐厅类）

客人是酒店餐厅直接和间接交往中至关重要的人。

客人不依靠我们，但我们要依靠他们。

不要把客人误认为工作中的累赘，要知道来酒店工作的目的所在。

我们为客人服务不是施舍恩惠，客人乐意接受服务是我们的荣幸。

第一章 劳动条例

一、招聘

酒店以任人唯贤为基本原则，凡有志于酒店服务工作的各界人士，都可对照酒店招工简章，报名参与。酒店将通过考核、面试、体检等必要的程序择优招聘员工。被录用者需按照不同的工种缴纳相应的工作及生活用品保证金。

二、试用期

员工需经过3至6个月的试用期，试用期满后经考核合格后正式聘用，不符合录用条件的，将终止试用。

三、劳动合同

凡被正式录用者，酒店将签订聘用合同，通常为2年。

四、个人档案

所有职工在应聘前及时交出有关简历、学历证明等，填写包括个人简历、家庭成员情况等在内的登记表。对于家庭住址、婚姻状况等情况的变更应在5天内告知人事部门。

五、工作时间

参照有关法规，结合本地情况和酒店的工作特点编排工作日和工作时间。对加班超时的员工给予合理的补偿。

六、发薪方式

每月末发放工资。如遇周末或法定假期，工资将提前一天发放。

七、岗位变更

根据工作需要，酒店有权在内部调整员工岗位。

八、员工辞职

员工辞职必须（试用期提前7天，正式聘任后提前30天）向所在部门负责人提出书面申请，经酒店批准后方可离岗。

九、解聘

（1）员工无任何过失而自动辞职，符合酒店规定的程序，获准后，酒店将退还保证金并发给当月工资。

(2)发生下列情况之一者,酒店有权解除合同,不再退还受聘员工的保证金:
①不遵守劳动纪律,玩忽职守,严重违反酒店的规章制度;
②旷工3天以上,伪造病假单、事假单;
③服务态度恶劣,责任心不强,营私舞弊,给酒店的信誉带来严重影响者;
④被依法追究刑事责任;
⑤违反计划生育的规定,造成不良后果者。

第二章 有关权益

一、假期
1. 国定假
按照国务院的规定,员工享有8天法定有薪假期(元旦1天、春节3天、"五一"1天、国庆节3天)。如法定假日需要员工加班,酒店将按《劳动法》的规定给予假期或薪金补偿。
2. 病假
员工生病必须在市级以上的医院就诊,凭医院出具的病情证明请假,并于当日通知所在部门主管(病情严重者,可由家属代请)方属有效。病假期间的工资将按照工资考勤制度执行。
3. 事假
无充分理由,员工不得请事假。事假不发薪。如有特殊情况需要无薪请假,必须提前2天申请,经部门主管、人事部、总经理批准。
4. 店内培训
店内培训主要有业务技巧、工作态度、语言训练等。员工必须根据安排参加培训,课程结束时要进行考试,成绩合格,将发给结业证书,成绩在分数线以下要扣浮动工资或奖金,无故缺课,按失职处分。

二、业余学校学习
1. 目的
酒店采用报销学费的方法鼓励员工参加外语学习或与工作有关的业余学习,以便他们提高与宾客的会话技能或为担负起更大的责任、获得更好的职位做准备。
2. 执行方法
(1)不能占用工作时间。部门主管在编制上班时间表时,在工作允许的情况下应适当照顾员工的学习时间。
(2)申请人报名前必须经部门经理和人事部经理的批准。
(3)要求报销学费的员工应在学习结束后3个月内把学费收据、结业证书或有关证件呈交人事审核。
(4)选择课程范围:
①任何得到承认的电大、夜大。
②商校、技术学院、中等专业学校、专业团体或类似团体主办的符合本方案的文化或职业课程。
③培训部认可的函授学校。
3. 报销
(1)学费报销金额最高不超过150元/学年。
(2)考试成绩在80分以上的员工可报销150元。
(3)考试成绩在60~79分的员工可报销75元。

(4) 考试成绩在 60 分以下的不予报销。
(5) 受到严重违纪处分、停职、请长病假或旷工的员工一律不予报销。
三、员工餐厅
1. 每个工作日酒店负责免费供应员工一顿工作餐,只准员工本人用膳。
2. 未经部门经理许可,员工不得把工作餐和餐具带出餐厅。
3. 工作餐的时间为半小时,用膳时间表由人事部门经理统筹制定。
4. 员工凭餐券用膳,加班加点员工将由人事部另外发给餐券。
5. 不准员工在餐厅内喝酒和浪费饭菜。
6. 餐券不得转让,不退钱,过期作废。送、借餐券给别人的,将受到失职处分。

第三章　员工守则

一、工作态度
1. 按酒店操作规程准确、及时地完成各项工作。
2. 员工对上司的安排有不同意见但不能说服上司,一般情况下应先服从执行。
3. 员工对直属上司答复不满意时,可以越级向上一级领导反映。
4. 工作认真,待客热情,说话和气,谦虚谨慎,举止稳重。
5. 对待顾客的投诉和批评时应冷静倾听,耐心解释,任何情况下都不得与客人争论,解决不了的问题应及时上报直属上司。
6. 员工应在规定上班时间的基础上适当提前到达岗位做好准备工作。工作时间不得擅离职守或早退。在下一班员工尚未接班前当班员工不得离岗。员工下班后,无公事,应在 30 分钟内离开酒店。
7. 员工不得在任何场所接待亲友来访。未经部门负责人的同意,员工不得使用客用电话。外线打入私人电话不予接通,紧急事情可打电话到各部门办公室。
8. 上班时严禁串岗、闲聊、吃零食。禁止在餐厅、厨房、更衣室等公共场所吸烟,不做与本职工作无关的事。
9. 热情待客,站立服务,使用礼貌语言。
10. 未经部门经理批准,员工一律不准在餐厅做客,各级管理人员不准利用职权给亲友以各种特殊优惠。

二、制服及名牌
1. 员工制服由酒店发放。员工有责任保管好自己的制服。除工作需要外,员工穿着或携带工作衣离店,将受到失职处分。
2. 所有员工应佩戴作为工作服一部分的名牌。不戴名牌的,扣人民币 10 元,员工遗失或损坏名牌需要补发者,应付人民币 20 元。
3. 员工离职时必须把工作服和名牌交回人事部,如不交回或工作服破损,须交付服装成本费。

三、仪表、仪容、仪态及个人卫生
1. 员工应表情自然,面带微笑,端庄稳重。
2. 员工的工作衣应随时保持干净、整洁。
3. 男员工应修面,头发不能过耳和衣领。
4. 女员工应梳理好头发,使用发夹网罩。
5. 男员工应穿黑色皮鞋、深色袜,禁穿拖鞋或凉鞋。女员工应穿黑鞋,肉色长筒袜其端不得露于裙外。

6. 手指应无烟熏色,女员工只能使用无色指甲油。

7. 只允许戴手表、婚戒以及无坠耳环。厨房员工上班时不得戴戒指。

8. 工作时间内,不剪指甲、抠鼻、剔牙、打哈欠、打喷嚏应用手遮掩。

9. 工作时间内保持安静,禁止大声喧哗,做到说话轻、走路轻、操作轻。

四、拾遗

1. 在酒店任何场所拾到钱或遗留物品应立即上缴保安部并做好详细的记录。

2. 如物品保管3个月无人认领,则由酒店最高管理当局决定处理方法。

3. 拾遗不报将被视为偷窃处理。

五、酒店财产

酒店物品(包括发给员工使用的物品)均为酒店财产,无论疏忽或有意损坏,当事人都必须酌情赔偿。员工如犯有盗窃行为,酒店则将立即予以开除,并视情节轻重交由公安部门处理。

六、出勤

1. 员工必须依照部门主管安排的班次上班,需要变更班次的,先征得部门主管的允许。

2. 除4级以上管理人员外,所有员工上、下班都要打卡。

3. 员工上班、下班忘记打卡,但确实能证明上班的,将视情节,每次扣除不超过当月5%的效益工资。

4. 严禁替他人打卡,如有违反,代打卡者及持卡本人将受到纪律处分。

5. 员工如有急事不能按时上班,应征得部门主管的认可,补办请假手续;否则,按旷工处理。

6. 如因工作需要加班,则应由部门主管报总经理批准。

7. 工卡遗失,立即报告人事部,经部门主管批准后补发新卡。

8. 员工在工作时间未经批准不得离店。

七、员工衣柜

1. 员工衣柜的配给由人事部负责,必要时,两个或两个以上的员工可合用一个衣柜。员工衣柜不能私自转让,如有违反,将受纪律处分。

2. 员工必须经常保持衣柜的清洁与整齐,柜内不准存放食物、饮料或危险品。

3. 人事部配给衣柜时,免费发给一把钥匙。如遗失钥匙,必须赔人民币10元。

4. 如有紧急情况或员工忘带钥匙,可向人事部借备用钥匙,但必须得到部门主管的同意,故意损坏衣柜,则必须赔偿,并予以纪律处分。

5. 不准在衣柜上擅自装锁或配钥匙,人事部和保安部可随时检查衣柜,检查时需两个以上人员在场。

6. 不准在更衣室内睡觉或无事逗留,不准在更衣室内吐痰、抽烟、扔垃圾。

7. 员工离店时,必须清理衣柜,并把钥匙交回人事部,不及时交还衣柜的,酒店有权清理。

八、员工通道

1. 员工上下班从指定的员工通道入店,不负重的情况下不得使用服务电梯,禁止使用客用电梯。

2. 后台员工非工作关系不得任意进入店内客用公共场所、餐厅和客房,使用酒店内的客用设施。

3. 员工在工作时间要离开酒店时,应填写出门单,经部门主管签字后方能离店。

九、酒店安全

1. 员工进出酒店,保安人员有随时检查随带物品的权利。

2. 员工不得携带行李、包裹离店,特殊情况必须由部门主管签发出门许可单,离店时主动将出门许可单呈交门卫,由保安部存案。

十、电梯故障

当电梯出故障,客人关在梯内时,一般来说,里面的客人会按警铃。当前厅主管/行李员听到铃声时,应采取下列措施:

(1)通知工程部,立即采取应急措施,设法解救电梯内的客人。

(2)与关在电梯里面的客人谈话,问清楚以下事项:

①电梯里关了多少人;

②如可能,问一下姓名;

③有无消息要带给(领队/队里的成员)同伴。

＊值班人员无法解救客人的,立即通知总工程师。

第四章　消防安全

酒店配有标准的消防控制和报警系统。每一位员工都必须熟悉、了解并正确使用灭火器和消防设备,熟记酒店的消防楼梯和疏散通道。

一、火灾预防

1. 遵守有关场所"禁止吸烟"的规定。

2. 严禁把烟蒂或其他易燃物留在电梯内、棉织品运送处或纸篓里。

3. 酒店内任何地方都不得堆积废纸、脏毯、脏棉织品或其他易燃物品,以杜绝易燃源。

4. 不准在灶台或高瓦数电灯附近放置易燃、易爆物品。

5. 盛有易燃、易爆物品的容器,不得存放在大楼内。

6. 任何员工发现还在冒烟的烟头都应该立即把它熄灭。

7. 如果发现电线松动、磨损、折断、电源插座和电器的破损等情况,应立即报告工程部,以便及时修复。

8. 厨师上班前必须检查燃油管道、燃烧器、开关等设施的安全状况。发现泄漏,应该关闭阀门,报告工程部。

9. 厨师下班前必须检查所有的厨房设备,关掉所有阀门的开关。

二、志愿消防委员会

包括下列人员:

1. 副总经理

2. 安全部经理

3. 行政管家

4. 消防主管

5. 工程部经理

6. 前厅部经理

7. 餐饮部经理

消防委员会要定期召开会议专项检查消防设备,确保消防工作落实。

三、火警程序

1. 当消控室火警报警时,消控中心值班员要立即查明火警指示方位板,并采取下列措施:

(1)通知巡逻安全员找出起火位置,并立即报告安全部经理和值班经理。
(2)与楼面服务员保持密切联系,随时准备提供帮助。
2. 楼面服务员将采取下列措施:
(1)检查楼面指示板,确定哪一间房间发出火警。
(2)检查有没有起火,起火时,通知接线员拨"119"报火警。
(3)如查明是假火警,巡逻安全员要立即报告安全部经理(白天)、值班经理(晚间),以便找出原因,及时复位,解除警报。

四、灭火程序

发生火灾后,在立即通知"119"的同时,由总工程师/安全部经理指挥灭火。
酒店参与灭火的有关员工必须按照以下程序进行:
1. 水工到维修中心报到,密切注意消防泵和供水系统工作。
2. 电工到大厅报到,按指令切断电源。
3. 安全部人员到大厅报到,并接受总工程师/安全部经理的指示,协助灭火和人员的疏散工作。
4. 电梯将停止使用,消防队来到后,由他们接替指挥灭火,直到火灭。

五、疏散

由酒店总经理决定疏散,总工程师、安全部经理(白天)、值班经理(晚间)组织实施。
1. 客房服务员要敲门通知所有的客人并进行检查,通知客人立即离开房间。
2. 阻止任何人使用电梯。
3. 客房服务员带领客人从楼梯疏散、撤离建筑物,到指定地点集合。
4. 楼层主管/员工要快速检查并关掉所有客房的门、窗、走廊门、边门,然后离开现场。

第五章 奖惩条例

一、优秀员工

酒店每月按照各员工的岗位职责进行考核,年终进行评比,被评为优秀员工者,将受到酒店的荣誉及物质奖励。

二、嘉奖、晋升

酒店对改进管理、提高服务质量和经济效益有突出贡献,或者在酒店日常的工作中创造出优异成绩者将进行嘉奖或晋升。

三、纪律处分/失职的种类

1. 纪律处分分为口头警告、纠正面谈、书面警告、辞退警告、停职停薪、辞退、解除合同或开除。纪律处分由部门经理发失职表,失职表交失职的员工签收,副本送人事部归档。
2. 失职行为分为甲、乙、丙三类,犯有其中任何一条都要填写职工失职表,并据此扣发浮动工资。
3. 凡第四次发生甲类失职行为将会受到3天停职停薪的处分,受到2次以上停职停薪处分的,将被辞退。每次失职将扣除10%的浮动工资。
4. 凡第三次发生乙类失职行为会受到3至5天停职停薪的处分,受到2次停职停薪处分的,将会被辞退。
5. 凡犯丙类失职行为,将视情节轻重,分别给予停职停薪、辞职警告,直到辞退。
6. 员工违反酒店规章制度停职停薪处分时其当月50%的效益工资将被扣除,另按日扣除部分底薪。

7. 因违反酒店规章制度受停职处分的员工在停职期间不得进入酒店,对员工的停职、解除合同、开除处分,应由部门主管或人事部提出,经总经理批准。

(一)甲类失职

1. 上班迟到;
2. 不使用指定的职工通道;
3. 仪表不整洁,留长发,手脏,站立姿势不正,手插口袋,衣袖、裤脚卷起,不符合仪表仪容规定;
4. 擅离工作岗位或到其他部门闲荡;
5. 不遵守打电话的规定;
6. 损坏工作服或把工作服穿出酒店;
7. 培训旷课;
8. 违反员工餐厅规定;
9. 进入酒店舞厅、酒吧或其他客用公共场所;
10. 工作时听收音机、录音机或看电视(培训或工作需要例外);
11. 上班做私事,看书报和杂志;
12. 不经许可,带妻子、丈夫、男女朋友等进入酒店;
13. 使用客用公共休息室和厕所;
14. 穿工作服进入商店(为客人买东西例外);
15. 使用客用电梯(经同意例外)、客用设备;
16. 将酒店文具用于私人之事;
17. 在公共场所大声喧哗或在客人可以看到和听到的地方做不雅的习惯性动作;
18. 在公共场所和酒店其他地方聚众讨论个人事情;
19. 违反更衣室的规定。

(二)乙类失职

1. 上下班不打卡或唆使别人为自己打卡和替别人打卡;
2. 对客人和同事不礼貌;
3. 因粗心大意损坏酒店财产;
4. 隐瞒事故;
5. 拒绝安全检查包裹、手提包或员工身份证;
6. 拒绝执行管理员/部门主管的指示;
7. 上班时打瞌睡;
8. 涂改工卡;
9. 违反安全规定;
10. 在酒店内喝酒;
11. 进入客房(工作例外);
12. 说辱骂性和无礼的话;
13. 未经同意改换班次、休息天或休息时间;
14. 超过工作范围规定与客人过分亲近;
15. 在除了员工食堂指定位置以外的其他场所吸烟;
16. 不报告财产短缺;

17. 在酒店内乱丢东西；
18. 不遵守消防规定；
19. 损坏公物；
20. 工作表现差或工作效能差；
21. 不服从主管或上司的合理、合法命令；
22. 擅自配置酒店范围内的任何钥匙；
23. 发表虚假或诽谤言论，影响酒店、客人或其他员工的声誉。

（三）丙类失职

1. 在酒店内危害任何人员；
2. 殴打他人或互相打架；
3. 向顾客索取小费或其他报酬；
4. 做不道德的交易；
5. 泄露酒店机密情况；
6. 私换外汇；
7. 调戏或欺侮他人；
8. 行贿、受贿；
9. 偷窃酒店、客人或其他人的财物或拿用酒店、客人的食物和饮料；
10. 违反店规，造成重大影响或损失；
11. 在酒店内赌博或观看赌博；
12. 故意损坏消防设备；
13. 触犯国家任何刑事法律；
14. 故意损坏告示栏或公共财物或他人物品；
15. 遗失、复制、未经许可使用总钥匙；
16. 旷工。

第六章 其 他

一、员工告示栏

各部门在显著的位置集中设有告示栏，在告示栏上将张贴大家感兴趣的最新信息、酒店新闻和通知、体育活动、规章制度、安全事项和备忘录等。告示栏是传播信息的重要媒介，员工应经常观看。一般情况下，酒店只授权人事部、安全部签发和张贴。

二、员工建议

员工如有任何有助于改善服务、加强安全、增加收入、降低成本、改进员工和公共关系的意见或建议请以书面形式递交给人事部。人事部欢迎你的建议，并会对建议进行仔细研究。一旦采纳，有关员工将会得到酒店的奖励。

第七章 修 订

酒店员工手册可以按照业务需要进行修订或更新内容。

如果本手册中有任何与酒店正式公告相异之处，以酒店正式公告为准。

{练一练} 上述哪些关键条款对你企业的员工管理非常有帮助？

{练一练} 上述哪些条款不太适合你的企业？原因是什么？

{练一练} 根据你的管理经验，还需要补充哪些适合本企业的条款？

{练一练} 请根据以上案例的思考，拟定本企业完整的员工手册，如涉及授权某部门决定的事项，可标明。（可另附页）

制定了员工手册后，还有一个重要的环节就是审核其内容的合法性。

一是内容上是否与国家的相关法律相冲突。新《劳动合同法》明确规定："用人单位应当依法建立和完善劳动规章制度，保障劳动者享有劳动权利、履行劳动义务。"然而，目前我国许多企业往往忽视对相关法律的重视，而是强制推行公司的相关规定，存在较大的法律风险。因此，企业在制订员工手册时，必须充分考虑相关的法律条款，有条件的企业最好将员工手册交公司法律人士或法律顾问审核。

二是相关制度的制定程序是否合法。新《劳动合同法》明确规定："用人单位在制订、修改或者决定有关劳动报酬、工作时间、休息休假、劳动安全卫生、保险福利、职工培训、劳动纪律以及劳动定额管理等直接涉及劳动者切身利益的规章制度或者重大事项时,应当经职工代表大会或者全体职工讨论,提出方案和意见,与工会或者职工代表平等协商确定。"此前,我国很多企业相关制度出台的程序都不符合相关法律的程序,因此,建议企业以后在制订员工手册及相关制度时,必须按照相关程序执行,在每个阶段做好相关的文本记录并保存,做到有据可查,避免因为程序的不合法而承担不该承担的风险。

三是员工手册发布途径必须合法。新《劳动合同法》明确规定:"用人单位应当将直接涉及劳动者切身利益的规章制度和重大事项决定公示,或者告知劳动者。"目前,很多企业在这方面仍存在许多遗漏,经常出现员工受到相关惩罚时说公司没有告知其相关制度。出现这种现象有两方面的原因:一方面可能是公司确实没有告知或公示给员工,另一方面可能公司确实告知过员工而员工在故意耍赖。但是,即使员工在故意耍赖,由于公司不能证明告知过员工,公司也会在仲裁或法院辩护中败诉。因此,建议企业在系统地完成员工手册的编制与审核后、正式公布之前,通过会议、传阅、问卷调查等方式,使员工熟悉员工手册的具体内容,并提出个人意见,在向员工发放最终版本的员工手册时,一定要让员工填写"签收确认函",企业要将相关的记录、意见和"签收确认函"保存好。总之,企业要通过签收确认、集中培训、集中测试、奖惩、定期培训、不定期检查等措施,将员工手册的内容真正内化为员工的行为习惯,从而提高员工的职业素养与工作效率,使员工手册发挥应有的效用,让员工成为企业的合格员工。

2.1.2 建立适合本企业的劳动用工制度

【案例导入】 企业常常会遇到很多用工管理方面的困惑,例如,企业与员工的劳动合同到期后,员工却由于各种原因拖延与企业签订新的劳动合同。许多企业甚至还因此遭到员工的投诉以及事后员工要求企业支付未签订劳动合同期间的双倍工资。

{想一想} 如果你的企业遇到这类问题,会带来哪些不良后果?

法律建议参考:根据《劳动合同法》第十条规定,建立劳动关系,应当订立书面劳动合同。已建立劳动关系未同时订立书面劳动合同的,应当自用工之日起一个月内订立书面劳动合同。第八十二条规定,用人单位自用工之日起超过一个月不满一年未与劳动者订立书面劳动合同的,应当向劳动者每月支付两倍的工资。第十四条规定,用人单位自用工之日起满一年不与劳动者订立书面劳动合同的,视为用人单位与劳动者已订立无固定期限的劳动合同。

由此可见,对于企业来说,最大的风险就在于合同到期后,若员工迟迟不肯与企业签订劳动合同,这段期间企业是否也要因为对方的不作为而承担双倍工资的责任,可能有些企业会想,我已经让员工签,但是由于其自身原因而没有签订劳动合同,这个责任应该不用企业来承担吧。但是这一法律条文设置的初衷是为了保护劳动者在劳动用工过程中的权益,以避免因约定不明而致使员工在纠纷和争议中无法主张自己的合法权益。因此,从本法律条文中可以看出,用人单位支付两倍工资仅取决于是否确实存在没有签订书面劳动合同的事实,而并不受不签合同缘于谁的过错的影响。

> {想一想} 如果你的企业遇到这类情况,将采取哪些处理方式?

法律建议参考：既然仲裁委员会或者法院不会因为是员工怠于签署合同而支持企业方,那么企业对此有什么解决办法来避免用工风险呢?一是对于新入职的员工,须签订劳动合同才可上班,不签订劳动合同的人员当即不予录用。亦即严格遵循先签劳动合同再入职的原则,不签合同一律不许录用。二是通过完善员工规章制度,在规章制度中明确若员工不按时签订劳动合同的,应属严重违反公司规章制度行为,企业对此有权与员工解除劳动合同。三是对于特殊员工,可以令其签署《不愿意签订劳动合同申明》(以下简称《申明》),申明其是自愿不签订劳动合同,同时放弃要求双倍工资以及签订无固定期限劳动合同的权利,并承担由此所产生的一切法律后果。

那么,对于那些既不愿意签订劳动合同,又不愿意签署《申明》的员工怎么办呢?《劳动合同法实施条例》第5条规定赋予了用人单位及时采取措施避免损失的权利,即自用工之日起1个月内,经用人单位书面通知后,劳动者不与用人单位订立书面劳动合同的,用人单位应当书面通知劳动者终止劳动关系,无须向劳动者支付经济补偿,但是应当依法向劳动者支付其实际工作时间的劳动报酬。也就是说,当员工拒签劳动合同时,用人单位只能容忍1个月,对1个月的期限来临之前仍然拒签的,应当及时终止双方的劳动关系,这样才能不涉及两倍工资和经济补偿。

> {练一练} 你的企业在用工管理方面让你最头疼的问题有哪些?请将这些问题按照发生的频率由高到低进行排序。

企业劳动用工制度,是规范企业和劳动者双方行为,维护双方的合法权益,构建和发展和谐的劳资关系,促进企业的健康发展,实现多赢、共赢、全赢的保证。建立、健全劳动用工规章制度,对规范劳动用工、提高自身的综合管理水平,具有十分重要的意义;在制订过程中,要结合实际,突出自身的特点,充分发扬民主,积极调动广大职工的参与热情,广泛听取不同的意见,使规章制度更加合法、合情、合理,要采取公示等有效方式告知全体职工;执行中对职工反响较大的条款,要通过协商方式,及时提出修正意见,不断地完善规章制度;要严格按照规章制度执行,做到有章必依,规范操作,切实防止有章不循、循章不严的现象,通过发挥规章制度的"过滤"作用,真正使劳资矛盾从源头上得到有效的遏制和解决,以促进企业劳资关系和谐稳定。

> 〖拓展思考〗 你认为用工管理是从什么环节开始的？

《劳动合同法》第四条规定,用人单位应当依法建立和完善劳动规章制度,保障劳动者享有劳动权利、履行劳动义务。用人单位在制订、修改或者决定有关劳动报酬、工作时间、休息休假、劳动安全卫生、保险福利、职工培训、劳动纪律以及劳动定额管理等直接涉及劳动者切身利益的规章制度或者重大事项时,应当经职工代表大会或者全体职工讨论,提出方案和意见,与工会或者职工代表平等协商确定。在规章制度和重大事项决定实施的过程中,工会或者职工认为不适当的,有权向用人单位提出,通过协商予以修改完善。用人单位应当将直接涉及劳动者切身利益的规章制度和重大事项决定公示,或者告知劳动者。

企业劳动用工制度参考目录

第一章　总则
第二章　对员工的基本要求
第三章　招聘录用
第四章　劳动合同管理
第五章　工作时间
第六章　休息休假
第七章　劳动报酬
第八章　劳动安全卫生
第九章　社会保险和福利
第十章　培训管理规定
第十一章　保密制度与竞业限制
第十二章　女职工及未成年工保护
第十三章　奖励与惩戒
第十四章　劳动争议
第十五章　附则

建立劳动用工制度时要掌握以下关键点:

其一,企业招工时应当注意的事项:

员工满18周岁,提供身份证、毕业证、职业资格、以前的工作经历证明以及企业要求的其他证明,并审查其真实性。核实员工是否与其他用人单位解除或终止了劳动关系。制定《应聘人员登记表》,收集员工的必要信息。对新录用员工的试用期,根据劳动合同的期限确定,最长不得超过6个月。企业在招工时应当避免以任何理由收取押金,扣留身份证、毕业证等证件。对实施就业准入的岗位,先培训后上岗,员工只有取得相关职业资格证书后才能上岗。企业为员工提供专项培训费进行专业技术培训,可以要求员工签订服务期协议,违反约定的员工要向企业支付违约金。

其二,企业签订劳动合同时应当注意的事项:

自员工工作之日起 30 日内签订书面劳动合同,工作岗位、劳动报酬、违约责任等事项必须清楚约定。用工之日起超过 1 年以上不签订书面劳动合同的,每月应支付双倍工资并补缴保险,视为已签订无固定期限劳动合同。

其三,企业解除劳动合同时应当注意的事项:

员工提出解除劳动合同,应当提前 30 日以书面形式通知企业。员工有下列情形之一的,企业可以随时解除劳动合同,无须支付经济补偿金:(1)在试用期内被证明不符合录用条件的;(2)提供与录用相关的虚假的证书或者劳动关系状况证明的;(3)严重违反企业依法制定并公示的工作制度的;(4)严重失职,营私舞弊,对企业的利益造成重大损害的;(5)劳动者同时与其他用人单位建立劳动关系,对完成本单位的工作任务造成严重影响,或者经用人单位提出,拒不改正的;(6)被依法追究刑事责任或者劳动教养的。

员工有下列情形之一的,企业提前 30 日书面通知职工本人,可以解除劳动合同,但要支付经济补偿金:(1)职工患病或非因工负伤,医疗期满后,不能从事原工作,也不能从事企业另行安排的其他工作的;(2)职工不能胜任工作,经过培训或调整工作岗位,仍不能胜任工作的;(3)劳动合同订立时所依据的客观情况发生重大变化,致使原劳动合同无法履行,经协商就变更劳动合同内容不能达成协议的。

员工有下列情形之一,劳动合同应当续延至相应的情形消失时终止,否则支付两倍的经济补偿金:(1)接触职业病危害作业的劳动者未进行离岗前职业健康检查,或者疑似职业病病人在诊断或者医学观察期间的;(2)患职业病或因工负伤被确认完全丧失或部分丧失劳动能力的;(3)患病或非因工负伤,在规定的医疗期内的;(4)女职工在符合计划生育规定的孕期、产期、哺乳期内的;(5)在本企业连续工作满 15 年,且距法定退休年龄不足 5 年的。

企业有下列情况,员工可以随时解除劳动合同,企业应当支付两倍的经济补偿:(1)未按照劳动合同约定提供劳动保护或者劳动条件的;(2)未及时、足额支付劳动报酬的;(3)未依法为职工缴纳社会保险费的;(4)企业的规章制度违反法律、法规的规定,损害劳动者权益的;(5)因《劳动合同法》第二十六条第一款规定的情形致使劳动合同无效的。

其四,企业在安排工作时间与休假时应当注意的事项:

每日工作 8 小时,每周工作 40 小时。延长日工作时间,每日超过 1 小时,由于特殊原因每日延长超过 3 小时,每月总计超过 36 小时,且没有合理地保障劳动者身体健康的。企业违反法律、法规强迫劳动者延长工作时间的,劳动者有权拒绝。若由此发生劳动争议,可以提请劳动争议处理机构予以处理。对特殊岗位的员工经劳动保障部门批准实行不定时或综合计时工作制。综合工时制度,即分别以月、季、年等为周期,综合计算工作时间,但其平均日工作时间和平均周工作时间应与法定标准工作时间基本相同。也就是说,在综合计算周期内,某一具体日(或周)的实际工作时间可以超过 8 小时(或 40 小时),但综合计算周期内的总实际工作时间不应超过总法定标准工作时间,超过部分应视为延长工作时间并按《劳动法》的规定支付报酬,其中法定休假日安排劳动者工作的,按《劳动法》的规定支付报酬。员工连续工作 1 年以上的,享受带薪年休假。年休假一般由单位统一给予安排;员工需要单独安排休假的,需提前 1 个月提出申请,并在单位认为工作许可的前提下给予安排。员工对单位跨年度休假安排无异议的,视为同意。

其五,企业在制订工资福利制度时应当注意的事项:

员工基本工资不能低于最低工资标准,此外包括加班工资、奖金、津贴和补贴等,并按规定缴纳公积金和社保等。工资以货币形式按月足额支付。非员工原因造成停工、停产、歇业,时间在一个工资支付周期内的,企业按照国家规定或者劳动合同约定的工资标准支付工资;停工、停产、歇业时间超过一个工资支付周期,员工没有提供正常劳动的,企业按照不低于最低生活费标准支付工资;员工提供了正常劳动的,企业按照不低于最低工资标准支付工资。由于员工原因给企业造成经济损失的,企业可以要求职工赔偿或依企业规章制度对职工罚款的,可从职工当月工资中扣除。罚款和赔偿可以同时执行,但每月扣除不得超过职工基本工资的20%,扣除后余额工资不低于最低工资标准。

其六,企业在制订劳动纪律制度时应当注意的问题:

对于员工考勤、安全守则和操作规程等,企业可以根据实际情况制定,逐一列明,做到清楚、明晰、无歧义,并不得有损员工的人格尊严与身体健康。

其七,企业在制订奖惩制度时应当注意的问题:

企业可以根据实际情况制定员工奖惩制度,奖励一般分为表扬、晋升、奖金等,惩罚一般分为警告、记过、罚款、解除劳动合同等,不得对员工进行体罚。奖惩原因要清楚列明,奖惩力度要合理。做出奖惩决策的主体和程序要明确,如对员工的违纪处理,由违纪员工所在的车间主任提出书面处理意见,并提交人事部门,再由人事部门提交总经理室审批。经批准后,由人事部门向违纪员工送达处理决定书,处理决定书必须包括职工违纪事实、违纪证据、处理原因、处理依据、处理结果五项内容,整个处理过程不得超过30日。

> 【练一练】 根据你企业的实际情况,建立劳动用工制度还有哪些具体的注意要点,请列出来。

【拓展资讯】 下面15个问题是企业在劳动用工过程中常见的疑问,你遇到过吗?

1. 用人单位招用劳动者时,有权了解劳动者的哪些情况?

用人单位招用劳动者时,有权了解劳动者与劳动合同直接相关的基本情况,劳动者应当如实说明。

2. 用人单位招用劳动者时,劳动者有什么知情权?

用人单位招用劳动者时,应当如实告知劳动者的工作内容、工作条件、工作地点、职业危害、安全生产状况、劳动报酬,以及劳动者要求了解的其他情况。

3. 劳动报酬应该如何约定?

用人单位应当与劳动者在劳动合同中约定劳动报酬,作为劳动合同的必备条款。约定劳动报酬,不得低于法定最低工资标准,也不得低于集体合同中约定的劳动报酬水平。

4. 用人单位未在用工的同时订立书面劳动合同,与劳动者约定的劳动报酬不明确的,怎么办?

用人单位未在用工的同时订立书面劳动合同,与劳动者约定的劳动报酬不明确的,新招用的劳动者的劳动报酬按照集体合同规定的标准执行;没有集体合同或者集体合同未规定的,实行同工同酬。

5. 劳动合同是否必须经过用人单位与劳动者双方签字才能生效？

劳动合同由用人单位与劳动者协商一致，并经用人单位与劳动者在劳动合同文本上签字或者盖章生效。

6. 国家关于工作时间和休息休假制度是怎么规定的？

用人单位应当保证劳动者每周至少休息一日，并且在元旦、春节、国际劳动节、国庆节和法律、法规规定的其他休假节日，依法安排劳动者休假。

7. 试用期期间，用人单位是否应与劳动者签订书面劳动合同？有哪些具体规定？

试用期期间，用人单位应当与劳动者签订书面劳动合同，试用期包含在劳动合同期限内。

8. 用人单位与劳动者订立无固定期限的劳动合同的情况有哪些？

主要有以下几种情况：(1)用人单位与劳动者协商一致，可以订立无固定期限的劳动合同。(2)有下列情形之一，劳动者提出或者同意续订、订立劳动合同的，除劳动者提出订立固定期限的劳动合同外，应当订立无固定期限的劳动合同：①劳动者在该用人单位连续工作满十年的；②用人单位初次实行劳动合同制度或者国有企业改制重新订立劳动合同时，劳动者在该用人单位连续工作满十年且距法定退休年龄不足十年的；③连续两次订立固定期限的劳动合同，且劳动者没有《劳动合同法》第三十九条和第四十条第一项、第二项规定的情形，续订劳动合同的。用人单位自用工之日起满1年不与劳动者订立书面劳动合同的，视为用人单位与劳动者已订立无固定期限的劳动合同。

9. 连续订立固定期限的劳动合同的次数，何时开始计算？

连续订立固定期限的劳动合同的次数，自《劳动合同法》施行后续订固定期限的劳动合同时开始计算。

10. 用人单位违反《劳动合同法》与职工解除或终止劳动合同的，单位应自用工之日起支付职工赔偿金，"用工之日"如何理解？若用人单位2008年前招用的该职工，赔偿金标准是否应分段计算？

用工之日是指职工到用人单位工作的第一天。若用人单位2008年前招用的该职工，赔偿金标准不分段计算，按照职工在用人单位的工作年限连续计算。

11. 因劳动者患病或非因工负伤，在规定的医疗期满后不能从事原工作，也不能从事用人单位另行安排的工作，单位与其解除劳动合同的，除按规定支付经济补偿金外，是否应支付医疗补助费？有哪些具体规定？

根据《违反和解除劳动合同的经济补偿办法》(劳部发[1994]481号)的规定，劳动者患病或者非因工负伤，经劳动鉴定委员会确认不能从事原工作，也不能从事用人单位另行安排的工作而解除劳动合同的，用人单位除按规定支付经济补偿金外，同时还应发给不低于六个月工资的医疗补助费。患重病和绝症的还应增加医疗补助费，患重病的增加部分不低于医疗补助费的50%，患绝症的增加部分不低于医疗补助费的100%。

12. 若因女职工孕期、产期、哺乳期未满，合同到期后单位顺延了合同期限，是否视为又签订了一次劳动合同？

女职工孕期、产期、哺乳期期间劳动合同到期的，劳动合同续延至相应的情形消失时终止。此情形下，劳动合同的期限自动顺延，继续履行原劳动合同内容，不视为又签订了一次劳动合同。

13. 用人单位发生分立或合并的，职工不想在新单位工作的，单位是否应支付经济补偿金？

用人单位发生合并或者分立等情况，原劳动合同继续有效，劳动合同由承继其权利和义务的用人单位继续履行。职工因此不想在新单位工作，提出解除劳动合同的，单位不支付经济补偿金。

14. 用人单位变更名称、法定代表人、主要负责人或投资人等事项，合同是否需进行变更？

用人单位变更名称、法定代表人、主要负责人或者投资人等事项，不影响劳动合同的履行。劳动合同可以不变更。

15. 市内单位搬迁至郊区，职工感觉远，想与单位解除劳动合同，单位是否应支付经济补偿金？

劳动合同订立时所依据的客观情况发生重大变化，致使劳动合同无法履行，经用人单位与劳动者协商，未能就变更劳动合同内容达成协议的，用人单位可以选择提前30日以书面形式通知职工本人解除劳动合同，也可以选择额外支付劳动者1个月工资后，与职工解除劳动合同，按照《劳动合同法》的规定向职工支付经济补偿金。因此，职工不随迁，属于与单位未能就变更劳动合同内容达成协议，可以提出解除劳动合同，单位应当支付经济补偿金。

2.1.3 如何为员工缴纳"五险一金"

【导入案例】 在服务行业，很多企业的员工流动性较大，企业都想尽各种办法规避。某物业管理公司在招收保安时，每人在签订入职合同前均需要写下一条"自愿不买社保"的字样，否则公司不予录用。到目前为止，所有在职的26名保安人员均未购买社保，此后升为保安队长的小王欲为保安人员争取合法利益未果，因"看不惯"而选择离职。对此，该公司黎经理声称放弃社保的条款完全是员工自愿写的，因为有些员工不愿意买，公司完全是尊重个人意愿。入职前签订协议是为了明确待遇等问题，因为之前也有员工辞职，因补偿问题经常引起纠纷，因而公司是为避免纠纷才签订的这份合同。物业公司表明签订的条款都是合法的，公司不购买社保，员工都是知情的，既然你要来上班，首先就要自愿放弃社保。

{想一想} 不帮员工缴纳社保是否明智？是否能帮企业节约一大笔成本？

法律建议参考：从表面上看，企业未帮员工购买社保好像节约了一大笔成本。但实际上，潜藏着更大的风险。例如，因为没有为员工缴纳工伤保险，便无法通过工伤保险来赔付员工，结果企业不得不付出一大笔医疗费用。在实际中，也的确存在员工自己不愿意缴纳社保的现象。这种情况下，员工由于自身的原因申请放弃购买社保，而造成不能享受社保待遇，虽然具有一定的过错，但不能免除用人单位的责任。社保是国家为了维护社会稳定、保障劳动者合法权益、减轻用人单位风险的重要制度，具有国家强制性。作为用人单位，为员工购买社保和直接从员工工资上扣除个人应缴部分具有法律依据。

{想一想} 该物业管理公司的这一做法,会面临怎样的法律后果?

法律建议参考: 办理社会保险登记和缴纳社会保险费是用人单位的法定义务。只要用人单位与劳动者建立劳动关系,就必须为劳动者缴纳社会保险,用人单位不得以流动性大为由拒绝为员工办理社会保险。该物业管理公司的做法属于违法行为,签订的协议属于无效条款。《社会保险法》第八十四条规定,用人单位不办理社会保险登记的,由社会保险行政部门责令限期改正;逾期不改正的,对用人单位处应缴社会保险费数额一倍以上三倍以下的罚款,对其直接负责的主管人员和其他直接责任人员处500元以上3 000元以下的罚款。第八十六条规定,用人单位未按时足额缴纳社会保险费的,由社会保险费征收机构责令限期缴纳或者补足,并自欠缴之日起,按日加收万分之五的滞纳金;逾期仍不缴纳的,由有关行政部门处欠缴数额一倍以上三倍以下的罚款。

{想一想} 企业不愿意为员工购买社保的主要原因是什么?

法律建议参考: 企业不愿意为员工购买社保的情况主要集中在一些员工流动性较大的行业,如销售员、餐厅服务员等。特别是处于生存期的小微企业,为员工缴纳社保会造成人力成本大大上升。以月工资2 000元的员工为例,如果公司足额缴纳,则必须缴纳"五险"602元,加上住房公积金240元,共缴纳842元。员工个人缴纳部分为:养老保险占8%,医疗保险占2%,失业占1%,工伤保险、生育险个人不缴纳。"五险"全部占11%,为220元,如加上12%的住房公积金240元,员工实际每月只能拿到1 540元。如果给员工购买足额社保,企业人力成本至少要上升30%~40%。对于盈利能力较弱的企业来说(特别是劳动密集型企业),很难消化。这便是企业不愿给员工足额缴纳社保的根本原因。因此,企业在进行财务规划时,必须算上这部分必要的成本。如果员工不愿意购买,则企业在发工资时可代扣代缴,代扣代缴是企业的权利也是义务。

"五险一金",是指养老保险、医疗保险、失业保险、工伤保险和生育保险,以及住房公积金。"五险"被统称为社会保险,其中养老保险、医疗保险和失业保险三种是由企业和个人共同缴纳的保费,工伤保险和生育保险完全是由企业承担的,个人不需要缴纳。"五险一金"是法定的,具有强制性。

其一,基本养老保险是指劳动者在达到法定退休年龄退休后,从政府和社会得到一定的经济补偿、物质帮助和服务的一项社会保险制度。

养老保险费由企业和被保险人按不同的缴费比例共同缴纳。以广州市养老保险缴费为例,私营企业每月按照其缴费总基数的12％缴纳,职工按照本人应税工资的8％缴纳。个体工商户业主以不低于上年度市职工月平均工资为基数的19％缴纳;个体工商户雇工以月实际工资收入为基数缴纳养老保险费,最低缴费基数不低于上年度市职工月平均工资的40％,其中用人单位负担11％,雇工本人负担8％。

员工累计缴纳养老保险15年以上,达到法定退休年龄并办理了相关手续的,经劳动保障行政部门核准后的次月起,按月领取基本养老金。

> {练一练} 如果你在广州开了一家广告公司,加上你本人一共有5人,2013年度你的月平均应税工资为5 600元,其他四位员工的月平均应税工资分别为:甲4 300元、乙3 800元、丙3 400元、丁3 200元。作为用人单位,请你计算2014年每月要缴纳多少养老保险费?员工个人每月要缴纳多少?

参考答案:公司每月应缴养老保险费=(5 600+4 300+3 800+3 400+3 200)×12％=2 436(元);你自己每月应缴养老保险费=5 600×8％=448(元);甲每月应缴养老保险费=4 300×8％=344(元);乙每月应缴养老保险费=3 800×8％=304(元);丙每月应缴养老保险费=3 400×8％=272(元);丁每月应缴养老保险费=3 200×8％=256(元)。

其二,基本医疗保险是指当劳动者生病或受到伤害后,由国家或社会提供医疗服务或经济补偿的一种社会保障制度。

医疗保险费应由用人单位和员工个人按时足额缴纳。不按时足额缴纳的,不记入个人账户,基本医疗保险统筹基金不予支付其医疗费用。以广州市医疗保险缴费为例,用人单位每月按照其缴费总基数的8％缴纳,员工按照个人应税工资的2％缴纳。城镇灵活就业人员参加医疗保险的缴费基数按上年度广州市在岗职工月平均工资的4％缴纳。外来工医保由用人单位以上年度本市单位职工月平均工资为基数,按每人每月1.2％的标准缴纳。

凡在广州参加城市职工基本医疗保险人员、城镇灵活就业人员医疗保险人员、外来从业人员医疗保险人员,都有资格享受门诊医疗费报销。在社区服务医疗机构或指定基层医疗机构看病的在职员工,可报销65％;灵活就业人员和外来从业人员报销55％。其他医疗机构,前者报销50％,后者报销40％。每月报销限额为300元。在职员工、灵活就业、外来工的住院待遇起付标准分别为一级医院500元、500元、250元,二级医院1 000元、1 000元、500元,三级医院2 000元、2 000元、1 000元。支付比例分别为一级医院90％、90％、72％,二级医院85％、85％、68％,三级医院80％、80％、64％。

> {练一练} 以上述开设广告公司为例,你、甲、乙、丙都是广州户口,丁是勤杂工,外地户口。作为用人单位,请你计算2014年每月要缴纳多少医疗保险费?员工个人每月要缴纳多少?

参考答案:公司每月应缴医疗保险费=(5 600+4 300+3 800+3 400)×8%=1 368(元);你自己每月应缴医疗保险费=5 600×2%=112(元);甲每月应缴医疗保险费=4 300×2%=86(元);乙每月应缴医疗保险费=3 800×2%=76(元);丙每月应缴医疗保险费=3 400×2%=68(元);丁每月应缴医疗保险费=5 313(广州市 2012 年在岗职工月平均工资)×1.2%=64(元)。

其三,失业保险是指国家强制实行,由社会集中建立基金,对因失业而暂时中断生活来源的劳动者提供物质帮助,进而保障失业人员失业期间的基本生活,促进其再就业的制度。

缴费比例、缴费方式相对稳定,不分缴费单位的性质,全部并入失业保险基金。以广州市失业保险缴费为例,用人单位每月按照单位工资总额的 2% 缴纳,城镇员工按照个人应税工资的 1% 缴纳;农民合同工由用人单位按照其应税工资的 0.2% 缴纳,农民工本人无须缴纳失业保险费。

当发生非因本人意愿中断就业的情况,已办理失业登记,并有求职要求,原所在单位和本人已按照规定履行缴费义务满 1 年后,可享受失业保险待遇,包括按月领取失业保险金、领取失业保险金期间的医疗补助金等。

> **{练一练}** 以上述开设广告公司为例,除了你、甲、乙、丙、丁五人之外,公司还招聘了五位农民合同工,每位月平均应税工资 2 300 元。作为用人单位,请你计算 2014 年每月要缴纳多少失业保险费?员工个人每月要缴纳多少?

参考答案:公司每月应缴失业保险费=(5 600+4 300+3 800+3 400+3 200)×2%+(2 300×5)×0.2%=361(元);你自己每月应缴失业保险费=5 600×1%=56(元);甲每月应缴失业保险费=4 300×1%=43(元);乙每月应缴失业保险费=3 800×1%=38(元);丙每月应缴失业保险费=3 400×1%=34(元);丁每月应缴失业保险费=3 200×1%=32(元);五位农民合同工本人无须缴纳。

其四,工伤保险是指劳动者在工作中或在规定的特殊情况下,遭受意外伤害或患职业病导致暂时或永久丧失劳动能力以及死亡时,劳动者或其遗属从国家和社会获得物质帮助的一种社会保险制度。

工伤保险又称职业伤害保险,由用人单位缴纳。以广州市工伤保险为例,根据不同行业的工伤风险程度进行分类,一类行业的工伤风险最低,用人单位按照上年度的 0.5% 缴纳;二类为中等风险行业,用人单位以 1% 的比例缴纳;三类为风险较大行业,用人单位以 1.5% 的比例缴纳。

员工在工作过程中由于工作原因受到事故伤害或者患职业病,所在单位应当自事故伤害发生之日或者被诊断、鉴定为职业病之日起 30 日内,向统筹地区社会保险行政部门提出工伤认定申请。

> {练一练} 以上述开设广告公司为例,加上你一共有10人。作为用人单位,请你计算2014年每月要缴纳多少工伤保险费?

参考答案:广告公司属于风险较小的一类行业,每月应缴工伤保险费＝(5 600＋4 300＋3 800＋3 400＋3 200＋2 300×5)×0.5％＝159(元);员工本人无须缴纳。

其五,生育保险是指在怀孕和分娩的妇女劳动者暂时中断劳动时,由国家或社会对生育的职工给予必要的经济补偿和医疗保健的社会保险制度。

凡是与用人单位建立了劳动关系的职工,包括男职工,都应当参加生育保险。以广州市生育保险为例,用人单位按照缴费基数的0.85％缴纳,员工个人无须缴纳。

用人单位为员工累计缴费满1年以上,并且继续为其缴费;员工符合国家和省人口与计划生育规定的,可以享受生育保险待遇。女员工可以领取符合规定的生育医疗费、产假期间生育津贴、一次性分娩营养补助费等;男员工可享受看护假假期津贴。

> {练一练} 以上述开设广告公司为例,10位员工中六男四女,五位本地户口、五位外地户口。作为用人单位,请你计算2014年每月要缴纳多少生育保险费?

参考答案:广州市生育保险缴纳不分本地、外地户口,且无论男女均需缴纳。广告公司每月应缴生育保险费＝(5 600＋4 300＋3 800＋3 400＋3 200＋2 300×5)×0.85％＝270.3(元);员工本人无须缴纳。

其六,住房公积金是指单位及其在职职工缴存的长期住房储金,是员工较快、较好地解决住房问题的制度。

私营企业住房公积金的缴存比例按照职工上一年度月平均工资的5％～20％;个人缴纳比例应大于或等于公司缴纳的比例,但不能高于20％。国务院《住房公积金条例》第三十七条明确规定,单位不办理住房公积金缴存登记或者不为本单位职工办理住房公积金账户设立手续的,由住房公积金管理中心责令限期办理;逾期不办理的,处1万元以上5万元以下的罚款。第三十八条规定,单位逾期不缴或者少缴住房公积金的,由住房公积金管理中心责令限期缴存;逾期仍不缴存的,可以申请人民法院强制执行。

员工发生购买、建造、翻修、大修自住住房,偿还购房贷款本息,房租超出家庭工资收入的15％以上,丧失劳动能力并造成生活困难等情况,可以提取职工住房公积金账户内的存储余额。

【练一练】 以上述开设广告公司为例,由于公司还在起步阶段,你决定按照最低的比例缴纳住房公积金。作为用人单位,请你计算2014年每月要缴纳多少住房公积金?员工个人每月要缴纳多少?

参考答案:广州市住房公积金的最低缴纳比例为5%,员工个人最低缴纳比例应等于公司缴纳部分。外地农业户口、进城务工人员均为住房公积金缴存对象。广告公司每月应缴住房公积金=(5 600+4 300+3 800+3 400+3 200+2 300×5)×5%=1 590(元);你自己每月应缴住房公积金=5 600×5%=280(元);甲每月应缴住房公积金=4 300×5%=215(元);乙每月应缴住房公积金=3 800×5%=190(元);丙每月应缴住房公积金=3 400×5%=170(元);丁每月应缴住房公积金=3 200×5%=160(元);五位农民合同工分别缴纳住房公积金=2 300×5%=115(元)。

【拓展资讯】 下面4个问题是企业在缴纳"五险一金"过程中的常见疑问,你遇到过吗?

1. 什么是社保缴纳基数?

每年社保都会在固定的时间(3月或者7月,各地不同)核定基数,并发布最新的最低基数和最高基数。一般而言,企业都是以最低社保基数为员工缴纳社保,当然也有些公司会根据上一年度岗位的平均工资为基数为员工缴纳社保。可以根据最新的发布时间,从当地的社保局查询最新的社保基数。职工工资收入高于当地上年度职工平均工资300%的,以当地上年度职工平均工资的300%为缴费基数;职工工资收入低于当地上一年职工平均工资60%的,以当地上一年职工平均工资的60%为缴费基数;职工工资在60%~300%之间的,按实申报。职工工资收入无法确定时,其缴费基数按照当地劳动行政部门公布的当地上一年职工平均工资。

2013年7月1日广州社保缴费基数表　　　　　　　　单位:元

险　种	最低缴费基数	最高缴费基数
养老保险	2 529	12 645
医疗保险	3 188	15 939
失业保险	1 550	15 939
工伤保险	1 550	15 939
生育保险	3 188	15 939

2. 员工在试用期内是否享有社保?

员工在试用期内也应该享有保险。因为试用期是劳动合同期的一个组成部分,它不是隔离在合同期之外的,所以在试用期内也应该为员工缴纳社保。对于首次参加工作和变动工作单位的缴费个人,应按新进单位首月全月工资性收入确定月缴费基数。

3. 是否可以用商业保险代替社保?

社会保险是由国家法律强制实施的,单位只要与职工存在劳动关系,就必须与职工签订劳动合同并缴纳各项社会保险费。商业保险不能代替社保。但两者可以相互补充,某种程度上社保是更为基础的福利,额度有限,所以我们往往通过商业保险来补充,如养老、重疾保障。在没有社保的情况下,有些是可以用一定的商业险临时代替社保的,如商业工伤保险;有些是替代不了的,例如住院医疗险。商业住院医疗保险大多保障到65岁,而医疗大多发生在年老以后,而社保不仅解决年轻时候的医疗,如果达到规定的年限,将来退休后直到终身的医疗都有保障。

4. 用人单位可以基本工资作为基数缴纳社保吗?

用人单位仅以员工的基本工资作为社保缴纳基数是违法的。根据社保征缴条例的相关规定,除首次参加工作和变动工作单位的缴费个人外,职工当年个人缴费基数按职工本人上年月平均工资性收入确定。按国家统计局《关于工资总额组成的规定》,职工月平均工资收入包括工资、奖金、津贴、补贴等收入之和。

各地对各行业"五险一金"的特殊规定,具体可在各地人力资源和社会保障局的网站上查询相关文件,如《关于广州市商贸、住宿、餐饮、娱乐、洗浴等服务业农民工参加工伤保险的通知》《关于广州市建筑施工企业农民工先行参加工伤保险的通知》等。

2.1.4 如何制订有效的绩效薪酬及股权激励方案

【导入案例】 小张与某公司签订了5年期的固定期限劳动合同,合同约定小张在试用期期间的月薪为税前6 000元,小张试用期满后的基本工资为税前10 000元,绩效工资和奖金以及工资调整机制按照公司考核制度,将取决于其工作表现与业绩。该公司每月10日以货币形式支付工资,奖金根据考核结果在年终发放。可是小张对这份合同产生了异议,他认为绩效工资和奖金的具体数额应该在劳动合同中注明。由此,小张与该公司在绩效工资和奖金标准是否需要在劳动合同中明确的问题产生了纠纷。

> **{想一想}** 既然绩效工资和奖金是根据员工的表现来决定的,那么原合同中没有规定绩效工资和奖金的数额究竟是否可行?

法律建议参考:劳动报酬中的基本工资是一定要在劳动合同中写明的。因为根据《劳动合同法》第十七条规定,劳动报酬是劳动合同的必备条款。而劳动合同不约定绩效工资和奖金的标准也是可以的,只要在劳动合同中说明浮动工资部分按企业薪酬制度执行即可。事实上,绩效工资属于可变量,不能将具体数额写进劳动合同,但是可以将绩效考评的标准和方式写进去。在合同里可以说明"按岗位薪酬制度执行",并保证配套的薪酬制度里对这个岗位的薪酬有明确规定即可。如果企业制定了完善的考核制度,则可以将该考核制度作为劳动合同的附件。

> **{想一想}** 虽然按照法律规定,绩效工资和奖金的具体数额可以不写进劳动合同。但小张对此有异议,该如何妥善处理?

法律建议参考：如果因为用人单位与劳动者对绩效工资和奖金的标准在劳动合同中约定不明确，产生争议的，按照《劳动合同法》第十八条规定："劳动合同对劳动报酬和劳动条件等标准约定不明确、引发争议的，用人单位与劳动者可以重新协商；协商不成的，适用集体合同规定；没有集体合同或者集体合同未规定劳动报酬的，实行同工同酬；没有集体合同或者集体合同未规定劳动条件等标准的，适用国家有关规定。"因此，对约定不明确的绩效工资和奖金的标准，劳动者和用人单位可以继续协商，协商不成的，适用集体合同的规定，没有集体合同或者集体合同未规定劳动报酬的，实行同工同酬。

〖想一想〗 从这一案例中，你还能得到哪些启示提前预防劳动争议？

法律建议参考：如果企业实行绩效工资，还应该注意根据考核周期，与劳动者明确约定该部分工资的计发周期，从而避免因没有约定造成拖欠工资的后果。根据《最高人民法院关于审理劳动争议案件适用法律若干问题的解释》第十三条，因用人单位减少劳动报酬而发生的劳动争议，用人单位负举证责任。因此，实行绩效工资的，应当在劳动合同或规章制度中对绩效工资的计发规则进行明确；如果缺乏约定或规定，或者扣减工资缺乏绩效评估结果的支持，将有可能引发劳动争议。

【导入案例】 中关村在线（ZOL）成立于1999年7月，主要从事科技消费产品的报价和在线交易。2000年3月，ZOL与一些技术骨干分别签订了"劳动合同"。其中一份合同中有备受争议的"条款"："乙方工作满12个月后，可以获得甲方分配的股权8万股。自乙方获得第一笔股权之日起，乙方每工作满一年可以获得甲方分配的股权8万股。如果甲方在乙方获得第一笔股权期满之前上市，乙方可以提前获得第一笔甲方分配的股权。""股权激励"的效果显著，签订合同的员工都留在公司，ZOL进入平稳发展期。2004年10月，得知美国网络公司CNET要收购ZOL，七位曾签订了股权激励合同的当事人一致要求ZOL兑现当初签订的合同承诺。但公司方一直回避。无奈之下，同年11月，几位员工向海淀区法院提起诉讼。虽然一审判决中，七名原告败诉，但给公司在管理上造成了很大的负面影响。

〖想一想〗 设计股权激励的目的究竟是什么？

法律建议参考：股权激励是建立一种制度，而不是当作奖金或福利发给员工。案例中提到股权激励合同中公司许诺，自签订合同之日起，工作满一年的员工可以享有8万股股权。这份合同没有将企业的发展、利润的增长与员工的勤奋努力联系起来,看似干好干坏一个样,到头来都会有一份股权。将股权当福利发给员工,没有激发他们的干劲儿,反而成了"大锅饭"。股权激励的目的在于企业的现在和将来,而不是过去。案例中的这份合同显然是老板为了稳定人才队伍出的下下策,骨干纷纷要求离职就证明了这一点。这些骨子里就打算出去单干的员工想要的不过是额外的一份奖励,公司现在和未来的发展,他们根本不关心,用股权挽回过去的错误,是老板股改的一大败笔。所以,该公司股权激励的目的很大程度上是为了"救火"、应急。既然是应急措施,短时间内不可能考虑得很完备,因此出现后来的一系列问题。

{想一想}　该公司在设计股权激励时存在什么问题?

法律建议参考:股权激励有很多种方式,中关村在线的"激励"更像是一笔"奖金"。在股权和法律的对接上,国内关于股权激励的法规并不是很多。管理上讲不清,法律上也没有办法,就会扯皮。承诺给股权,就一定要有协议和方案,承诺后要到工商局备案。股权激励方案应当在一定范围内公开,只有公开,才能达到真正的激励效果。作为重大的制度安排,应当透明,不能只是在董事会内部。案例中的股权激励设计没有可操作性,例如"8万股"本身很值得怀疑。公司总共有多少万股?占公司总股份的多少比例?这个比例对应员工个人多少权益?权益是按净资产来计算,还是按市值?一年后怎么衡量增值性?另外,还要考虑进退问题,如何兑现?能不能转让?怎么转让?

　　表面上看,本案是劳动合同纠纷,其实一个企业与员工之间如何清晰地界定劳动报酬及如何得到清楚的法律保障的问题。这是一个跨《劳动法》与《公司法》的案例,但更重要的是,《劳动法》如何定义和看待报酬,以及如何对其提供清晰的法律保障。

{想一想}　该公司发生这一争议,在向法院诉讼前,是否还有更好的处理办法?

法律建议参考:该公司应当注重危机公关,这个事件完全可以转化为正面影响。当事人刚提出问题,并没有到仲裁部门前,公司管理当局应当首先承认事实,然后与员工协商,把"奖金"给了,平息这个问题。然后,不仅可以在公司内部宣传,而且会成为很多高新技术创业型企业做股权激励的早期榜样。同时,也督促公司把股权激励方案做得更完备、更有操作性。

　　绩效薪酬与股权激励方案的目的都是企业主为了留住人才、培养人才、激励人才而使用的各种管理方法和手段。两者的使用对象相同,都是公司的职业经理人;两者的使用目的相同,都是为了让管理者获得更多的工作动力。但两者的出发点不同,绩效薪酬是基于短期业务,股权激励是基于长期战略;两者的法律适用不同,绩效薪酬依据《劳动法》,股权激励依据《公司法》。两者常搭配使用,给予管理者应该使用较多的股权和较少的薪资进行组合,还是使用较少的股权和较多的薪资进行组合,如何才是最优的组合方案等,一直是管理界关注的一个热点问题。在本书中,我们主要探讨使用绩效薪酬和股权激励要注意的法律问题。

绩效薪酬是指对员工超额工作部分或工作绩效突出部分所支付的奖励性报酬,旨在鼓励员工提高工作效率和工作质量。它是对员工过去的工作行为和已取得成就的认可,通常随员工业绩的变化而调整。

绩效薪酬实际上并不是一个法律概念,它是管理学上的通用术语。薪酬结构无论怎样设计,基本上都由两部分组成:一是每月较为固定的工资,如基本工资、岗位工资、学历工资、工龄工资、技能工资、各种固定的津贴或补贴;二是每月根据员工业绩浮动的可变工资,如加班费、计件工资、销售提成、项目奖金、季度奖、年终奖及其他一次性、零时性奖励或补贴等。我们通常把第二部分称为绩效薪酬。固定工资与浮动工资孰高孰低,法律没有直接的规定,属于企业自主决定的范围。在设计绩效薪酬时,要注意规避的法律风险主要体现在以下几个方面:

其一,很多企业为了激发销售等一线业务岗位员工的积极性,提高了绩效薪酬的比例。无论如何配比,员工每月总计获得的税前工资,都不能低于法律规定的每月最低工资标准。最低工资标准不包括加班工资、特殊岗位津贴、用人单位负担的社保和住房公积金。2014年《广东省劳动保障监察条例》新调整的最低工资标准如下:第一类地区是广州市,月最低工资标准为1 550元,小时工资为15元。第二类地区包括佛山、东莞、中山市,月最低工资标准为1 310元,小时工资为12.5元;珠海市自行提高到月最低工资标准1 380元,小时工资标准13.2元。第三类地区包括汕头、惠州、江门、肇庆,月最低工资标准为1 130元,小时工资为11.1元。第四类地区包括韶关、河源、梅州、汕尾、阳江、湛江、茂名、清远、潮州、揭阳、云浮11市,月最低工资标准为1 010元,小时工资为10元。

其二,工资标准的确定原则是"法定+约定",在劳动合同以及公司薪酬制度中,必须把绩效工资的计算标准、支付时间逐一列明。

绩效目标的制定应当与员工沟通,并得到员工确认。在劳动争议的处理中,特别是扣减绩效工资的情况下,企业需要承担举证责任。为了降低法律风险,企业可以在绩效薪酬计划制订及辅导反馈的过程中要求员工签署有关书面文件,以此证明劳动者了解绩效工资的构成并认可它。

其三,很多企业为了防止员工中途流失,流行一种做法,即每月发放70%的工资,其余30%在年底按年终绩效一次性发放。

这种做法属于克扣或无故拖欠劳动者工资,明显违反了《劳动法》第五十条关于工资应当以货币形式按月足额发放的规定,同时企业还可能受到《劳动法》第九十一条由劳动行政部门责令企业支付经济补偿、赔偿金的处罚。如果企业需要以年终奖作为激励,应该在月工资以外,另行明确规定年终奖的计算和发放办法。

【案例分析】 阅读下面的绩效薪酬改革案例,分别从法律和管理学的角度谈一谈你的认识。

甲在某合资公司上班,休假回来,公司突然通知员工,从下月开始,公司的薪资发放将施行新政策:工资构成里的岗位工资只发一半,剩下一半将归入"绩效工资",每过半年,视员工个人的工作表现再确定发不发。多数员工对该政策产生异议,认为公司下达的业务指标是很多员工经过努力也很难完成的,公司出台这个政策,目的是变相减薪,但公司领导层对员工的意见不理不睬。

> {想一想}　该公司的这一做法是否违反了法律规定?

法律建议参考: 公司有既定的薪资制度,员工接受公司既定的薪资制度,公司依据薪资制度支付工资,这是一种契约行为;从案例本身来看,这个契约事实上是双方业已执行了的。如果一方单独改变了这种既定的默契,当然是一种违约的行为。从法律的角度而言,用人单位录用员工应当签订劳动合同,劳动合同中法定的必备内容就是明确规定工资标准。任何一方改变工资标准,显然是违反劳动合同的行为,既违约也违法,如果公司没有与员工签订劳动合同则是违法用工的行为,如果双方签订的劳动合同约定了工资标准而公司单方违约,既是违约行为也是违法行为。《劳动法》《劳动合同法》《劳动合同法实施条例》中都有规定,变更劳动合同必须双方协商一致。未经协商而单方变更劳动合同条款的做法属于违约也违法的行为。

从《劳动合同法》的规定来看,该公司的行为是典型的违法行为。《劳动合同法》第四条明确规定:"用人单位应当依法建立和完善劳动规章制度,保障劳动者享有劳动权利、履行劳动义务。用人单位在制定、修改或者决定有关劳动报酬、工作时间、休息休假、劳动安全卫生、保险福利、职工培训、劳动纪律以及劳动定额管理等直接涉及劳动者切身利益的规章制度或者重大事项时,应当经职工代表大会或者全体职工大会讨论,提出方案和意见,与工会或者职工代表平等协商确定。在对规章制度和重大事项决定实施的过程中,工会或者职工认为不适当的,有权向用人单位提出,通过协商予以修改完善。用人单位应当将直接涉及劳动者切身利益的规章制度和重大事项决定公示,或者告诉劳动者。"公司的所谓薪资新政,显然是劳动报酬、劳动定额等涉及职工切身利益的重大事项,属于本条规定适用的范围。"新政"没有经职工代表大会或职工全体大会讨论,也未见与工会或职工代表协商而"突然通知",显然违反了本法规定的程序。按照程序法优于实体法的适用原则,劳动规章制度违反了法定程序即为无效。

> {想一想}　该公司的这一做法如果真的开始实行,是否能达到预期效果?是否有更好的办法来解决危机中企业的人工成本问题?

法律建议参考: 当企业处于危机中时,常常会采用这种"工资减半考核补齐"的方法降低人工成本。这显然不是明智之举。如果认为员工薪资真的过高或公司真的困难而无力支付既定工资,则可以通过正常程序解决。按照现行的法律规定,可以通过"工资协商"机制共同研究减薪问题。据调查，一些公司通过工资协商机制是完全可以取得预期效果的。如果工资协商不能达成共识，则可以实行"老人老办法，新人新办法"，在法律范围内"变通"，降低人工成本。即便是想强制降低人工成本，完全可以不降低"岗位工资"而实施薪资制度"改革"。"工资减半"的做法，显然是缺乏法制观念，自恃聪明，恶意侵害员工权益的行为。无论怎样，公司用这样的方法达到降低人工成本的目的，都是不理智的。企业的效益不是靠降低工资能够实现的，问题的关键是怎样提高员工的工作积极性而使其与企业荣辱与共。节流莫如开源，员工多干点、巧干点、勤干点，总比克扣的那么点儿要多得多。

股权激励是指让管理层员工获得一定的公司股权，使他们能够以股东的身份参与企业决策、分享利润、承担风险，从而勤勉尽责地为公司的长期发展服务的一种激励方法，属于期权激励的范畴。常用的股权激励方案有以下几种：

其一，业绩股票。

在年初确定一个较为合理的业绩目标，如果激励对象到年末时达到预定的目标，则公司授予其一定数量的股票或提取一定的奖励基金购买公司股票。业绩股票的流通变现通常有时间和数量限制。

其二，股票期权。

公司授予激励对象一种权利，激励对象可以在规定的时期内以事先确定的价格购买一定数量的本公司流通股票，也可以放弃这种权利。股票期权的行权也有时间和数量限制，且需激励对象自行支出现金。

其三，虚拟股票。

公司授予激励对象一种虚拟的股票，激励对象可以据此享受一定数量的分红权和股价升值收益，但没有所有权，没有表决权，不能转让和出售，在离开企业时自动失效。

其四，股票增值权。

公司授予激励对象一种权利，如果公司股价上升，激励对象可通过行权获得相应数量的股价升值收益，激励对象不用付出现金，行权后获得现金或等值的公司股票。

其五，限制性股票。

事先授予激励对象一定数量的公司股票，但对股票的来源、抛售等有一些特殊限制，一般只有当激励对象完成特定目标（如扭亏为盈）后，激励对象才可抛售限制性股票并从中获益。

其六，延期支付。

公司为激励对象设计一揽子薪酬收入计划，其中有一部分属于股权激励收入。股权激励收入不在当年发放，而是按公司股票公平市价折算成股票数量，在一定期限后，以公司股票形式或根据届时股票市值以现金方式支付给激励对象。

其七，经营者/员工持股。

让激励对象持有本公司一定数量的股票，这些股票是公司无偿赠予激励对象的或者是公司补贴激励对象购买的或者是激励对象自行出资购买的。激励对象在股票升值时可以受益，在股票贬值时受到损失。

其八，管理层/员工收购。

公司管理层或全体员工利用杠杆融资购买本公司的股份，成为公司股东，与其他股东风险共担、利益共享，从而改变公司的股权结构、控制权结构和资产结构，实现持股经营。

其九，账面价值增值权。

具体分为购买型和虚拟型两种。购买型是指激励对象在期初按每股净资产值实际购买一定数量的公司股份,在期末再按每股净资产期末值回售给公司。虚拟型是指激励对象在期初不需支出资金,公司授予激励对象一定数量的名义股份,在期末根据公司每股净资产的增量和名义股份的数量来计算激励对象的收益,并据此向激励对象支付现金。

关于上市公司股权激励有严格的法律规定,具体可以参照2005年证监会、国资委、财政部、人民银行及商务部五部委《关于上市公司股权分置改革的指导意见》,以及证监会《上市公司股权激励管理办法(试行)》。

我们着重分析非上市公司在进行股权激励设计时要注意的法律问题。首先,根据《公司法》第七十二条规定,如果企业要进行股权激励,应该在公司章程中对股权转让进行规定,公司章程对此的规定优于《公司法》。包括向现有股东以外的人转让应该经过多少股东同意,不同意转让应该购买该股权,其他股东是否有优先购买权等,否则会因为股东的意见不统一,影响股权激励计划的实施。其次,根据《公司法》第一百四十二条,发起人持有的本公司股份,自公司成立之日起一年内不得转让。公司董事、监事、高级管理人员在任职期间每年转让的股份不得超过其持有本公司股份总数的25%。再次,根据《公司法》第一百四十三条,公司为员工持股而收购本公司股份的,应当经股东大会同意,所收购股份应当在一年内转让给职工。最后,很多企业创立初期,预留了一部分期权池,以便在给不出高薪的情况下吸引高级人才,补偿管理层的创业风险,解决长期激励问题,使员工有归属感。

【拓展资讯】 创业公司该如何设计激励员工的期权池?

1. 期权与股权:

员工期权计划(Employee Stock Option Program)是将部分股份提前留出用于激励员工(包括创始人自己、高管、骨干、普通员工)的一种计划,在欧美等国家被认为是驱动初创企业发展的关键要素之一。

期权与股权不同,股权代表所有权。期权代表的则是在特定的时间、以特定的价格购买特定所有权的权利,行权之后员工获得的股份是普通股。

2. 期权池(Option Pool)的设立与大小:

硅谷的惯例是预留公司全部股份的10%~20%作为期权池,一般由董事会在期权池规定的限额内决定给哪些员工发放以及发放多少期权,并决定行权价格。但是需要注意一些分配原则:对公司发展越重要、投入程度越深的人分配数额越多。越早加入,风险越大,行权价格越低。一般来说,同一批员工的行权价格相同。以管理层和骨干员工为主,也有部分企业实施全员激励。

3. 授予期权的时候要在合同中明确以下具体细节:

(1)期权对应的股份数额、行权价格。一般来说,第一轮融资之前的价格都非常低或者免费送,随着公司前景的不断明朗,价格也随之上升。定价的原则是跟授予时的每股公允价值(即市场上的可参照价值)相对应,同时考虑到对招聘人员的激励作用。

(2)期权计算的起始日(Grant Date),即开始授予期权的时间,一般是从入职当天起计算。

(3)授予(Vesting)的期限,即合同对应的全部期权到手(Vested)的时间,一般为4年。一般来说,期权按月授予,也就是说,每个月到手1/48(以4年为例),到手即意味着可以行权(Exercisable)。

(4)最短生效期(Cliff)。一般设定只有员工在公司工作满一定时间,期权的承诺才开始生效,通常为1年。也就是说,如果员工在公司工作不满1年,离职时是不能行权的,而一旦达到1年,则期权立即到手1/4,此后每个月另到手1/48,直至离职或全部期权到手。

(5) 失效期限(Cut-off Period)。员工离职后,必须在一定的时期内决定是否行使这个购买的权利,通常会设定为 180 天。

4. 期权的行权(Exercise):

情况一:合同正常执行。此时,员工可按照合同约定的行权价格对已到手的期权(Vested Option)行权,购买不超过到手总额的公司股权。员工只要不离职,该权利将一直有效。

情况二:员工离职。若员工在达到最短生效期之后、IPO(上市)之前离职,则一般在期权合同中规定公司有权以约定价格回购该部分期权(称为 Call Right)。可针对不同原因的离职制定不同的 Call Right 条款。回购价格理论上应为回购发生时的公允价值,但也可约定为其他价格,如每股净资产等。

5. 我国设立期权池的通常做法:

需要注意的是,我国《公司法》框架下的股权必须与注册资本对应,因而无法预留股权。灵活的做法有以下 3 种:

(1) 创始人代持。设立公司时由创始人多持有部分股权(对应于期权池),公司、创始人、员工三方签订合同,行权时由创始人向员工以约定价格转让。

(2) 员工持股公司。员工通过持股公司持有目标公司的股份,可避免员工直接持有公司股权带来的一些不便。国内公司在上市前一般采用这种做法。

(3) 虚拟股票。在公司内部建立特殊的账册,员工按照在该账册上虚拟出来的股票享有相应的分红或增值权益。华为就采用这种做法。

【案例分析】 阅读下面的股权激励方案,分析是否适合自己的企业。

这是一家由三个自然人出资成立的网络信息技术公司,是华东地区著名的 Internet 应用平台提供商和基础网络应用服务商。公司发展迅速,年销售额增长率达到 500%,公司在几年的高速发展过程中,引进了大量的管理、技术优秀人才,也建立了一套工资、奖金收入分配体系。为了适应公司的战略规划和发展,构建和巩固企业的核心团队,需要重新界定和确认企业的产权关系,企业实施股权激励的目的不是单纯为了分配企业目前的财富,而是为了使公司的创业者和核心骨干共享公司的成长收益,增强公司股权结构的包容性,使企业的核心团队更好地为企业发展出力,更具凝聚力和效率。因此,企业设计了一套"干股+实股+股份期权"的多层次长期激励计划。

授予对象:

高管层和管理、技术骨干共 20 位。

持股形式:

第一部分,持股计划:在增资扩股中由高管层和管理、技术骨干自愿出现金持股。

第二部分,岗位干股计划:a. 岗位干股的设置着重考虑被激励对象的历史贡献和现实业绩表现,只要在本计划所规定的岗位就有资格获得岗位干股。b. 岗位干股的分配依据是激励岗位的重要性和本人的业绩表现,岗位干股于每年年底公司业绩评定之后进行重新调整和授予,作为名义上的股份记在各经理人员的名下,目的是为了获得其分红收益。岗位干股的授予总额为当期资产净值的 10%。

第三部分,股份期权计划:a. 股份期权设置着重于公司的未来战略发展,实现关键人员的人力资本价值最大化。b. 从原股东目前资产净值中分出 10%转让给被激励对象。依据每位经理人员的人力资本量化比例确定获受的股份期权数。如本计划开始实施时一次性授予,可假定为 2004 年 1 月 1 日。以一元一股将公司当期资产净值划分为若干股份,授予价格即为每股一元。行权时经理人员以每股一元的价格购买当时已增值的公司股份。

> {想一想} 案例中多层次长期激励计划的合理性体现在哪里？

法律建议参考：这是一个处于高速成长期的民营企业，构建一个稳定的核心团队和留住员工最关键。通过多层次的股权激励方案设计，在法律框架下实现了两种激励目的：一方面，通过自愿原则实现员工主动参与企业经营管理，分享公司的成长价值；另一方面，通过岗位干股设置体现员工对公司的现实贡献；再通过股份期权设计反映公司的战略规划，构建长期、稳定的核心团队，获受股份期权的人数最少，只是少数有发展潜力的公司核心人员。这种模式是一种开放的、动态的、既民主又体现公司意愿的设计。这个方案既通过干股设置实现了短期激励，又通过现金购股和股份期权实现了长期激励，体现了公司原股东的股权包容性和一种利益共享的企业文化，有较好的激励效果。

设计员工持股方案并不是简单地"照葫芦画瓢"，它为企业战略服务，必须综合考虑企业的内外部因素，在充分研究可行性的基础上，对方案中含有的所有要件进行清晰的界定。员工持股计划的要件主要包括以下几个方面：

(1)股份来源：增量发行、存量转换。

(2)资金来源：职工直接出资、职工工资抵扣、企业资助、银行贷款。

(3)授予对象：全员持股、管理与业务骨干持股、经营层持股。

(4)授予时机：在何时授予。

(5)授予条件：年龄条件、工龄条件、其他条件。

(6)分配比例：不同行业、不同规模、不同发展阶段企业的经营层、业务骨干与职工持股比例分配应该不同。

(7)载体选择：个人、持股会、持股公司、综合公司。

(8)形态选择：福利型、风险型。

(9)工具选择：实股、虚股、增值权等。

(10)股权管理：转让、回购、收益分配等。

(11)交易方式：一次付款、分期付款；平价出售、折扣出售。

(12)职工参与机制：职工如何参与。

(13)计划终止：终止条件、终止后的管理。

不同行业、不同发展阶段、不同市场特点的企业"员工持股计划"方案的设计会有很大差异。比如，传统行业与高新技术行业"职工持股计划"方案的要件设计是不同的。同一行业不同发展阶段的企业的"职工持股计划"方案在资金来源的解决、持股比例的分配、工具的选择方面也有区别，要具体问题具体分析。

【案例分析】 阅读下面的员工持股计划的简易范本，以及通过网上查找本行业具有代表性的员工持股计划方案范本，学习、转化、创新，为企业设计一份合理、有效的员工持股计划方案。

××公司员工持股计划方案

一、员工持股计划的宗旨和目的

××公司创建于2010年6月18日,主要经营××××等业务。经过3年的艰苦奋斗,公司已渡过创业期,注册资本从最初的××××万元增加到目前的××××万元,年营业额超过××万元人民币。出于公司二次创业的需要,也为了更好地调动公司员工的积极性,决定实施职工期股计划。

公司的中长期战略目标:充分利用×××公司的优良品牌,大力提升公司的技术水平,使××××成为行业内占绝对优势的、最大规模的专业团体,争取在××××年以前达到公司上市的目标。

员工持股计划主要基于以下目的:

1. 通过员工持股计划建立产权清晰、机制灵活、股权结构合理的现代企业产权结构。
2. 建立长期的激励与约束机制,吸引和凝聚一批高素质的、高层次的、高效率的、非急功近利的事业型员工投身××事业。不仅仅将目光集中在短期财务指标上,而更多地关注公司的中长期持续发展,并保持员工个人与所有股东及公司在长远利益上的一致性,与公司共同增值、共同成长。

二、员工持股计划的实施方针

为了实现上述目标,根据成功企业员工持股计划的经验,结合公司的自身情况,员工持股计划依据以下方针进行:

1. 公司大股东方(出让方)同公司员工(受让方)商定在一定期限内(×年内)员工按某个既定的价格购买一定数量的××公司股份并享有相应的权利和履行相应的义务;
2. 员工可以用期股红利、实股红利以及现金方式每年购买由《员工持股转让协议书》规定的期股数量;
3. 各股东同股同权,利益同享,风险同担;
4. 受让方从协议书生效时起,即对其受让的期股拥有表决权和收益权,但无所有权;
5. 此次期股授予对象限于×××公司内部。

三、公司股权处置

1. ×××公司现有注册资本×××万元,折算成股票为×××万股。目前,公司的股权结构为:

股东	股票数量(万股)	比例(%)
自然人A	60	60
自然人B	40	40

2. 在不考虑公司外部股权变动的情况下,期股计划完成后公司的股权结构为:

股东	股票数量(万股)	比例(%)
A	42	42
B	28	28
职工持股	24	24

留存股票　　　　　　　6　　　　　　　　　6

3. 在公司总股份30％的员工股权比例中拿出20％即6万股用作留存股票，作为公司将来每年业绩评定后授予有资格获得期股分配的员工的股票来源，留存账户不足时可再通过增资扩股的方式增加。

四、职工股权结构

1. 根据职工在企业中的岗位分工和工作绩效，职工股分为两个层次，即核心层（部门经理和高级技术人员）和中层（部门副经理和中级技术人员）。

2. ××公司作为民营企业，总经理和副总经理拥有公司的所有权，因此期股计划的关键对象是核心层和中层。结合××公司的具体情况，目前可以确定核心层为公司重要部门（业务部、技术部、研发部、生产部、品保部和采购部）的经理，而中层主要为部门副经理、高级主管、技术人员（根据工资表，××人为宜）。对于期股分配比例，一般来说，核心层为中层的两倍。当然，今后可以根据公司业务的经营状况逐步扩大持股员工的人数和持股数量。

3. 员工股内部结构：

对象	人数	股份（万股）	人均（万股/人）	比例（％）
核心层	5	8	1.6	33.33
中层	20	16	0.8	66.67
总计	25	24		100

4. 公司留存账户中的留存股份用于公司员工薪酬结构中长期激励制度期股计划的期股来源。公司可结合每年的业绩综合评定，给予部分员工期股奖励。

5. 由于员工期股计划的实施，公司的股权结构会发生变化，通过留存股票（蓄水池）的方式既可以保持大股东相对稳定的股权比例，又能满足员工期股计划实施的灵活性要求。

五、操作细则

1. ××公司聘请具有评估资格的专业资产评估公司对公司资产进行评估，期股的每股原始价格按照公式计算：

$$P = V/X$$

注：P为期股原始价格，V为公司资产评估净值，X为公司总的股数。

2. 期股是××公司的原股东（A和B）与公司员工（指核心层和中层的员工）约定在一定的期限（×年）内按原始价格转让的股份。在按约定价格转让完毕后，期股即转换为实股，在此之前期股所有者享有表决权和收益权，但无所有权，期股收益权不能得到现金分红，其所得的红利只能购买期股，具体运作由《员工持股管理规则》规范管理。

3. 公司董事会从公司股东中产生，在期股运作期间，董事会由董事长、副董事长及3名董事组成。3名董事由持股员工推选产生。

4. 董事会下设"员工薪酬委员会"，负责管理员工薪酬发放及员工股权运作。

5. 公司此次改制设立公司留存股票账户，作为期股奖励的来源。在员工期股未全部转为实股之前，统一由留存账户管理。同时留存账户中预留一部分股份作为员工持续性期股激励的来源，即蓄水池。

6. 员工薪酬委员会的运作及主要职责：

（1）薪酬委员会由公司董事长领导，公司办公室负责其日常事务；

(2) 每年计提一定比例（如 3%）的公积金和公益金作为薪酬委员会的运作资金，以发挥股权"蓄水池"的作用；

(3) 薪酬委员会负责期股的发行和各年度转换实股的工作，负责通过公司留存账户回购离职员工的股权及向新股东出售公司股权等工作。

7. 此次改制期股计划实施完毕后（×年后），××公司将向有关工商管理部门申请公司股权结构变更。

8. 公司每年度对员工进行综合评定（评定办法公司另外制定），对于级别在 A 级和 S 级以上的员工给予其分配公司期股的权利。具体操作将根据评定办法确定的年终奖金的一定比例（30%）不是以现金的方式兑付，而是根据公司当年的净资产给予相应数量的期股的方式兑现，而期股的运作办法参见本次期股办法。

9. 公司董事会每年定期向持股员工公布企业的经营状况和财务状况（包括每股盈利）。

10. 对于公司上市后企业职工股的处置，将按证监会的有关规定执行。

11. 如公司在期股计划期限内（×年内）上市，期股就是职工股，只不过在未完全转化为实股之前，持股职工对其无处置权，而如果期股已经全部兑现，就应当作发起人股。

〖联系实际〗 请你基于公司的长期发展，完整地构想员工持股计划方案，包括资本运作的战略构想、计划的目的、方案设计的背景、操作路径的选择、实施步骤、股权设置、股权分配、股权激励、股本金来源、股权管理等。

2.2　企业用工法律纠纷的处理

2.2.1　如何处理劳动合同纠纷

【导入案例】 肖某于 2013 年 1 月 20 日进入某企业工作，与单位签订了书面劳动合同，劳动合同期限至 2014 年 1 月 19 日止。2013 年 6 月 22 日起，肖某由于自身的原因再未到单位上班，单位以旷工为由停发了肖某的工资，并于 7 月 22 日起停止为其续缴社会保险费。2014 年 2 月，肖某以合同期限已满，单位未与其续订劳动合同为由，申请劳动仲裁，要求单位支付终止的劳动合同经济补偿金。

〖想一想〗 企业是否要支付给肖某经济补偿金？

法律建议参考：这是一个企业维护自身合法权益的案例。根据《劳动合同法》第二十九条规定,用人单位与劳动者应当按照劳动合同的约定,全面履行各自的义务。劳动者有向用人单位提供劳动的义务和忠实勤勉的义务;用人单位则有给付报酬的义务和保护照顾的义务。本案中,肖某在劳动合同履行期间,由于自身的原因自行中止了劳动合同,在用人单位做出相应的处理后,其没有提出异议,却在劳动合同期满后,要求用人单位承担《劳动合同法》规定的支付经济补偿金的义务,有违《劳动合同法》规定的诚实信用和公平原则。

江某于2012年12月18日至某科技公司做电工,双方签订劳动合同,约定合同期限自2012年12月18日起至2013年12月17日止。2013年,由于江某在工作中多次出错,公司对其工作做出调整,但江某仍然不能胜任工作。2013年6月2日,公司以江某不能胜任工作为由,通知江某解除劳动合同。江某申请劳动仲裁,要求公司支付解除劳动合同的经济补偿金并额外支付一个月的工资。

{想一想} 员工不胜任工作会给企业带来损失,为什么开除员工还要支付赔偿金?

法律建议参考:很多企业对能力欠缺的员工"炒鱿鱼"如同儿戏,实际中存在的现象并不代表就是合理的。如果员工知法懂法,要求企业赔偿,会给企业带来很多的负面影响。根据《劳动合同法》第四十条规定,劳动者不能胜任工作,经过培训或者调整工作岗位仍不能胜任工作的,用人单位提前三十日以书面形式通知劳动者本人或者额外支付劳动者一个月的工资后,可以解除劳动合同,同时用人单位应当按照劳动者在本单位的工作年限支付给劳动者经济补偿金。本案中,用人单位未履行提前三十日通知的情况下提出与江某解除劳动合同,应依法承担责任。因此,由用人单位首先提出解除动议的,应当支付经济补偿金。用人单位应当在招聘、录用环节把好入门关,并做好培训工作。

劳动合同是指用人单位与劳动者之间确立劳动关系、明确双方权利和义务的协议。根据这个协议,劳动者加入企业,承担一定的工种、岗位或职务工作,并遵守所在单位的内部劳动规则和其他规章制度;用人单位应及时安排被录用的劳动者工作,按照劳动者提供劳动的数量和质量支付劳动报酬,并且提供必要的劳动条件,保证劳动者享有劳动保护及社会保险、福利等权利和待遇。因劳动合同引起的劳动纠纷有多种,其中包括因订立劳动合同而引起的劳动纠纷,因履行劳动合同而引起的劳动纠纷,因变更劳动合同而引起的劳动纠纷,因终止劳动合同而引起的劳动纠纷,因解除劳动合同而引起的劳动纠纷等。处理由于不同的原因引起的劳动纠纷,有各自不同的具体要求。

其一,因订立劳动合同而发生的劳动纠纷的处理。

1. 对于用人单位与劳动者未订立劳动合同而发生劳动纠纷的,应当弄清未订立劳动合同的原因,在分清当事人责任的基础上,有过错的一方向受损失的一方提供一定的补偿,并依法补签劳动合同。如双方无意继续合作,则解除劳动合同。

2. 对于由他人代签劳动合同发生纠纷的,应查明代签的原因。对内容合法的合同,用人单位与劳动者重签劳动合同;内容不合法的合同无效。

3. 发生对于劳动者隐瞒真实情况,导致用人单位误解而与其签订劳动合同纠纷的,在查明事实真相后,可以对不符合用工条件的劳动者解除劳动合同。

其二,因履行劳动合同而发生的劳动合同纠纷的处理。

1. 对于用人单位不履行劳动合同引起劳动纠纷的,用人单位无过错的,应寻求合理的善后办法;用人单位有过错的,应该继续履行劳动合同,赔偿劳动者由此而造成的全部损失。

2. 对于劳动者不履行劳动合同引起劳动纠纷的,应说服教育,督促其履行劳动合同,对仍拒不履行劳动合同的劳动者,应依法追究其违约责任。

3. 对于因赔偿问题引起劳动合同纠纷的,应按照劳动合同中合法的赔偿条款办理,劳动合同中没有约定或约定不明的,按《劳动合同法》的相关规定办理。

其三,因变更劳动合同而发生的劳动合同纠纷的处理。

1. 对于劳动者违反劳动合同的规定,单方面要求用人单位变更其劳动岗位、工种或不符合劳动合同约定的上岗条件而要求上岗的,用人单位可以拒绝其要求并妥善解决。

2. 对于用人单位决定改变劳动者的劳动岗位、工种的,属于正常的工作调动为有效;属于擅自非法调动的,劳动者可以要求恢复原劳动岗位,并补偿由此造成的经济损失。

3. 对于用人单位违反法定程序变更劳动合同的,变更行为不合法,用人单位和劳动者必须重新协商具体变更事项。

其四,因终止劳动合同而发生劳动合同纠纷的处理。

1. 对于用人单位不允许到期劳动合同终止引起劳动纠纷的,劳动者有权利要求终止劳动合同。如果用人单位附加条件,不允许劳动者终止劳动合同而引起劳动纠纷的,即使是基于双方真实意思约定,也因违反《劳动合同法实施条例》第十三条的强制性规定而无效。

2. 对于合同到期后既不续订又不终止劳动合同引起劳动纠纷的,因合同双方都有责任,对这种事实上的劳动关系,法律不予保护,应终止劳动合同。

其五,因解除劳动合同而发生劳动合同纠纷的处理。

1. 用人单位在过错性辞退时要注意,一般的过失违纪不应解除劳动合同;违纪事实未查清的,不能适用解除劳动合同的规定;初次轻微违纪未进行教育的,不适用解除劳动合同的规定。

2. 如果解除劳动合同是因为用人单位或劳动者违约在先引起的,则违约在先是解除劳动合同的法定条件。当事人一方违约在先,另一方据此解除劳动合同是合法的。如果一方故意制造违约条件,并据此解除劳动合同则是非法的。

【案例分析】 阅读下面的案例,思考发生案例中的劳动合同纠纷会给企业带来怎样的影响,作为企业方应如何妥善处理。

2012年3月,谢某进入某贸易公司上班,未签订劳动合同。2013年2月21日,公司通知谢某于当日下班前与公司签订劳动合同,谢某未有行动。两天后,公司向谢某发出书面通知,告知其因拒绝签订劳动合同,终止劳动关系。谢某认为公司故意捏造其拒签合同的事实,系违法解除,要求公司支付违法解除劳动合同的赔偿金。

〖想一想〗 如果确系员工本人不签订劳动合同引发的纠纷,企业在管理上应该如何做才能避免?

法律建议参考：任何的企业法律纠纷，归根结底都是因为管理的缺失引起的。该案例中，不管是不是因为劳动者的原因未签订合同，企业在近一年的时间内未对该问题进行处理。国务院《劳动合同法实施条例》第 5 条规定，"自用工之日起一个月内，经用人单位书面通知后，劳动者不与用人单位订立书面劳动合同的，用人单位应当书面通知劳动者终止劳动关系"，该规定是在用工之日起一个月内，用人单位应与劳动者签订书面劳动合同，用人单位应提供书面通知的证明，该证明应是经过员工确认的，如公告或是员工在通知上签字的，而不是只有单位盖章的证明（事后有虚假伪造之嫌），如用人单位同时证明是由于劳动者的原因不签订书面劳动合同，单位可以终止劳动关系。该实施条例第 6 条规定，"用人单位自用工之日起超过一个月不满一年未与劳动者订立书面劳动合同的，应当依照《劳动合同法》第 82 条的规定向劳动者每月支付两倍的工资"，该规定明确地做出了划分，在一个月内，用人单位不需要支付双倍工资，如是由于劳动者的原因不签订，用人单位可以终止劳动关系，该规定是在保护用人单位的利益，而如果是过了一个月后，法律不再去看是谁的原因而造成没有签订书面劳动合同的，而只看结果，如是没有签订劳动合同，用人单位就应该支付双倍的工资。

2011 年 9 月，管某至某早餐店工作，专门从事包子、点心的制作，并约定工资为 2 700 元/月。同年 10 月 28 日，管某用和面机和面时致伤，管某要求确认与早餐店存在劳动关系。而早餐店认为管某仅是劳务帮工，未签订劳动合同，不存在劳动关系，由此双方引发纠纷。

〖想一想〗 个体户是否属于用人单位，是否能规避对员工的责任？

法律建议参考：早餐店是个体工商户，符合劳动用工主体资格。现实生活中，许多用人单位为逃避劳动行政部门的监管或者逃避社会保险责任，故意不与劳动者签订书面合同。《劳动合同法》将事实劳动关系纳入法律调整范围，本案中双方之间虽未签订书面合同，但早餐店为管某提供劳动工具，管某做包子、取得报酬，虽未签订劳动合同，但已形成事实上的劳动关系。

2011 年 6 月，廖某到某物业公司担任保安，双方签订劳动合同，约定合同期限自 2011 年 6 月 1 日起至 2012 年 5 月 31 日止。2012 年 5 月 8 日，该公司向廖某发出合同期满日终止劳动合同通知书，要求廖某于 2012 年 5 月 31 日前办理终止劳动合同手续，结算工资、经济补偿金等。廖某要求该公司支付加班费，并举证了值班记录、班次表等复印件。公司对上述证据予以否认，但没有提供相关的证据。

〖想一想〗 用人单位拒不提供员工加班证据，是否就可以逃避加班费的支付？

法律建议参考：在人工成本持续上涨的情况下，很多企业都尽可能地减少加班费支出。原则上，劳动者主张加班的，应当就加班事实的存在承担举证责任。但劳动者有证据证明用人单位掌握加班事实存在，用人单位不提供的，由用人单位承担不利的后果。本案廖某为证明加班事实举证了值班记录、班次表等复印件，证明公司掌握加班事实存在的证据，对此该公司不能证明原告不存在加班或已支付加班费的事实，因此用人单位要承担支付廖某加班费的后果。

李某于 2010 年 1 月进入某厂工作，双方签订书面劳动合同一份，约定合同期限自 2010 年 1 月 1 日起至 2012 年 12 月 31 日止。2012 年 12 月 25 日，厂方书面通知李某，双方的劳动合同于 2012 年 12 月 31 日到期终止。2013 年 1 月 1 日后，李某未去该厂上班。同年 1 月 11 日，李某要求厂方支付终止劳动合同补偿金。

〖想一想〗 为什么劳动合同到期终止，双方都同意不再续约，用人单位还要支付补偿金？

法律建议参考：《劳动合同法》第四十六条第五项规定，除了用人单位维持或者提高劳动合同约定条件续订劳动合同，劳动者不同意续订的情形下，用人单位因固定期限劳动合同期满而终止劳动合同的，应当向劳动者支付经济补偿金。本案中，某厂与李某签订的劳动合同期满后，未要求与李某续订固定期限合同，应当支付终止劳动合同的经济补偿金。

了解解决劳动合同纠纷的程序也很重要。劳动合同纠纷不能一开始就起诉，应该按如下步骤进行处理：

首先，双方公平协商不成的情况下。如果企业有劳动争议调解委员会，申请劳动争议调解委员会调解。调解委员会由职工代表、企业行政代表和企业工会代表组成。企业可以不设置这一委员会，也可以不经过这一程序。

其次，向当地劳动和社会保障部门申请调解。

再次，调解不成，申请当地劳动保障部门进行仲裁。

最后，仲裁不成的，才能向人民法院起诉。如果没有劳动保障部门的调解或仲裁文件，法院是不会受理劳动合同纠纷案件的。

2.2.2 如何处理劳动报酬纠纷

【导入案例】 小张于 2011 年 3 月 17 日进入××公司设计部工作，每天工作时间为 8:30 至 17:30，有时在 18:00 至 21:30 需要加班，双休日有时也需要加班。2013 年 6 月 13 日，××公司以小张不能胜任工作为由将其辞退。小张要求公司支付经济补偿金与加班费。公司称在《员工手册》第四篇"加班管理"中规定，公司不提倡加班，确因工作需要加班的，应事前提出书面申请；未经公司批准而加班的，公司不予支付加班报酬。确因工作需要加班，员工如无特殊原因，应服从公司的加班安排。每位员工都签收了上述《员工手册》，承诺严格遵守公司的各项规章制度。小张遂起诉到法院。对于是否存在加班事实双方均提供了各自记录的考勤刷卡数据报表，但均对对方提供的刷卡数据报表不予认可，而小张未能进一步提供其他证据证实其存在加班的事实。

> {想一想} 法院会判令公司支付小张的加班费吗?

法律建议参考:法院的判决都是以事实为依据、以法律为准绳的。小张同意遵守××公司关于"因工作需要加班的,应事前提出书面申请;未经公司批准而加班的,公司不予支付加班报酬"的规定,小张既未能提供其经过申请并被批准加班的相应依据,且提供的考勤刷卡数据报表又因系自己单方制作而未得到公司方的认可,而根据公司提供的考勤刷卡数据报表也未显示小张存在如自己所述的加班情形,故小张要求公司支付加班工资的主张依据不足,法院难以支持。而这一案例也暴露出该公司一系列的管理漏洞,对于考勤、加班制度,企业文化的建立等,都需要改进。

劳动报酬是指用人单位直接支付给劳动者的工资,包括加班加点工资、奖金以及其他货币性收入。劳动报酬争议与经济补偿或赔偿金等争议均涉及用人单位对劳动者的支付问题,经常一并发生。就其性质及有关法律的立法逻辑而言,经济补偿或赔偿金不属劳动报酬范畴,本部分不予讨论。据统计,广东省全省各法院受理的涉及劳动报酬纠纷案件的数量约占劳动争议案件总数的70%。本部分主要阐述几类典型的劳动报酬纠纷,并对用人单位提供初步的对策。

其一,因劳动合同对劳动报酬约定不明引起的纠纷。

关于劳动报酬的约定是劳动合同的必备条款之一,尽管如此,许多用人单位与劳动者签订的劳动合同中,关于劳动报酬一项缺失。例如,一些劳动合同虽有劳动报酬条款,但没有填写金额,或者笼统地表述为"按甲方(用人单位)内部工资管理制度执行";个别劳动合同则根本没有劳动报酬条款。劳动合同文本通常由用人单位提供,之所以对劳动报酬语焉不详,除个别情况下是由人事部门的疏忽造成外,主要原因是用人单位希望在工资(及日后可能发生的经济补偿或赔偿金)支付、社会保险费(及住房公积金)缴纳基数、加班工资及病假工资计算基数等方面为自己保留余地。而《劳动合同法》(及其实施条例)只对用人单位不签书面劳动合同的行为设置了较为严厉的法律责任(支付双倍工资、视为已签订无固定期限劳动合同等),对劳动合同未载明必备条款的,仅规定"由劳动行政部门责令改正,给劳动者造成损害的,应当承担赔偿责任"。在实际中,上述"赔偿责任"发生的概率极低。其实,劳动合同对劳动报酬没有约定或约定不明,用人单位将承担一定的后果和风险。因为劳动合同中没有约定或约定不明,不等于劳动报酬无法确定。就法律而言,劳动报酬不明确的,用人单位与劳动者可以协商;协商不成的,适用集体合同规定或实行同工同酬。银行支付凭证、工资发放记录、证人证言等也可证明劳动者的工资金额。即使用人单位支付现金,在双方对工资金额各执一词的情况下,仲裁员和法官显然更倾向于、也更有理由采信劳动者的说法。因此,用人单位较为明智的做法是在劳动合同中与劳动者约定一个相对固定的工资金额(一些单位只将基本工资金额写入劳动合同),并制定完善的工资结构和工资制度。若约定按"甲方(用人单位)内部工资管理制度"之类执行,则上述制度应作为合同附件添加在劳动合同之后,且据此可以确定乙方(劳动者)的具体工资标准;否则,严格来说,该条仍不算一项具体、明确的约定,该劳动合同并不完全具备法定要件。

其二,加班工资纠纷。

因加班加点工资(以下统称"加班工资")引起的争议占据了劳动争议案件相当的份额,其起因主要是双方对加班事实的存在或加班时间的长短有争议,双方对加班工资计算基数有争议,双方对员工是否属于享受加班工资的人员范围有争议。

首先,关于加班事实或加班时间认定的问题,根据最高人民法院司法解释,劳动者主张加班费的,应当就加班事实的存在承担举证责任,但劳动者有证据证明用人单位掌握加班事实存在,用人单位不提供的,由用人单位承担不利后果。用人单位一律否认员工加班,并不明智。比较可取的做法是,制定明确、合理的加班制度,尤其是加班审批制度,包括事前审批和事后确认。《劳动法》关于支付加班工资的规定隐含的前提是用人单位"安排"劳动者加班(加点)。若员工自行加班,而单位并未安排且不认可,在单位有明确、合理的加班审批制度的情况下,员工关于支付加班工资的请求可能无法得到仲裁委员会和法院的支持。

其次,关于加班工资计算基数。对于加班工资计算基数,目前国家没有统一的规定。某些地区通过规章等予以规定,以资借鉴,例如假期工资及加班工资计算基数劳动合同有约定的,按不低于劳动合同约定的劳动者本人所在岗位(职位)相对应的工资标准确定;集体合同确定的标准高于劳动合同的约定标准的,按集体合同标准确定;劳动合同、集体合同均未约定的,可由用人单位与职工代表通过工资集体协商确定,协商结果应签订工资集体协议;用人单位与劳动者无任何约定的,计算基数统一按劳动者本人所在岗位(职位)正常出勤的月工资的70%确定。用人单位应注意当地有关加班工资计算基数的规定,可在劳动合同或集体合同中对加班工资计算基数做出约定(但不得低于当地规定的最低工资标准)。

再次,关于享受加班工资的人员范围。享受加班工资的人员范围主要涉及两项特殊工时制度:不定时工作制与综合计算工时工作制。实行此两项工时制度须经人力资源和社会保障部门的批准。对实行不定时工作制的员工,用人单位只需支付法定节假日的加班工资,其他时间不存在加班(加点)问题;对实行综合计算工时工作制、综合计算工作时间超过法定标准工作时间的员工,用人单位需支付加点工资(150%),并应支付法定节假日加班工资。若用人单位和员工对是否有权享受加班工资产生争议,用人单位往往需要证明已对该员工申请实行不定时工作制或综合计算工时工作制并获得批准。上述审批通常一年一次,因此,用人单位应注意特殊工时制度申请与审批的连续性,尽量不要出现中断。另外,在申请实行特殊工时制度时,除列明岗位范围外,还应尽量将员工名单添附在审批表之后并及时更新。

其三,年终奖纠纷。

因年终奖引起的劳动争议,第一种情况是双方对金额或计算方式有争议,第二种情况是双方对应否支付年终奖有争议。第一种情况取决于用人单位的制度规定,无需深入讨论。此处仅讨论第二种情况,比如年中离职的员工要求按出勤天数折算年终奖。支付年终奖虽可说是惯例,但法律并未明文规定用人单位必须支付。因此,是否支付、如何支付年终奖主要取决于劳动合同的约定和用人单位规章制度的规定,用人单位可在劳动合同中与员工约定,员工无论因何情形于年中离职,均无权享有年终奖;也可在规章制度中作出类似规定。仅在劳动合同没有约定、单位规章制度也无规定的情况下,员工方可要求单位支付年终奖,实际中,有的离职员工关于年终奖的请求得到了劳动仲裁委员会的支持,裁决依据是"同工同酬"原则。不过,上述情况下用人单位并非必须支付年终奖,因为年终奖就其性质而言是对员工额外的奖励,具有激励员工忠于职守、长期贡献的功能，并非员工提供正常劳动的报酬，员工于年中离职（通常是辞职或因员工过失而解除）却获得折算的年终奖，将使年终奖失去其本应有的功能，也背离了其性质。

其四，同工不同酬纠纷。

因同工不同酬引起的争议主要与劳务派遣有关，目前我国法律关于同工同酬的规定非常笼统，仅仅具有政策宣示作用。用工单位在制订工资结构、工资体系和薪资福利制度时，应避免对同一岗位的正式员工和派遣员工设定不同的工资标准和福利待遇，至少在做法上不应过于直接。此外，工资分配制度与员工个人工资的具体数额保密制度宜分开讨论，工资分配制度事关员工的切身利益，应通过民主程序制定并向员工公示或告知，而每名员工的具体工资金额则不宜公示。

【案例分析】 企业主常说要高薪留住人才，但劳动报酬纠纷却有增无减，这类棘手问题处理不好，还会影响其他员工的稳定性。阅读下面的案例，思考企业在分配劳动报酬时应该注意哪些事项，以远离劳动纠纷。

企业如何应对员工离职时索要加班费。郝某曾任某公司美术设计，负责平面出版设计工作。由于设计部门的工作特点，郝某经常晚上工作到11点多，第二天上午10点多才到单位，或者有些时候就直接住在单位，公司对其不按照正常时间上下班的行为很是不满，几次向其提出并要求改正，但其并未改正。2009年初，因公司经营受到金融危机的影响直接影响了员工的收入，郝某此时出现工作怠慢现象，未向公司办理正规的请假手续，擅自休假连续5天之久。根据公司《员工手册》规定，员工连续旷工3天，即属于严重违反公司规章制度行为，公司向其发出解除劳动合同通知。郝某提出自己已经向公司某部门领导电话请过假，认为自己不属于旷工行为。为此双方引发劳动争议，郝某向仲裁主张其工作期间的加班费，以及单位违法解除劳动合同的经济赔偿金。

{想一想} 你会如何处理该事件？你会采取哪些措施防止该类事件发生？

法律建议参考：企业遇到此类情况可以从三个方面进行考虑：首先，《员工手册》是否向员工公示。如果已经向员工公示，规章制度可以作为劳动争议案件的依据。其次，公司是否有加班制度，《员工手册》是否明确规定了加班的流程，如加班前需要提出加班申请并经上级领导审批方可视为加班。再次，公司关于请假手续如何规定。如果根据公司规定可以认定为旷工的，则可以根据《劳动合同法》第三十九条规定，严重违反用人单位的规章制度的，用人单位可以解除劳动合同。

企业如何发放销售员的提成工资才能使风险最小。某企业的陈总经理这几天很郁闷，正在为一客户毁约而苦恼，但雪上加霜的是参与该单业务销售的离职员工王某向仲裁委员会提起了申诉，要求支付巨额提成款。其理由是公司销售提成制度规定，提成款是按照销售额的0.8%提取。现其已经离职，公司应当及时结清其工资报酬。企业辩称，客户毁约，公司并未收

第 2 章 企业如何建立和谐的用人环境

回销售款额。

{想一想} 你会如何处理该事件?你会采取哪些措施防止该类事件发生?

法律建议参考:销售人员的流动性较大,这种情况在某些销售人员占比较高的行业非常高发。企业要提前做好制度的完善工作,防患于未然,如企业应在劳动合同中明确提成工资的发放形式、计算方式及发放时间。为了将企业的风险降到最低,可以采取到账分发、合同履行完分发等形式。并且明确提成基数:按利润还是合同数,税前还是税后。只有相关问题都在劳动合同中明确规定,才能避免日后产生纠纷。预防是应对劳动争议案件的首选,完善企业的规章制度,方能从根本上杜绝一些不必要的劳动纠纷,注重企业的日常管理是企业更好、更快发展的必要保障。

2.2.3 如何处理工伤赔偿纠纷

【导入案例】 方某是上海市某服饰工厂的职工,工作时间为每天 8:30 至 17:00。某工作日约下午 14:00 时,方某离开单位提前下班处理私人事务,期间也未向单位有关人员请假。在离开工作场所后不久,方某在途中发生了机动车事故,导致身体多处骨折。事后,方某要求企业按照《工伤保险条例》第十四条第(六)项上下班途中遭遇交通事故应认定工伤的规定,给予其工伤待遇。因单位不同意按工伤处理,方某遂向区劳动保障局申请工伤认定。

{想一想} 劳动保障局会如何处理该事件?

法律建议参考:《工伤保险条例》第十四条第(六)项规定,"上下班"是指符合单位规章制度安排的正常的上下班时间,有相对合理的限定范围。单位依法制定的规章制度,是为了实现工作秩序的有效管理,劳动者应当严格遵守,这是劳动法隶属的必然要求。案例中双方对正常工作时间应当是下午 17:00 的事实无争议,方某也承认当天离开单位时并未向有关管理人员请过假。据此可以确认方某当天在工作时间未经请假提前下班的事实。单位依法制定的规章制度,劳动者应当遵守;否则,劳动者有可能承担相应的责任。方某在工作时间未经请假批准擅离单位,此时距其当天的下班时间尚有三个小时之多,其行为不符合正常下班的情形,由此发生的机动车事故伤害不应当认定为工伤。

工伤,又称为职业伤害,是指劳动者在生产工作中因意外事故和职业病造成的伤残或死亡。用人单位除支付劳动者工资待遇外,还必须依法为劳动者购买工伤保险。如果不幸发生了事故,造成劳动者伤残、死亡或患职业病,劳动者此时就可以享受工伤待遇。工伤待遇包括工伤医疗待遇、停工治疗时的待遇、伤残待遇、死亡赔偿待遇。以下介绍用人单位支付的待遇:

  1. 工伤医疗待遇:员工治疗工伤应当在签订服务协议的医疗机构就医,情况紧急时可以先到就近的医疗机构急救。疑似职业病或者患职业病的,用人单位应当及时送省级卫生行政部门指定的医疗机构诊断治疗。

  2. 停工治疗时的待遇:一是留薪待遇。员工因工伤需要暂停工作接受工伤医疗的,在停工留薪期内,原工资福利待遇不变,由所在单位按月支付。停工留薪期间按照医疗终结期规定,由劳动能力鉴定委员会确认,原待遇发至工伤员工评定伤残等级后,发放时间最长不超过24个月。二是护理待遇。工伤员工在停工留薪期间生活不能自理需要护理的,由所在单位负责。所谓负责,意味着用人单位可选择通过派人护理或提供护理费的方式进行。三是住院伙食待遇。由所在单位按照本单位因公出差伙食补助标准的70%发给住院伙食补助费。经医疗机构出具证明,报经办机构同意,工伤职工到统筹地区以外就医的,所需交通、食宿费用由所在单位按照本单位职工因公出差标准报销。

  3. 伤残待遇:工伤员工评定伤残等级后,停发医疗期间工伤待遇,转为按照法律规定享受一次性伤残补助金、伤残津贴、一次性伤残就业补助金、工伤医疗补助金、生活护理费、康复器具等。伤残等级从高到低分为一至十级,对于五级至十级伤残,用人单位不能解除劳动关系,应当安排力所能及的工作。大部分待遇以本人的工资作为计发基数,计发标准本部分不再赘述,可查询《广东省工伤保险条例》以及最近年份的广东省工伤待遇一览表。

  4. 死亡赔偿待遇:如员工因工死亡,其直系亲属可以领取丧葬补助金、供养亲属抚恤金和一次性工亡补助金。

  通常企业员工有下列情形之一的,应当认定或视同工伤:在工作时间和工作场所内,由于工作原因受到事故伤害的;工作时间前后在工作场所内,从事与工作有关的预备性或者收尾性工作受到事故伤害的;在工作时间和工作场所内,因履行工作职责受到暴力等意外伤害的;患职业病的;因工外出期间,由于工作的原因受到伤害或者发生事故下落不明的;在上下班途中,受到非本人主要责任的交通事故或者城市轨道交通、客运轮渡、火车事故伤害的;在工作时间和工作岗位,突发疾病死亡或者在48小时之内经抢救无效死亡的;在抢险救灾等维护国家利益、公共利益活动中受到伤害的;员工原在军队服役,因战、因公负伤致残,已取得革命伤残军人证,到用人单位后旧伤复发的。

  值得强调的是,工伤赔偿是法定的,必须经过工伤认定、劳动能力鉴定、劳动仲裁三个必经阶段。自事故伤害发生之日或者被诊断、鉴定为职业病起24小时内通知劳动保障行政部门及社保经办机构,并在30日内向劳动保障行政部门提出工伤认定的申请;用人单位未在规定的期限内提出工伤认定申请的场合,受伤害职工或者其直系亲属、工会组织可在一年内直接申请工伤认定。如果员工工伤后经治疗会留下残疾、影响劳动能力的,其医疗期满后30日内,用人单位、工伤职工或其直系亲属均可向劳动能力鉴定委员会申请伤残鉴定。由此可见,工伤赔偿程序的时效非常短,用人单位为了维护员工的利益、避免纠纷,当发生工伤事故时,应积极应对,尽快办理相关的手续。

  【案例分析】 在现实中,企业对一些情况下是否属于工伤、赔偿责任由谁承担等拿捏不准,一味地想撇清责任,反而引起了长久的纠纷。阅读下面的案例,归纳并总结属于工伤的情形,并思考各种情况下企业应如何应对处理。

  小王进入一家五金厂工作,他在这家厂只做了8天,还在试用期,厂方未给他办理工伤保险(厂方要在工人入厂3个月之后才办理),他的手就被冲床轧伤了,被送进医院治疗,后经鉴定为伤残八级。

> 〖想一想〗 小王属于工伤吗？他能享受哪些权益？

法律建议参考:试用期内用人单位已与员工建立了劳动关系,也属于工作时间。小王在工作时间从事日常生产时受伤,应被认定为工伤且享受工伤保险待遇,用人单位必须承担工伤事故的工伤赔偿。由于厂方还未给小王办理工伤保险,小王应该享有的所有工伤保险待遇均应由厂方承担,包括医疗期间所需的各项医疗费用、住院治疗的伙食费、一次性伤残补助金、一次性伤残就业补助金及工伤医疗补助金。企业建立严格的安全生产制度,减少、避免工伤事故的发生是根本。

阿华原本在A电子厂工作,该厂生产一些季节性的产品,因处于淡季,工厂放假5个月,于是阿华在未与电子厂解除劳动合同的情况下又应聘到B五金厂工作(该五金厂没有为工人参加工伤保险)。1个月后,因机器突然失灵,阿华的两个手指头受伤。

> 〖想一想〗 阿华应享受的工伤待遇由哪家企业承担？

法律建议参考:阿华与A电子厂和B五金厂形成了双重劳动关系,阿华是在五金厂从事生产时遭受工伤事故的,因此电子厂没有义务承担阿华的工伤待遇,阿华应享受的所有工伤保险待遇均应由五金厂承担。在这种双重或多重劳动关系中,劳动者与两个或两个以上用人单位发生劳动关系,在发生工伤事故时,应由谁来承担工伤赔偿责任,目前没有规范性的文件加以明确。一般从工伤发生的时间、地点、工作内容来判断,由对应的实际用人单位来承担赔偿责任。

个体建筑户张某承包了3栋房屋的承建业务,因无相应的资质,便与A建筑公司协商,A公司同意以公司的名义承接该工程,并与业主签订了施工合同,且约定"该工程由A建筑公司和张某负全部责任,并承担一切工伤事故"。农民工李某来到张某的工地打工,负责水泥搅拌,因卷扬机出了故障而受伤。事故发生后,A公司认为自己与业主不存在真实的施工关系,且李某系张某雇用,与A公司不存在雇佣关系,故不应负责;而张某以自己没有赔偿能力为由而推卸责任。

{想一想}　建筑工程被转包后,临时工李某的损失到底应由谁来承担?

法律建议参考: A公司与业主签订了施工承包合同,张某获取了承建该工程的施工资格,张某与A公司之间形成了建筑施工的内部承包关系。张某不具有合法的用工权而非法招工,应对李某的工伤损失承担责任,包括医疗费、误工费、护理费、伤残补助费、假肢费等。如果张某不能付清,用其财产抵偿后,不足部分由A公司承担赔偿责任。

阿文进入一家手表厂工作了半年,但手表厂一直未与阿文签订劳动合同,加班时阿文的手受伤了,厂方不愿意承担医疗费和其他工伤待遇。阿文由此与厂方发生了纠纷。

{想一想}　企业未与劳动者签订劳动合同,是否可以规避责任?

法律建议参考: 虽然阿文未与手表厂签订劳动合同,但已经形成了事实劳动关系,例如厂牌、工资条、上班卡与加班卡、工衣、工友的证词等。劳动者可以带证据到劳动局做工伤认定,如果企业拒绝支付,劳动者可以通过劳动仲裁和诉讼争取赔偿。企业不与劳动者签订劳动合同,并不能规避工伤赔偿责任。

【拓展资讯】　下面4个问题是企业在发生工伤赔偿时常遇到的情况,你认为除了事后的法律处理外,应如何从源头上进行事前预防。

1. 劳动者冒用他人身份证,发生工伤事故时如何处理?

如果劳动者冒用他人名义与用人单位订立劳动合同,用人单位知情或应当知情的,应按实际劳动关系确定劳动主题,并由用人单位按照工伤赔偿标准全额支付有关待遇。如果用人单位不知情又不应当知情的,劳动者只能在获得购买工伤保险的情况下应由用人单位负责支付的待遇;一旦工伤保险机构发现冒用,会拒绝赔偿。企业特别要注意未满16周岁的未成年人冒用他人名义签订劳动合同,这种情况劳动合同无效,但用人单位仍应按照劳动合同支付报酬,若该未成年人因工作招致伤害的,应由用人单位负人身损害赔偿责任。

2. 企业觉得商业保险的赔偿额度更大,只向商业保险公司购买了私人保险,没有为员工参加"社会工伤保险",这样可以吗?

用人单位必须为员工购买社会工伤保险,商业性的保险视为额外的补充而不能替代工伤保险。

3. 如果员工违反安全操作规则而受伤,是员工的责任,可以扣除一部分工伤赔偿吗?

绝对不可以。工伤赔偿是"无过错责任原则",即在工伤事故发生后对劳动者进行医疗和经济补偿时,无论事故的责任在雇主、劳动者或是第三者,均应依法及时、全额地给付规定标准的工伤保险待遇,不因事故责任的归属而影响保险待遇的给付。即使事故责任属于劳动者本人,其也应无条件地得到经济补偿,用人单位的工伤待遇支付责任不能免除。

4. 为了减少企业的损失,可以在劳动合同中约定"单位对于工人的死伤概不负责"的条款吗?

如果劳动合同中有部分条款违反《劳动法》,该部分条款无效。因此"单位对于工人的死伤概不负责"的条款是无效的。

课后思考

本篇主要以企业主、总经理、人力资源部为读者对象,解读了在新的劳动合同法下,作为一名企业雇主,特别是处于初创期的小微企业创业者,应该注意的问题,应该采取哪些措施避免用工危机的出现,最大可能地预防法律风险。学习完本章以后,请您想一想,您在实际中曾经遇到过哪些用工问题?现实中其他企业是如何处理类似问题的?实际中的处理方法是否符合法律规定,会存在什么纠纷隐患?遇到类似的问题,会采取与以前同样的处理方法吗?会做哪些符合法律的、更妥善的改进?

实训项目

根据劳动合同的范本,拟定本企业各个岗位的劳动合同。合同中的具体条款要根据企业及具体岗位的实际情况来确定,但必须体现甲乙双方平等自愿、公平公正、诚实信用的原则,且不能违反《劳动法》《劳动合同法》等有关法律法规及规章的规定。

全日制劳动合同

甲方(用人单位)名称:_____

住所:_____

法定代表人(或主要负责人):_____

乙方(劳动者)姓名:_____

居民身份证号码:_____

住址:_____

第一条 劳动合同类型及期限

(一)劳动合同类型及期限按下列第_____项确定。

1. 订立有固定期限_____年:自_____年_____月_____日起至_____年_____月_____日止。

2. 订立无固定期限:自_____年_____月_____日起。本合同履行期间,非法定终止或解除条件以及双方书面约定终止条件出现,不得终止和解除。

3. 以完成一定工作为期限:自_____年_____月_____日起至_____年_____月_____日终止。

(二)本合同约定试用期,试用期自_____年_____月_____日起至_____年

_____月_____日止。

第二条 工作内容、工作地点及要求

甲方安排乙方在_____岗位从事_____工作,工作地点在_____。乙方的岗位职责和工作要求按照甲方的规定执行。乙方应当按照劳动合同约定依法履行劳动义务。乙方工作应达到以下标准_____。

甲方因生产经营或工作需要,调整或变更乙方工作岗位的,经双方协商一致,可以书面形式变更前款的约定。甲方不得故意通过压低合同约定的条件或调整乙方的岗位,变相要求乙方自行辞职,以规避解职风险。

第三条 工作时间和休息休假

(一)工作时间按下列第_____项确定:

1. 实行标准工时制。乙方每日工作8小时,每周工作40小时,休息两天。
2. 实行经劳动保障行政部门批准的不定时工作制。
3. 实行经劳动保障行政部门批准的综合计算工时工作制。结算周期:按_____结算。

(二)甲方依法保证乙方的休息休假权利。甲方因工作需要必须安排乙方延长工作时间或在节假日加班的,应支付加班加点工资或安排调休,其程序和标准应当合法。

(三)其他:_____。

第四条 劳动报酬及支付方式与时间

(一)乙方试用期间的月劳动报酬为_____元。

(二)试用期满后,乙方在法定工作时间内提供正常劳动的月劳动报酬为_____元,或根据甲方确定的薪酬制度确定为_____(计件单价或定额)。

(三)甲方的工资发放日为每月_____日,工资发放周期为_____,工资支付形式为_____。

(四)乙方工资的增减、奖金、津贴、补贴、加班加点工资的发放,以及特殊情况下的工资支付等,均按相关法律法规及甲方依法制定的规章制度执行。甲方支付给乙方的工资不得低于当地最低工资标准。

(五)乙方依法享受的带薪休假,其中年休假期间按_____标准支付工资,婚丧假期间按_____标准支付工资,探亲假期间按_____标准支付工资,病假期间按_____标准支付工资。

(六)工资增长方式为_____。

第五条 社会保险

自本合同实际履行之日起,甲乙双方参加_____市养老、失业、医疗、工伤、生育保险,按时、足额缴纳各项社会保险费。其中,乙方应缴纳的社会保险费由甲方代扣代缴。

第六条 劳动保护、劳动条件和职业危害防护

甲乙双方都必须严格执行国家有关安全生产、劳动保护、职业卫生等的规定。有职业危害的工种应在合同约定中告知,甲方应为乙方的生产工作提供符合规定的劳动保护设施、劳动防护用品及其他劳动保护条件。乙方应严格遵守各项安全操作规程。甲方必须自觉执行国家有关女职工劳动保护和未成年工特殊保护的规定。

第七条 劳动合同的变更、解除、终止

(一)经甲乙双方协商一致,可以变更劳动合同的相关内容。变更劳动合同,应当采用书面

形式。变更后的劳动合同文本由甲乙双方各执一份。

(二)经甲乙双方协商一致,可以解除劳动合同。

(三)乙方提前三十日以书面形式通知甲方,可以解除劳动合同。乙方在试用期内提前三日通知甲方,可以解除劳动合同。

(四)甲方有下列情形之一的,乙方可以解除劳动合同:

1. 未按劳动合同约定提供劳动保护或者劳动条件的;
2. 未及时、足额支付劳动报酬的;
3. 未依法缴纳社会保险费的;
4. 规章制度违反法律、法规的规定,损害乙方权益的;
5. 以欺诈、胁迫的手段或乘人之危,使乙方在违背真实意思的情况下订立或者变更劳动合同致使劳动合同无效的;
6. 法律、法规规定乙方可以解除劳动合同的其他情形。

甲方以暴力、威胁或者非法限制人身自由的手段强迫乙方劳动的,或者甲方违章指挥、强令冒险作业危及乙方人身安全的,乙方可以立即解除劳动合同,不需要事先告知甲方。

(五)乙方具有下列情形之一的,甲方可以解除本合同:

1. 在试用期间被证明不符合录用条件的;
2. 严重违反甲方的规章制度的;
3. 严重失职,营私舞弊,给甲方造成重大损害的;
4. 同时与其他用人单位建立劳动关系,对完成甲方的工作任务造成严重影响,或者经甲方提出,拒不改正的。
5. 以欺诈、胁迫的手段或乘人之危,使甲方在违背真实意思的情况下订立或者变更劳动合同致使劳动合同无效的。
6. 被依法追究刑事责任的。

(六)下列情形之一,甲方提前三十日以书面形式通知乙方或者额外支付给乙方一个月的工资后,可以解除本合同:

1. 乙方患病或者非因工负伤,在规定的医疗期满后不能从事原工作,也不能从事由甲方另行安排的工作的;
2. 乙方不能胜任工作,经过培训或者调整工作岗位,仍不能胜任工作的;
3. 劳动合同订立时所依据的客观情况发生重大变化,致使原劳动合同无法履行,经甲乙双方协商,不能就变更劳动合同内容达成协议的。

(七)甲方依照企业破产法规定进行重整的;或生产经营发生严重困难的;或企业转产、重大技术革新或者经营方式调整,经变更劳动合同后,仍需裁减人员的;或其他因劳动合同订立时所依据的客观经济情况发生重大变化,致使劳动合同无法履行的,应当提前三十日向工会或者全体职工说明情况,听取工会或者职工的意见,裁减人员的方案以书面形式向劳动行政部门报告后,可以解除劳动合同。

(八)有下列情形之一的,劳动合同终止:

1. 劳动合同期满的;
2. 乙方开始依法享受基本养老保险待遇的;
3. 乙方死亡,或者被人民法院宣告死亡或者宣告失踪的;
4. 甲方被依法宣告破产,被吊销营业执照、责令关闭、撤销或者甲方决定提前解散的;

5. 法律、行政法规规定的其他情形。

（九）劳动合同期满，乙方具有下列情形之一的，劳动合同应当续延至相应的情形消失时终止：

1. 从事接触职业病危害作业的劳动者未进行离岗前的职业健康检查，或者疑似职业病病人在诊断或者医学观察期间的；

2. 在本单位患职业病或者因工负伤被确认丧失或者部分丧失劳动能力的；

3. 患病或者非因工负伤，在规定的医疗期内的；

4. 女职工在孕期、产期、哺乳期的；

5. 在本单位连续工作满十五年，且距法定退休年龄不足五年的；

6. 法律、法规规定的其他情形。

（十）乙方具有本条第九款情形之一的，甲方不得依据本条第六款和第七款的约定解除本劳动合同。

第八条　违反劳动合同的责任

（一）甲方违反法律规定或者劳动合同的约定，终止、解除有固定期限的劳动合同，每提前解除一年应向乙方支付违约金_____元；无固定期限的劳动合同，按乙方在本单位工作时间每一年支付违约金_____元。甲方违反合同规定，终止、解除劳动合同不当，或合同到期后故意不及时续订劳动合同，给乙方造成损害的，应赔偿乙方的经济损失。

（二）乙方违反特别服务期的约定，每提前一年解除合同，应向甲方支付违约金_____元。乙方违反保守商业秘密或竞业禁止限制约定的，应当向甲方支付违约金_____元；给甲方造成经济损失的，还应依法承担经济赔偿责任。

第九条　双方需要约定的其他事项（可选项另附页）

（一）培训服务期_____
（二）竞业限制_____
（三）保守商业秘密_____
（四）本合同经_____鉴证。
（五）其他约定_____

第十条　其他事项

（一）本合同在履行中发生争议，任何一方均可向企业劳动争议调解委员会申请调解，也可向劳动争议仲裁委员会申请仲裁。对仲裁裁决不服的，可以向人民法院起诉。

（二）本合同未尽事项，按国家有关法律法规执行。本合同条款如与今后国家颁布的法律法规相抵触时，按国家新的法律法规执行。

（三）本合同依法订立，双方签字盖章后生效，双方必须严格履行。

（四）本合同一式两份，甲乙双方各执一份，具有同等法律效力。

甲方（盖章）：　　　　　　　　　　　　　　乙方（签字）：

法定代表人（主要负责人）签名：

签约日期：　　　　　　　　　　　　签约日期：

鉴证员：
鉴证编号：
（备注：本合同当事人不要求鉴证的，甲方自本合同订立之日起7个工作日内报劳动保障部门登记备案。）

第3章

企业参与公平竞争的法律规制与保护

公平竞争的市场环境是企业开展有效竞争、实现市场对社会资源优化配置的前提和条件，可以说公平竞争是商业文明的重要前提。无序竞争，使市场失去节制，犹如脱轨运行的列车，危险不言而喻，企业即使在短期内通过不正当的手段获取了利益，但背离了公平、公正的契约精神，失去了依靠创新智慧勤劳致富的创业意义，不仅影响了企业的长远发展，也破坏了市场有序的竞争环境。法治，是市场经济的基石；规则，是市场竞争的灵魂。企业在遵守商业道德的同时，更应当遵守法律，履行法律规定的义务，这是对企业行为标准的最低要求。因此，作为企业家要牢固树立维护公平竞争是每个企业的共同责任的意识，在提供产品和服务时，重视质量，不使用违法的竞争手段，与其他市场主体平等谈判履行协议，积极维护自己的工业产权，当企业自身的公平竞争权受到侵害时，也能运用法律武器保护自己的合法权益。

学习目标

1. 能有效地防范产品质量风险以及提高企业产品质量管理的观念；
2. 能够充分认识不正当竞争行为，避免采取此类经营方式；
3. 能有效地规避、预防合同的潜在风险，妥善处理合同纠纷；
4. 能形成工业产权保护意识，建立工业产权内部管理制度。

3.1 企业参与公平竞争的法律规制

3.1.1 提供产品与服务要承担哪些责任

【导入案例】 陆某为了装修新买的房屋先后向××装饰材料门市部购买了138平方米的水曲柳实木地板，购买价为人民币8 700元。装修竣工后不久，其发现室内飞虫不断，且越来越多，影响正常生活。原来飞虫系地板中所长出，显然地板质量不合格。因此，陆某要求将已铺设使用的地板退货，并要求被告承担赔偿责任。××装饰材料门市部认为应该由生产厂家承担责任,拒不赔偿。

> {想一想} 案件中的产品质量责任应该由谁来承担？原因是什么？

法律建议参考：首先应分清地板出现飞虫是产品瑕疵还是产品缺陷。如果是产品瑕疵,属于没有按照合同约定交付合格的货物,是违约行为,应由销售者××装饰材料门市部负责修理、更换、退货,赔偿损失；销售者向消费者承担责任后,属于生产者或供货者责任的,有权向上游追偿。如果是产品缺陷责任,属侵权行为,由生产厂家承担赔偿责任；销售者××装饰材料门市部如果在存放方式等方面有过错,造成地板生虫,应当承担赔偿责任；如果销售者不能指明生产者或供货者的,应当承担责任；因产品缺陷造成损害的受害者,可以选择向产品的生产者或销售者要求赔偿。

根据《产品质量法》第46条规定,产品缺陷是指产品存在危及人身、他人财产安全的不合理的危险；产品有保障人体健康和人身、财产安全的国家标准、行业标准的,是指不符合该标准。案例中地板属于木制品,由木材制得,树木在生长过程中生有虫子,是合理的情况,是一般的常识,但树木加工成木材,制成地板,就要求加工过程采用必要的技术,杀死木材中的活虫及虫卵,使得地板能够符合其本身的用途,不致产生安全隐患。虫蛀地板的断裂可能性就存在伤人毁物的可能性,飞虫乱飞就会造成居住环境破坏、人体健康的危险性,所以,虽然木材生虫是可能、合理的,但是地板进入流通时仍然存在虫患,存在不合理的危险,不符合地板的有关标准。因此,出飞虫的地板是属于缺陷产品,陆某可以选择要求生产者赔偿或销售者赔偿。属于产品生产者责任,销售者先行赔偿的,销售者有权向生产者追偿；属于产品销售者责任,生产者先行赔偿的,生产者有权向销售者追偿。

产品质量责任是指因产品质量不符合国家的有关法规、质量标准以及合同规定的产品适用、安全和其他特性的要求,给用户造成损失后,由产品的生产者和经销者所承担的法律责任,主要由《产品质量责任法》进行规范。这里所说的产品,特指经过加工、制作,并作为商品用于销售的产品,排除了初级农产品,未经加工天然形成的物品,如原矿、原煤、石油、天然气等。建筑工程如房屋、桥梁等不动产不适用《产品质量责任法》,但建筑工程所使用的建筑材料和建筑构配件和设备适用该法。军工产品质量监督管理办法,由国务院、中央军事委员会另行制定,但军工企业生产的民用产品适用该法。从地域上看,凡在我国境内从事产品生产、销售活动,包括销售进口商品,都必须遵守该法。产品质量即产品所具有的特性,通常包括使用性能、安全性、可用性、可靠性、可维修性、经济性、卫生性和环境等几个方面。损失既包括不合格产品对用户的经济效益的影响,也包括不合格产品给用户及他人的人身和财产造成的损害。因此,这种民事责任既包括了违反合同的民事责任,又包括了因产品质量问题而引起的一种特殊的损害赔偿责任。

【案例分析】 阅读下面的产品责任案例,谈一谈你的认识。

甲建筑公司承建乙建筑公司的一幢办公楼,在验收时发现工程质量有问题,后查明,工程质量问题是由于丙水泥厂提供不合格的水泥所致。

> **{想一想}** 乙公司是否可根据《产品质量法》向甲建筑公司主张权利？甲建筑公司是否也可依据《产品质量法》向丙水泥厂主张权利？

法律建议参考：建筑工程由于其特殊性，不属于《产品质量法》的调整范围，由专门的建筑工程质量相关法律法规调整。因此，乙公司不能依据《产品质量法》向甲公司主张权利。而建筑工程所使用的建筑材料和配套产品应当适用《产品质量法》，因此甲建筑公司可依据《产品质量法》向丙水泥厂主张权利。

生产者、销售者如何履行产品质量义务呢？法律将其分为作为的义务与不作为的义务。

其一，生产者的产品质量作为义务。

1. 产品不存在危及人身、财产安全的不合理危险，有保障人身健康的人身、财产安全的国家标准、行业标准的，应符合该标准。

2. 除了对产品存在使用性能的瑕疵做出说明以外，产品质量应当具备基本的使用性能。

3. 产品的实际质量应符合在产品或包装上注明采用的产品标准，并符合以产品说明、实物样品等方式表明的质量状况。

以上三项属法定义务，必须同时做到，不可或缺。

4. 除裸装的产品和其他根据产品的特点难以附加标识的产品可以不附加产品标识外，其他任何产品或产品包装上均应当有标识。产品标识应当符合下列要求，即有产品质量检验合格证明及中文标明的产品名称、生产厂名和厂址；根据产品的特点和使用要求，需要标明产品规格、等级、所含主要成分的名称和含量的，要相应予以标明；限期使用的产品，应当标明生产日期和安全使用期或失效日期；使用不当，容易造成产品本身损害或可能危及人身、财产安全的产品，应有警示标志或中文警示证明。

5. 产品包装应符合规定的要求。剧毒、危险、易碎、储运中不能倒置以及有其他特殊要求的产品，其包装必须符合相应的要求，有警示标志或中文警示说明，以标明储藏运输的注意事项。

其二，生产者的产品质量不作为义务。

生产者违反禁止性规定，不仅要对消费者、用户承担违约责任、产品责任，而且要承担行政责任。

禁止性规定包括：不得生产国家明令淘汰的产品；生产者不得伪造产地，不得伪造或冒用他人的厂名、厂址；生产者不得伪造或冒用认证标志、名优标志等质量标志；生产者生产产品，不得掺杂、掺假，不得以次充好，不得以不合格产品冒充合格产品。

第 3 章　企业参与公平竞争的法律规制与保护

{拓展思考}　在设计产品包装时应考虑哪些法律要求？

产品说明

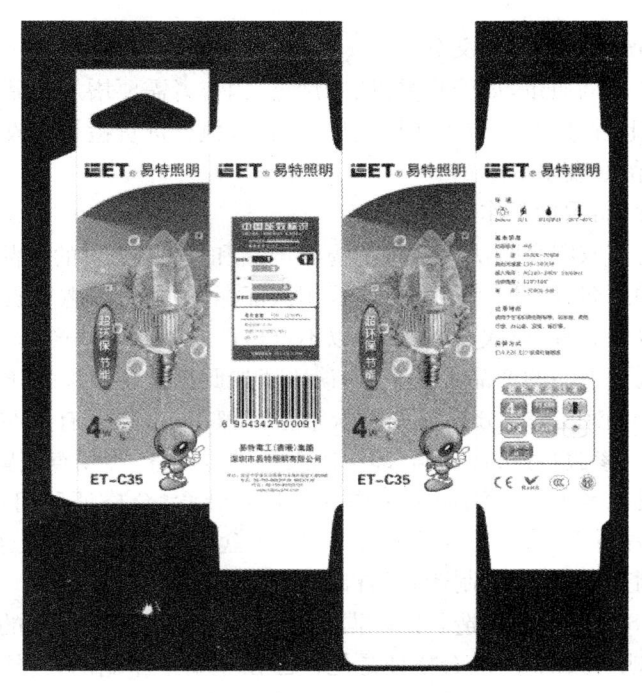

产品包装标识

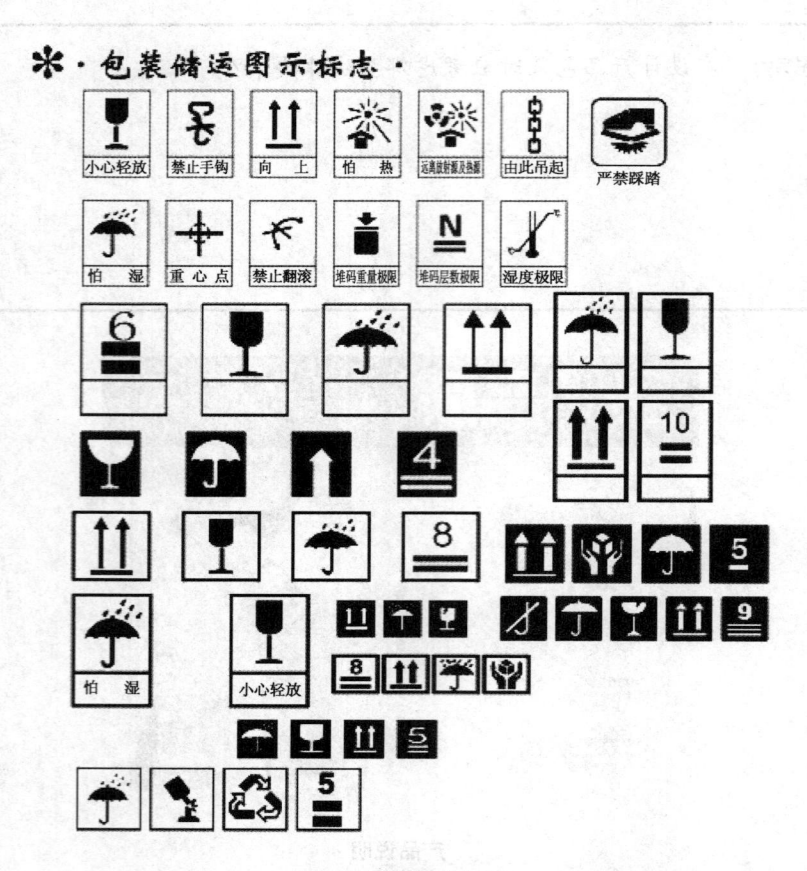

特殊产品的包装标识

其三,销售者的产品质量作为义务。

销售者应保持产品的质量,如防止受潮、腐烂等;销售者需要增加产品的标识,应当符合有关规定;销售者在向上游进货时,应当选择正规的渠道,执行进货检查验收制度,验明产品合格证明和其他标识,保留好发票等单据。

其四,销售者的产品质量不作为义务。

销售者不得销售国家明令淘汰并停止销售的产品和失效、变质的产品;不得伪造产地,不得伪造或冒用他人的厂名、厂址;不得伪造或冒用认证标志、名优标志等质量标志;销售商品不得掺杂、掺假,不得以假充真,以次充好,不得以不合格产品冒充合格产品。

【案例分析】 阅读下面的产品责任案例,谈一谈如此创业会带来怎样的法律后果。

2010年9月,某市南区工商分局接到群众举报,反映本市郊区有人在制造并销售"三假"(假厂址、假厂名、质量掺假)月饼,该局立即组织人员进行调查,当场查获冒充××民政食品厂和××深海食品厂及××天海大酒店厂制作的大量包装盒、合格证和用不卫生的果仁、黑芝麻、巴壳蛋等做成的月饼5 000多个,已装盒2 000多盒。该分局立即对这些"三假"月饼予以没收并立案调查。调查结果表明,制造并销售"三假"月饼的案犯是陈某。他自2008年来某市从事糕点加工,当年8月份开始制造月饼。据陈某交待:他生产月饼,用的包装盒是通过熟人分别在深圳、广州等地购买的,产品合格证是他自己在印刷厂印刷的,月饼有的是从自由市场上买的,有的是他本人用发霉变质的果仁、黑芝麻、巴壳蛋为原料制作的。他将这些月饼买来或做好,雇用了4个小姑娘在一间租用的偏僻房子里进行装盒加工,贴上冒用他人的厂名、厂址及伪造的合格证书,然后以6.50~88元/盒不等的价格在市场上出售以牟取暴利。

{想一想} 如何评价生产假冒伪劣产品行为?会有什么不良后果?

法律建议参考:《产品质量法》第5条规定:"禁止伪造或者冒用认证标志等质量标志;禁止伪造产品的产地,伪造或者冒用他人的厂名、厂址;禁止在生产、销售的产品中掺杂、掺假,以假充真,以次充好。"本案中陈某不仅制造"三假"(假厂址、假厂名、质量掺假)月饼,而且冒充他人的厂名、厂址大量制作包装盒、伪造合格证等,然后在市场上销售以牟取暴利,严重违反了《产品质量法》第5条对生产、销售假冒伪劣产品行为的禁止性规定,将面临行政责任,甚至刑事责任。造成食用者损害的,还要承担民事赔偿责任。

根据《产品质量法》第50条的规定,某市南区工商分局可以对陈某的月饼予以没收,责令其停止生产、销售,并处违法生产、销售产品货值金额50%以上3倍以下的罚款;有违法所得的,并处没收违法所得;情节严重的,吊销其营业执照;构成犯罪的,依法追究其刑事责任。

生产者、消费者如果违反了上述产品质量义务,将要承担相应的法律责任。产品质量责任是一种综合责任,包括民事责任、行政责任和刑事责任。本部分只阐述民事责任,即因产品瑕疵而发生的合同责任和因产品缺陷而产生的产品责任。

其一,产品瑕疵责任。

产品瑕疵是指不具备产品应当具备的使用性能而事先未作说明;或不符合以产品说明、实物样品等方式表明的质量状况;或不符合在产品或者在其包装上注明采用的产品标准。若属于产品瑕疵,销售者应向消费者承担合同违约责任,负责修理、更换、退货以及赔偿损失。

销售者依照上述要求负责修理、更换、退货以及赔偿损失之后,属于生产者的责任或属于供货者的责任的,销售者有权向生产者、供货者追偿。生产者之间、销售者之间,生产者与销售者之间订立的买卖合同、承揽合同有不同约定的,合同当事人按照合同约定执行。

其二,产品缺陷责任。

产品缺陷是指产品存在危及人身、财产安全的不合理的危险,包括设计缺陷、制造缺陷、指示缺陷;有保障人体健康、人身、财产安全的国家标准、行业标准的,是指不符合该标准。若产品存在缺陷,造成使用者人身、财产的损害,属于侵权责任。受害者可以选择要求生产者赔偿或销售者赔偿。属于产品生产者的责任,销售者先行赔偿的,销售者有权向生产者追偿;属于产品销售者的责任,生产者先行赔偿的,生产者有权向销售者追偿。

因产品存在缺陷造成受害人人身伤害的,应当赔偿医疗费、治疗期间的护理费、因误工减少的收入等费用;造成残疾的,还应当支付残疾者生活自助费、生活补助费、残疾赔偿金以及其被抚养的人所必需的生活费等;造成受害人死亡的,应当支付丧葬费、死亡赔偿金以及由死者生前抚养的人所必需的生活费等;造成财产损失的,应当恢复原状或者折价赔偿。受害人因此遭受其他重大损失的,应当赔偿其损失。

【案例分析】 阅读下面的产品责任案例,分析属于哪一类产品质量责任。

贾某喜欢网购,某日搜索到一个商品价格很优惠的网站,购得一件韩国"明星同款"大衣,以及一个电热水袋。收到货物以后,贾某发现大衣的版型及材质跟模特展示的图片说明相差甚远,仿冒得非常差劲。贾某在卧室插上电热水袋后,便去书房上网申请将大衣退货,没过多久便闻到卧室里传出刺鼻的焦味,贾某过去一看,只见满屋浓烟滚滚,屋内床单等已焦黑破烂。

〔想一想〕 该购物网站对两件商品应该承担什么产品质量责任?

法律建议参考:案例中,大衣不符合以产品说明、实物样品等方式表明的质量状况,属于产品瑕疵,贾某可以要求网站更换或退货。电热水袋存在危及人身、财产安全的不合理危险,属于产品缺陷。贾某可以要求购物网站或者电热水袋生产者赔偿,包括因电热水袋烧掉造成的财产损失,也包括电热水袋本身的损失。

2012年5月15日,陈某的外公为庆贺乔迁新居,在家里设宴招待亲友,并在小卖店购买了两箱珠江啤酒,将其中的两瓶啤酒放在客厅的一个饭桌底下,没有设置防止碰撞啤酒瓶的措施。当日下午2时30分左右,陈某在客厅玩耍时,放在饭桌底下的啤酒瓶发生爆炸,啤酒瓶的玻璃碎片打中陈某的左眼并血流不止。陈某受伤后即被送往医院住院治疗。啤酒瓶爆炸后,陈某到消费委员会投诉,并将两瓶啤酒瓶的玻璃碎片交由该消费委员会封存。陈某起诉到法院,要求啤酒生产者赔偿,在审理过程中经司法鉴定科学技术研究所鉴定,结论为两瓶啤酒瓶的爆炸均是由外力作用形成的。

〔想一想〕 啤酒厂商或啤酒瓶生产者应该承担产品质量责任吗?

法律建议参考:陈某的家人在家里摆设酒宴时,将两瓶啤酒单独放置在客厅饭桌底下,没有注意到陈某在玩耍时容易碰撞啤酒瓶,也没有设置防止碰撞啤酒瓶的措施。经有关部门鉴定,啤酒瓶的爆炸是由外力作用所形成的。鉴于啤酒瓶的爆炸与被告之间无因果关系,故陈某的诉讼请求不能得到法院的支持,啤酒厂商或啤酒瓶生产者无须承担产品质量责任。

王某退休在家,为了休闲,于2013年2月7日到自由市场花费230元购买了一把秋千椅回家,2012年3月19日中饭后,王某带着孙女坐在秋千椅上自然摇动,突然其中一根支撑的木料断裂,王某摔在地上致使右手骨折,经医院治疗,共花去医药费1 100元。

王某治愈后立即去自由市场找销售人,但销售人已不在原处,一时无法找到,后发现秋千椅上刻着"鸿达木竹制品厂生产"的字样,通过打听在城郊找到了该厂,王某即要求该厂承担其一切损失,而厂方认为王某应先向销售者索赔,协商无果的情况下,王某便向法院提起民事诉讼。

{想一想}　在找不到销售者的情况下,该木竹制品厂有责任直接赔偿王某吗?

法律建议参考:鸿达木竹制品厂对王某购椅子的损失和所花的医药费均应赔偿。根据《产品质量法》第43条规定,"因产品存在缺陷造成人身、他人财产损害的,受害人可以向产品的生产者要求赔偿,也可向产品的销售商要求赔偿"。同时第26条规定,"生产者应当对其生产的产品质量负责"。因此,鸿达木竹制品厂作为生产厂家应对王某的人身损害及秋千椅的损失承担赔偿责任,如果该产品质量缺陷属于销售者责任的,该厂有权向销售者再追偿。

企业为了保证产品质量,应该加强全方位、全过程的管理与监督,建立产品质量管理制度,从源头上严控产品质量责任事件。

其一,必须建立产品质量检验及合格证制度。

产品质量应当检验合格,不得以不合格的产品冒充合格产品。根据《产品质量法》第27条的规定,产品标识应当附在产品上或产品的包装上。产品应当具有产品质量检验合格证明,这是产品标识必须具备的内容。产品质量检验合格证明是指生产者为了表示出厂的产品质量经检验合格而附于产品或产品包装上的签字、标签、印章等。产品质量合格证明的形式主要有合格证书、检验合格印章和检验工序编号印鉴3种。产品质量检验合格证明只能在经检验合格的产品上使用,未经检验的产品及检验不合格的产品不能使用。具有合格证明的产品,易于让消费者辨别产品的质量。

【案例分析】　阅读以下产品质量检验制度及合格证管理规定的简单范本,以及通过网上查找本行业代表性龙头企业的相关管理制度,制定符合自己企业具体情况的产品质量检验及合格证管理制度。

××餐饮服务公司质量检验制度

1　目的

为确保进料合乎质量标准,使不合格品无法纳入,保证生产能在正常状态下起步和制品质量稳定,去除生产过程中的不良品,并防止废品流入下一道工序以及鉴别产品质量是否合格或鉴别产品质量等级,使产品送至客户手中处能保持正常良好。

2　适用范围

本程序仅适用于××餐饮服务有限公司品控部原辅材料、半成品、成品质量检验工作。

3　参考文件

《食品卫生理化检验标准手册》;

《食品卫生微生物检验标准手册》。

4 程序管理

本程序由××餐饮服务有限公司品控部负责编制,并由公司主管领导批准后生效。

5 实施单位

西安×××餐饮服务有限公司品控部。

6 检验人员设备要求

6.1 具有一定文化知识的专职质检人员,能直接胜任××餐饮服务有限公司的质检工作,并对与被检产品有关的生产工艺有所了解,熟悉和掌握产品质量的变化规律。

6.2 具有检测所需的仪器、设备、药品。

6.3 实验室专职人员必须按照国家标准分析法所规定的实验步骤、规程进行实验,每次实验后必须认真填写实验记录。

7 检验内容

7.1 原辅料及产品可接受和不可接受的外观特征,包括形状、颜色、组织状态、气味、允许出现的颗粒沉淀和不允许出现的异常情况等。

7.2 原辅料和产品的理化指标:(略)。

7.3 原料和产品的微生物指标:包括细菌总数、大肠菌群、霉菌/酵母菌。

7.4 包装及标识要求:包括可接受和不可接受的包装形状、生产日期打印、包装材料印刷质量问题、净含量等。

8 检验流程

8.1 原料入库验收

8.1.1 对原辅料严格把关,确保不合格的原料不入库。

8.1.2 对每批原料索要原辅原料三证,并进行感官、理化以及微生物检验。

8.1.3 记录:《原辅料入厂验收检验记录》《原辅料入厂验收单》。

8.2 过程检验

8.2.1 为了避免不合格的半成品转入下一道工序继续加工,减少损失,同时也可以检测生产加工过程,使生产加工过程处于受控状态。

8.2.2 对使用过程中的原料以及半成品进行感官、理化以及微生物检验。

8.2.3 记录:《原辅料复检记录》《不合格半成品处理单》。

8.3 出厂检验

8.3.1 对成品库的待出厂成品做最后把关检验,确保不合格成品不出厂,为顾客提供安全、高品质的产品。

8.3.2 成品的感官、理化以及微生物检验。

8.3.3 记录:《成品理化检验》《成品微生物检验》《成品检验报告》《成品抽检记录》。

9 检验要求

9.1 贯彻执行国家食品行业的相关法律法规,并根据《中华人民共和国食品卫生法》规定的卫生标准和糕点卫生标准的分析方法、食品卫生微生物学检验方法进行理化检验和微生物检验。

9.2 公司领导对本公司产品质量负责。

9.3 品控部负责公司生产部门生产过程及成品的质量监督检查工作,质量检测人员负责检验产品质量。

9.4 质量检测人员直接向负责企业质量工作的领导汇报工作。

9.5 质量检测人员必须依据食品行业的有关标准、技术法规和其他规定,按照规定的程序对食品质量安全进行检验。

9.6 质量检测人员必须熟悉标准并且能正确地使用食品行业相关的技术标准要求的检验仪器和设备,经培训考核合格才能上岗。

9.7 质量检测人员必须准确、及时地提供科学、公正的检验报告。

9.8 对检验人员、试验仪器设备、化学试剂的管理要求。

9.8.1 检测设备必须经过计量检定合格在有效期内并且能满足规定的精度,检测范围要求、食品行业相关产品技术标准的要求配置齐全。制定和执行《检测设备管理制度》,要建立仪器设备台账。

9.8.2 检验用的化学试剂应该在规定的有效期内使用,验证其生产企业名称、产品等级、执行标准及生产许可证的编号,严禁使用不符合要求的化学试剂。

9.8.3 各种玻璃仪器,如吸管、平皿、广口瓶、试管等均需刷洗干净,包装,湿法(121℃ 20min)或干法(160℃~170℃,2h)灭菌,冷却后送无菌室备用。

9.8.4 准备好试验所需的各种试剂、药品,做好普通琼脂培养基或其他选择性培养基,根据需要分装试管或灭菌后倾注平板或保存在46℃的水浴中或保存在4℃的冰箱中备用。

9.8.5 无菌室灭菌:如用紫外灯法灭菌,时间不应少于45min,关灯半小时后方可进入工作,如用超净工作台,需提前半小时开机。必要时进行无菌室的空气检验,把琼脂平板暴露在空气中15min,培养后每个平板不得超过15个菌落。

9.8.6 检验人员的工作衣、帽、鞋、口罩等灭菌后备用。工作人员进入无菌室后,在实验未完成前不得随便出入无菌室。

9.9 在产品出厂前依据糕点卫生标准的分析方法、食品卫生微生物学检验方法进行理化检验和微生物检验,检验完毕后,检验人员应及时填写报告单,签名后送品控部负责人核实签字,加盖单位印章,以示生效,并立即交给食品卫生监督人员处理;检验合格的产品准予出厂销售,检验不合格的产品禁止出厂销售。

9.10 按照《中华人民共和国质量法》的有关规定,积极配合质量技术监督部门对产品质量进行监督检查。

9.11 定期向国家质量监督检验中心或省级质量监督检验站寄(送)样品,进行对比验证检验,不断提高检验水平,同时接受质量监督检验机构的监督,检验结果以质量监督检验机构的结果为准。

9.12 各项检验要有完整的原始记录,并装订成册,由专人保管,台账应按期存入档案室,长期保存。

××公司产品合格证管理制度

一、目的

为了贯彻执行国家、地方有关产品标识的规定,防止未经检验合格的产品出厂,保证产品质量的可追溯性,防止本公司的产品被假冒。

二、范围

本制度适用于公司发放合格证的产品。

三、职责

1. 品管部负责对产品合格证的归口管理,确保合格证正确使用,防止丢失。

2. 品管部、质检科负责对合格证的领用、发放和登记工作。
3. 生产部门保证合格证的正确使用。
4. 营销部负责合格证的设计。
5. 库房、质检科、生产部门要确保合格证的传递和使用过程中不被丢失。

四、工作程序

1. 合格证的设计、采购。

(1) 品管部向营销部提供合格证的内容,由营销部负责设计、品管部审核。

(2) 供应部根据营销部的设计样张及生产计划负责定制、采购合格证,在定制采购时,必须以合同形式约束供应商,防止合格证外流。

2. 合格证的发放。

(1) 合格证由质检科管理员负责到库房领取,领料单必须由质检科科长签字,合格证的领用数不得超过正常情况下一个月的用量。

(2) 合格证加盖标识后由质检科管理员按产品入库数发放给指定的合格证发放人员,发放时双方核对标识是否准确,并按规定做记录。

3. 合格证加盖标识。

(1) 合格证加盖品管部章和批号章后生效,批号章由8位数字组成,1～2位为年度代号;3～4位为月份代号;5～6位为日期任务;第7位代表班次;第8位代表炉号或生产线。

(2) 品管部章由质检科管理员或质检科合格证管理人员负责加盖,质检科科长根据实际情况指定下列人员之一加盖批号章:质检科管理员、质检科合格证管理员、质检科成品化验员,库房保管、盖章人员被确定前,必须报品管部批准、备案。

(3) 在加盖标识前,必须根据每个批号的成品入库数确定各批号合格证数,同时要求标识清晰可辨,炉号或生产线号应与合格证上的质检员号保持对应关系。

(4) 如需使用标识错误或非本批号的合格证,经质检科科长认定不会影响产品质量可追溯性的情况下,可作详细登记后投入使用。

4. 合格证的使用。

(1) 成品经检验合格后,由指定的安放人员给每件产品安放合格证,安放人员可由外观质检员、成品化验员、封包人员之一担当,人员确定前报品管部批准、备案。

(2) 封包人员必须将合格证缝在每件产品的口袋上。

(3) 成品保管和车站发运人员必须检查产品合格证的安放情况。

5. 各类人员必须保管好流通到自己手里的合格证,如有丢失和损坏,应立即报质检科和品管部,任何人员不得私自将合格证带出厂。

6. 各部门领导负责监督、检查管辖范围内合格证管理制度的执行情况,质检科科长检查合格证管理制度总的执行情况。品管部管理员负责每月核对合格证的领用情况及发放的账目。

{练一练} 请思考以上案例,拟定本企业完整的产品质量检验及合格证管理制度,注意要具体细化,责任到人,具有可操作性。(可另附页)

其二,可以建立企业质量体系认证制度。

企业可以自愿向国务院产品质量监督部门认可的,或者国务院产品质量监督部门授权的部门认可的认证机构,申请企业质量体系认证。经认证合格的,由认证机构办理企业质量体系认证证书。企业为保证产品质量持续地满足质量体系认证标准的要求,必须根据本企业的具体情况建立质量体系。认证机构通过检查评定企业质量体系来证明企业具有持续、稳定地生产符合标准要求产品的能力。推行企业质量体系认证制度的意义主要在于,通过开展质量体系认证工作,有利于促进企业在管理和技术等方面采取有效措施,在企业内部建立起可靠的质量保证体系,以保证产品质量;而对企业自身来讲,通过质量体系认证机构的认证,即意味着企业的质量保证能力获得了有关权威机构的认可,从而可以提高企业的质量信誉,扩大企业的知名度,增强企业的竞争优势。目前,企业质量体系认证标准,一般主要是指 ISO9001:2008 质量管理体系,也包括环境管理体系、职业健康安全管理体系等。

【拓展资讯】 您一定经常听说 ISO 质量管理体系,下面我们进一步地了解它究竟是什么,企业为什么要申请此认证。

1. ISO 是指什么?

ISO 是国际标准化组织(International Organization for Standardization)的英文简称,成立于 1947 年 2 月 23 日,是制作全世界工商业国际标准的各国国家标准机构代表的国际标准建立机构,负责除电工、电子领域和军工、石油、船舶制造之外的很多重要领域的标准化活动。总部设于瑞士日内瓦,成员包括 162 个会员国,其宗旨是"在世界上促进标准化及其相关活动的发展,以便于商品和服务的国际交换,在智力、科学、技术和经济领域开展合作"。

2. 什么是 ISO 质量体系标准?

ISO 质量体系标准包括 ISO9000、ISO10000 及 ISO14000 三种系列。ISO9000 标准明确了质量管理和质量保证体系,适用于生产型及服务型企业;ISO10000 标准为从事和审核质量管理与质量保证体系提供了指导方针;ISO14000 标准明确了环境质量管理体系。ISO9000 系列是众多由 ISO 设立的国际标准中最著名的标准。它不是指一个标准,而是一组标准的统称;它也不是评估产品的质素,而是评估产品在生产过程中的品质控制,是一个组织管理的标准。我国在 20 世纪 90 年代将 ISO9000 系列标准转化为国家标准,随后,各行业也将 ISO9000 系列标准转化为行业标准。

ISO 组织最新颁布的 ISO9000:2000 系列标准,现在最新标准为 2008 年执行标准,有四个核心标准:

ISO9000:2008 质量管理体系基础和术语

ISO9001:2008 质量管理体系要求

ISO9004:2008 质量管理体系业绩改进指南

ISO19011:2002 质量和(或)环境管理体系审核指南

其中,《ISO9001:2008 质量管理体系要求》是认证机构审核的依据标准,也是想进行认证的企业需要满足的标准。

3. 什么样的企业可以申请 ISO9001 质量管理体系认证?有哪些好处?

任何类型的企业都可以申请 ISO9001 质量管理体系认证,例如小作坊、养殖场、贸易公司、奶茶店等。

获得 ISO9001 质量管理体系认证,对内可强化管理,提高人员素质和企业文化;对外可提升企业形象,增强客户信心。具体内容如下:

一是强化品质管理,提高企业效益。负责ISO9001品质体系认证的认证机构都是经过国家认可机构认可的权威机构,对企业的品质体系的审核是非常严格的。对于企业内部来说,在公司顾问指导下,可按照经过严格审核的国际标准化的品质体系进行品质管理,真正达到法治化、科学化的要求,极大地提高工作效率和产品合格率,迅速提高企业的经济效益和社会效益。对于企业外部来说,当顾客得知供方按照国际标准实行管理,拿到了ISO9001品质体系认证证书,并且有认证机构的严格审核和定期监督,就可以确信该企业是能够稳定地提供合格的产品或服务,从而放心地与企业订立供销合同,扩大了企业的市场占有率。

二是获得了国际贸易绿卡——"通行证"。许多国家为了保护自身的利益,设置了种种贸易壁垒,包括关税壁垒和非关税壁垒。其中,非关税壁垒主要是技术壁垒,技术壁垒中,又主要是产品品质认证和ISO9001品质体系认证的壁垒。特别是在世界贸易组织内,各成员国之间相互排除了关税壁垒,只能设置技术壁垒,所以,获得认证是消除贸易壁垒的主要途径。我国"入世"以后,失去了区分国内贸易和国际贸易的严格界限,所有贸易都有可能遭遇上述技术壁垒,企业界应该高度重视,及早防范。

三是节省了第二方审核的精力和费用。在现代贸易实践中,第二方审核早就成为惯例,又逐渐发现其存在很大的弊端:一个组织通常要为许多顾客供货,第二方审核无疑会给组织带来沉重的负担;另一方面,顾客也需支付相当的费用,同时还要考虑派出或雇佣人员的经验和水平问题。唯有ISO9001认证可以排除这样的弊端。因为作为第一方申请了第三方的ISO9001认证并获得了认证证书以后,众多第二方就不必要再对第一方进行审核。这样,不管是对第一方还是对第二方都可以节省很多的精力或费用。还有,如果企业在获得了ISO9001认证之后,再申请UL认证(美国自愿性认证)、CE认证(欧盟强制性认证)等,还可以免除认证机构对企业的质量管理体系进行重复认证的开支。

四是有利于国际经济合作和技术交流。按照国际经济合作和技术交流的惯例,合作双方必须在产品(包括服务)品质方面有共同的语言、统一的认识和共守的规范,方能进行合作与交流。ISO9001质量管理体系认证正好提供了这样的信任,有利于双方迅速达成协议。

五是能够强化企业内部管理。减少失误和返工,提高生产效益,减少因员工辞工造成的技术或质量波动,稳定经营运作。实行ISO9001国际标准化的管理,可以稳定地提高产品品质,使企业在产品品质竞争中永远立于不败之地。

4. 企业如何取得质量体系认证呢?

企业要取得质量体系认证,主要应做好两方面的工作:一是建立、健全质量保证体系,二是做好与体系认证直接有关的各项工作。关于建立质量保证体系,仍应从质量职能分配入手,编写质量管理手册和程序文件,贯彻手册和程序文件,做到质量记录齐全。与体系认证直接有关的各项工作主要包括:

第一步,建立公司的ISO9001质量管理体系。制定质量管理手册、程序文件、作业标准、产品检验标准、记录;确保质量管理体系运行3个月以上。企业可以聘请擅长这方面的专业咨询公司,帮助企业进行质量管理体系的导入与培训。

第二步,选择认证机构。目前国内的认证有3种:国外认证机构(有中国公司并备案)、国外认证机构(有中国公司没有备案或备案只是业务开拓)、国内认证机构。选择国外认证时应注意查询CNCA官网,确认备案情况,没有备案属于在中国非法经营,最好不要选择;选择国内认证机构可以根据公司的产品选择对应的认证机构,如电信类产品选泰尔认证中心;最好选择公司所属地有分公司、办事处的认证机构,节省差旅费用;认证审核费用可以参照国家针对性认证的最低限价,一般不得高于最低限价,大部分认证公司的实收价格低于最低限价,可以洽谈;要求认证安排全职的审核员来公司审核,兼职的审核人员工作作风、专业态度会比较差,为了避免这种情况,最好不要安排周六、周日审核。

第三步,签订认证合同并提交资料。签订认证合同要注意:审核的费用,例如初次审核、监督审核、换证审核的费用应明确;审核的产品范围,例如衬衫、西裤、西装的设计、生产和销售;企业的经营范围、质量管理体系范围、认证范围的关系应明确,例如,经营范围包括质量管理体系范围,质量管理体系应包括认证范围。提交认证所需的资料包括认证申请表、企业基本信息表、质量管理体系文件、经年审的公司营业执照副本复印件、经年审的组织机构代码证复印件、产品工艺流程图、内审报告、管理评审报告。

第四步,确认认证安排。要确认认证合同受理是否成功,一般认证公司会主动跟你确认。要确认第一阶段审核时间安排,现在 ISO 审核都会有两个阶段,对于简单的行业,如外贸公司,可以将第一阶段和第二阶段合并,所以要确认第一阶段的审核安排。

其三,可以建立产品质量认证制度。

企业质量体系认证与产品质量认证是两个不同的概念,仅获得质量体系认证的企业不得在其产品上使用产品质量认证标志。企业可以自愿地向国务院产品质量监督部门认可的,或者国务院产品质量监督部门授权的部门认可的认证机构,申请产品质量认证,分为安全认证和合格认证。经认证合格的,由认证机构颁发产品质量认证证书,准许企业在产品或其他包装上使用产品质量认证标志,一种产品可能颁发多张产品质量认证证书和认证标志。产品质量认证与企业质量体系认证的区别主要是认证的对象不是企业的质量体系,而是企业生产的某一产品;认证依据的标准不是质量管理标准,而是相关的产品标准;认证的结论不是证明企业质量体系是否符合质量管理标准,而是证明产品是否符合产品标准。

值得注意的是,国家为了保护消费者的人身安全和国家安全、加强产品质量管理,依照法律法规实施强制性产品认证制度(China Compulsory Certification,简称"3C"认证)。它并不是质量标志,而只是一种最基础的安全认证,是我国政府按照世贸组织有关协议和国际通行规则建立起来的产品合格评定制度。当前已公布的强制性产品认证制度有《强制性产品认证管理规定》《强制性产品认证标志管理办法》《实施强制性产品认证有关问题的通知》。第一批列入强制认证目录的产品包括电线电缆、电路开关及保护或连接用电器装置、低压电器、小功率电动机、电动工具、电焊机、家用和类似用途设备、音视频设备类(不包括广播级音响设备和汽车音响设备)、信息技术设备、照明设备及灯具(不包括电压低于 36V 的照明设备)、电信终端设备、机动车辆及安全附件、机动车辆轮胎、安全玻璃、农机产品、医疗器械产品、消防产品、安全技术防范产品。第二批强制认证的主要是无线局域网产品。第三批强制认证的产品目录包括溶剂型木器涂料、瓷质砖、混凝土防冻剂。第四批强制认证的产品目录包括入侵探测器、防盗报警控制器、汽车防盗报警系统、防盗保险柜、防盗保险箱。第五批强制认证的产品目录包括童车类、电玩具、塑胶玩具、金属玩具、弹射玩具、娃娃玩具。第六批强制认证的产品目录包括机动车灯具产品、机动车回复反射器、汽车行驶记录仪、车身反光标识、汽车制动软管、机动车后视镜、机动车喇叭、汽车油箱、门锁及门铰链、内饰材料、座椅、头枕。

{联系实际} 你如何根据自己企业的实际情况,建立质量管理制度,从源头上防范产品质量风险?

3.1.2 在经营中要避免哪些不正当竞争行为

【导入案例】 商务印书馆国际有限公司组织多位专家将《新华字典》的全部内容用英文逐一解释后,于2000年5月出版了最具普及性和权威性的汉英双语语言工具图书——《汉英双解新华字典》。该图书经专业设计人员精心设计,且投入巨资在全国以多种形式对该书进行长时间的宣传,使得该书享有极高的知名度,成为知名产品。2003年12月,商务印书馆发现××出版社出版发行的《新英汉双解词典》使用了与《汉英双解新华字典》相同图案的封面设计,只是个别颜色略有变化,××图书销售公司大量销售了《新英汉双解词典》。于是,商务印书馆起诉至法院称:我公司的封面设计是《汉英双解新华字典》作为知名图书区别于其他同类图书的特有包装装潢,因此××出版社使用类似封面设计的行为,属于借助我公司产品的品牌优势销售与自己相关的产品的不正当竞争行为。要求××出版社立即停止出版发行《新英汉双解词典》,赔偿经济损失4万元;××图书销售公司立即停止销售《新英汉双解词典》;××出版社和××图书销售公司共同在《新闻出版报》上公开致歉,负担我公司为制止侵权的合理支出1 000元。

××出版社辩称:《新英汉双解词典》的封面系我社委托他人设计,我社对出版该书尽到了最大注意义务。其封面设计为出版业所通用,并非其特有,普通消费者施以一般注意力不会混淆、误认。因此我社并未侵权,不同意商务印书馆公司的诉讼请求。

××图书销售公司辩称:我公司所销售的图书有合法来源,属正常经营,故不同意商务印书馆公司的诉讼请求。

{想一想} 判定××出版社的《新英汉双解词典》的封面设计是否侵权的关键点是什么?

法律建议参考:关键点在于《新英汉双解词典》的封面设计是否足以使消费者发生误认,造成混淆的后果。本案中,法律经审理查明原告商务印书馆的《汉英双解新华字典》的封面、封底和书脊设计不同于其他辞书,属于特有的装潢,且出版时间早于《新英汉双解词典》。而××出版社的《汉英双解新华字典》封面设计与前者属于近似的表达,从整体上给人的视觉感受是同一的,一般公众通常难以区分二者的差异,且《新英汉双解词典》的封面设计者明确表示参考了商务印书馆公司出版的辞书封面设计。两书均为英汉双语的辞书类书籍,足以使读者发生误认,造成混淆的后果。

> {想一想}　××出版社以及××图书销售公司应承担怎样的法律后果?

　　法律建议参考:××出版社作为专业出版单位应当知晓商务印书馆公司已经在先使用了该图书装潢,主观上存在过错,构成不正当竞争行为,应立即停止侵权,停止使用《新英汉双解词典》一书的封面。法院综合考虑了××出版社侵权行为的情节、侵权后果、商务印书馆公司为诉讼支出的合理费用等因素,判令××出版社赔偿商务印书馆损失 3 万元。鉴于赔礼道歉是非财产性民事责任的方式,因而商务印书馆公司无权要求××出版社赔礼道歉。××图书销售公司能够证明所售侵权图书的合法来源,因此不应承担赔礼道歉和赔偿损失的责任,但应停止销售侵权图书。

　　广州××新技术有限公司是台湾××科技股份有限公司的××牌主板中国大陆地区总代理,徐州某电脑经营部作为三级代理商在徐州地区有独家经销权,具有批发和零售的权利,并有维护××牌主板产品信誉和对侵害××牌主板行为提起诉讼的权利。与徐州某电脑经营部相邻的 A 公司未经允许,在某广告刊物上对××牌主板的三种型号以缩短质保周期,提高零售价的方式,刊登整版对比性广告,将自己的产品与前者从十二个方面进行对比,制作广告 500 多份,广告发布范围遍及徐州地区和周围县市。某电脑经营部认为 A 公司的行为在消费者中造成××主板质次价高的影响,贬低了竞争对手的服务质量以及价格,以达到排除竞争对手、提高自己主板市场竞争力的目的,其行为已构成不正当竞争行为。因此,该经营部以 A 公司为被告向法院起诉,认为被告的行为直接妨害了电脑经营部的正常经营活动,严重损害了××牌主板和自己的声誉,致使销售量下降,造成重大经济损失。

> {想一想}　徐州的 A 公司此种广告宣传方式可取吗?该电脑经营部的诉求能否得到法院的支持?

　　法律建议参考:市场竞争日趋激烈,商品的竞争在相当程度上变成了广告的竞争。在众多的广告形式中,对比性广告备受厂商青睐。所谓"对比性广告",是指在广告中把广告所宣传的产品或服务和同一竞争领域的其他产品或服务相比较,此种比较或能识别竞争者,或就商品具体的特性进行比较。与一般的商业广告相比,对比广告不仅能给广告受众传递关于其商品的一般信息,而且能传递与同行业的比较信息,以此来凸显自己的优势,具有更醒目的宣传效果。

客观、真实的对比性广告，可以为消费者提供更充分的资讯，使其可以较低的价格得到同品质的商品，有利于维护公共利益；然而，不实不当的对比性广告也会破坏竞争秩序，损害消费者的权益。

国家工商局在《广告发布注意事项》第二部分对对比性广告做了专门的规定，规定了对比性广告的原则，即不得直接比较、比较事项的可证明性的要求，以及比较广告语言的明确化等，但由于对比性广告往往还是借与他人的比较而彰显自己，因此对比性广告除应遵守一般广告遵守的原则外，还应遵守合法性原则、客观真实原则、公平性原则。

本案中，被告A公司对自己经销的产品的陈述是真实的，对原告某经营部的产品陈述是虚假的，违反了《反不正当竞争法》第2条、第9条、第14条、第21条，以及《广告法》第4条、第12条的规定，应当承担停止侵权、赔礼道歉、消除影响、赔偿经济损失等民事责任。

不正当竞争是指经营者违反诚信公平等的竞争原则，损害其他经营者的合法权益，扰乱社会经济秩序的行为。个别不正当竞争行为从表面上看有利于消费者，如低价倾销，但依然改变不了侵权性与危害性的本质。不正当竞争行为采用不正当的手段破坏市场竞争秩序、损害其他经营者的合法权益，使守法的经营者蒙受物质上与精神上的双重损害，削弱和窒息了市场经济竞争机制应有的活力与作用，严重阻碍了技术进步和社会生产力的发展。消费者不仅受虚假广告、欺骗性有奖销售等的损害，而且从长远看，市场竞争秩序被破坏的恶果，最终还是转嫁到消费者身上。因此，任何形式的不正当竞争行为都是违法的。

随着经济的发展，竞争的程度越来越白热化，不正当竞争行为也层出不穷，表现形式日益多样化，隐蔽性越来越强。例如，最常见的仿冒行为已经超出传统的假冒他人注册商标，仿冒知名商品特有名称、包装、装潢等范畴，扩大为仿冒他人知名的商业外观、域名等商业标识；虚假宣传行为也从单纯地对商品成分、性能等进行夸大宣传，扩展到对企业自身的形象进行虚假宣传，如夸大员工数量、代理商级别等；商业贿赂行为则由传统的产品制造业向医药、金融、旅游等现代服务业延伸；互联网领域频频发生的流量劫持、客户端干扰、商业抄袭、软件拦截等行为，严重地影响了网民对网络的正常使用和自由选择权，也损害了相关经营者的合法权益；在不正当的有奖销售案件中，以往的商家都是让消费者先购买商品再参加抽奖，现今越来越多的经营者告诉消费者"无需进店购物就可以抽取大奖"；在商业诋毁案件中，一些经营者不再直接诋毁竞争对手的商品信誉和商业声誉，而是通过产品对比等方式间接毁损对方的商誉；在虚假宣传案件中，一些不法分子借助的媒介也从报纸、电视等传统媒体，扩展到博客、微博、微信等新媒体；在限制竞争方面，也出现了一方利用在交易中的相对竞争优势损害交易对方利益的新现象，如4S店强制车主购买其指定保险公司的车险。虽然不正当竞争行为日益隐蔽，有时甚至披上"合法"的伪装，但只要违反了《不正当竞争法》第2条的原则性规定，即只要违反了自愿、平等、公平、诚实信用原则或违反了公认的商业道德，损害了其他经营者的合法权益，扰乱了市场经济秩序，就属于不正当竞争行为。

首先我们对《反不正当竞争法》第5条至第15条列举的11种不正当竞争行为进行分析：

其一，混淆行为。

混淆行为，即采用欺骗性标志从事交易的行为，是指经营者以种种不实手法对自己的商品或服务做虚假表示、说明或承诺，或不当利用他人的智力劳动成果推销自己的商品或服务，使用户或消费者产生误解，扰乱市场秩序、损害同业竞争者的利益或者消费者利益的行为。具体表现为：

（1）假冒他人的注册商标；

(2)擅自使用知名商品特有的名称、包装、装潢,或者使用与知名商品近似的名称、包装、装潢,造成与他人的知名商品相混淆,使购买者误认为是该知名商品;

(3)擅自使用他人的企业名称或者姓名,使人误认为是他人的商品;

(4)在商品上伪造或者冒用认证标志、名优标志等质量标志,伪造产地,对商品质量作引人误解的虚假表示。

【案例分析】 阅读下面的案例,掌握混淆行为的特征,避免采取此类经营方式。

小厂电器,紧傍名牌

松下电器(中国)有限公司于2002年3月向广东省工商行政管理机关投诉,反映广东顺德××电器燃具厂假冒其注册商标,并在产品宣传上使用"香港松下电器"等标识误导公众。经查实,2001年5月,两名浙江人在香港注册了"香港松下电器国际集团有限公司",并将该公司在国内申请注册的"Paretionic"商标以许可的方式许可广东顺德××电器燃具厂使用,同时还许可其使用"香港松下电器"文字标记。顺德××电器燃具厂随即在其燃气灶、热水器、抽油烟机等产品及产品包装箱、说明书上使用"Paretionic"商标(右上角标有"TM")和"香港松下电器"文字标记,并冠以香港松下电器国际集团有限公司的企业名称(包括英文),在市场上销售,造成了混淆。广东省顺德工商行政管理局认定当事人的上述行为构成《反不正当竞争法》第五条第一项假冒他人注册商标行为,对其依法做出了相应的处罚。

酒类包装,克隆乱真

2013年,北京市房山区工商局根据北京市牛栏山酒厂的投诉,对北京A酒厂仿冒北京B酒厂知名商品华灯牌北京醇酒特有的名称、包装、装潢行为进行了调查。经查,华灯牌北京醇酒是北京市B酒厂生产的优质产品,是北京市的著名产品。为了开发、研制"北京醇",北京市B酒厂自2008年以来共投入研制、广告费用8 000万元,使得市场占有率迅速上升。但是,自2010年开始,市场上出现了仿冒"北京醇"特有的名称、包装、装潢的仿冒品。其中,北京A酒厂生产的古德牌、卢沟桥牌北京醇酒的商品名称与北京B酒厂所生产的华灯牌北京醇酒的商品名称相同,包装、装潢相近似,足以造成消费者的误认。房山区工商局认定北京A酒厂的上述行为违反了《反不正当竞争法》第五条第二项关于不得"擅自使用知名商品特有的名称、包装、装潢,或者使用与知名商品近似的名称、包装、装潢,造成和他人的知名商品相混淆,使购买者误认为是该知名商品"的规定,责令其停止生产北京醇酒,消除现存商品上侵权的商品名称和包装物。

其二,独占排挤行为。

独占排挤行为是指公用企业或者其他依法具有独占地位的经营者,限定他人购买其指定的经营者的商品,以排挤其他经营者的不公平竞争行为。

【案例分析】 阅读下面的案例,掌握独占排挤行为的特征,避免采取此类经营方式。

电网改造,滥收费用

2001年上半年,山东省德州市工商局经调查发现,该市××县电业公司在2000年至2001年农村低压电网改造过程中,在农民不知情的情况下,通过与村委会签订格式合同的形式,让农民和村委会支付施工费和材料费、电工生活补助费、短途运输费、电能表检验费等,这些费用按照国家有关规定应当由供电部门承担。在农网改造期间,××县电业公司共向农民收取了电能表检验费20元,扣除税金后计17元。山东省工商局认为,××县供电部门的行为违反了《反不正当竞争法》第6条的规定,构成《关于禁止公用企业限制竞争行为的若干规定》第4条第6项所列"对不接受其不合理条件的用户、消费者拒绝、中断或者削减供应相关商品,或者滥收费用"的限制竞争行为,依据《反不正当竞争法》第23条的规定做出责令停止违法行为、罚款5万元并没收违法所得17元的处罚决定。

供水收费,先定底度

2004年5月,四川省乐山市工商局接群众举报称,该市××县供水公司在收取用户水费时滥收费用。经查,供水公司设定用户每月最低用水量的底度数量是5吨,对用水量超过底度的用户按实际用水量收取水费,对用水量未达到底度的用户则依底度收取水费。××县物资局宿舍20户住户,每月平均用水量200余立方米,而当事人却按照每月至少340立方米的底度收取水费。乐山市工商局基于上述事实,认定当事人违反了《关于禁止公用企业限制竞争行为的若干规定》第4条第6项"公用企业在市场交易中,不得对不接受其不合理条件的用户和消费者拒绝、中断或者削减供应相关商品或者滥收费用"的规定,责令其停止按底度收取水费的行为,并罚款5万元。

煤气公司,强卖器具

2003年,山西媒体相继刊登了关于太原燃气器具市场存在的垄断经营、指定销售等问题的报道。山西省工商局经检总队即派人到××煤炭气化公司指定销售点调查。经查,煤炭气化公司自行下发了《太原市煤气热水器管理办法》,根据此规定,煤气公司对申请办理燃气热水器的用户,根据其购买燃气热水器渠道不同收取不同的安装费。对从当事人指定经销点购买燃气热水器的用户收取550元/台的安装费,对从其他渠道自购符合选型要求的机子的用户,除收取安装费外,每台机子增收100~200元的入网费。山西省工商局认为,煤炭气化公司的上述行为属《反不正当竞争法》第6条及《关于禁止公用企业限制竞争行为的若干规定》第4条第7项所指的限制竞争行为,依法责令该公司停止违法行为并没收违法所得3万元。

其三,滥用行政权力行为。

滥用行政权力限制竞争行为,是指政府及其所属部门滥用行政权力,限定他人购买其指定的经营者的商品,限制其他经营者正当的经营活动,或者限制外地商品进入本地市场、本地商品流向外地市场。

【案例分析】 阅读下面的案例,掌握独占排挤行为的特征,避免采取此类经营方式。

啤酒销售,外地免进

辽宁省××县的辽河啤酒厂每年上交县财政的利税,占全县财政收入的10%以上。2000年以前,××县专卖事业管理局在发放酒类经营许可证时,公然把经营范围限定为"地产啤酒"。2000年,在换发酒类经营许可证时,对经营本地产啤酒的业户放松管理,一些不够条件的经营业户虽然未能取得批发许可证,但因其经销本地生产的"辽河"啤酒,仍可从事批发业务。对主要经营外地生产的啤酒的业户却多次处罚。中央电视台《焦点访谈》披露了××县酒类市场管理中存在的问题,原国家经贸委、国家工商总局联合组成调查组赴辽宁调查,要求全省进行一次大检查、大整顿,彻底破除地方保护和地区封锁,对该事件的直接责任人要在查清事实的基础上做出处理。

地方主义,生人免进

新光塑料厂由于设备落后,管理混乱,产品质量低劣,大量积压,效益很差。而邻省B市的红星塑料制品厂注重和加强管理,多次进行技术改造,引进先进设备,同时跟踪和预测市场需要,不断开发新产品,因而产品成本低、质量好、价格合理、便宜,并且产品花色多样,在A市非常畅销。为此红星塑料厂在A市专门设立代销处,办理预订和营销业务。在此情况下,新光厂更是难以维持。该厂负责人请求A市税务局加以重视,想出办法使企业得以生存下去。

于是，A市税务局先以"查税"为名在短短的十天内连续三次对红星厂驻A市代销处进行检查，影响了该代销处的正常经营业务和商业信誉。尽管如此，红星厂的产品在A市仍受欢迎，销售额一直上升。其后，税务局又以税收优惠为条件，要求本市食品厂和化肥厂等企业购买新光厂产品各20万只，新光厂从中获利13万元。同时又以加强税收管理为名，以税务局的名义下发通知到红星厂驻A市代销处，其中规定"营业额越高，则税率越高；营业额低，税率也随之降低"，企图以此使红星厂无利可图，减少在A市的销售量。红星厂依法诉至法院。法院在查清事实后依法责令A市税务局纠正错误行为，同时撤销下发给红星厂驻A市代销处的通知，并依法没收新光厂的非法所得13万元。

其四，商业贿赂行为。

商业贿赂行为是指经营者为了争取交易机会，暗中给予交易对方单位或有关人员，以及能影响交易的其他相关人员以财物或其他好处的行为。在账外暗中给予对方单位或者个人回扣的，以行贿论处；对方单位或者个人在账外暗中收受回扣的，以受贿论处。经营者销售或者购买商品，可以以明示方式给对方折扣，可以给中间人佣金。经营者给对方折扣、给中间人佣金，必须如实入账。接受回扣、佣金的经营者必须如实入账。

【案例分析】 阅读下面的案例，掌握商业贿赂行为的特征，避免采取此类经营方式。

手机经营，狂吞回扣

成都××公司在购进移动电话的过程中，与供货方私下串通，暗中约定在谈妥基本价格之后每台移动电话再加价1 000元至1 500元，××公司按加价后的价格支付货款。供货方照此价格开具增值税专用发票，并按每台移动电话600元至800元暗中支付回扣给××公司。截至案发，××公司共计从12家供货商购进移动电话2万台，货款总额为1亿元，从供货方处获取回扣1 300多万元。经查实，××公司及上述供货方均未在合同、发票及财务账上明示上述回扣款项。成都市工商局认为，××公司的行为已经违反了《反不正当竞争法》第8条关于"经营者不得采用财物或者其他手段进行贿赂，以销售或者购买商品。在账外暗中给予对方单位或个人回扣的，以行贿论处；对方单位或者个人在账外暗中收受回扣的，以受贿论处"的规定，依法对其作出罚款10万元、没收违法所得的处罚。

为促成交，违法赠送

2007年4月15日，××科技有限公司与广州××医学院签订了销售血凝仪和分析仪协议书，以5.6万美元价格成交，该成交价格除了血凝仪和分析仪外，还免费赠送联想品牌电脑1台、中文报告处理软件一套、激光打印机、彩色喷墨打印机、医药试剂等物品。该市工商局认为××科技有限公司在与广州××医学院多次谈判的过程中，为击败竞争对手，未按照将血凝仪、分析仪及相应附属设备配套销售的行业惯例，而是采取承诺免费赠送电脑、电源、打印机等方式获得交易机会，使其他竞争对手丧失了与广州××医学院的交易机会，影响了市场交易秩序。因为电脑、电源、打印机、试剂等是血凝仪、分析仪正常使用所需要的配套设备，××科技有限公司将其作为赠品免费赠送广州××医学院，而未作为配套设备销售，不符合"折扣"行为构成要件。因此，××科技有限公司以附赠的方式销售血凝仪和分析仪的行为，违反了《反不正当竞争法》第8条的规定，属于商业贿赂行为。市工商局由此对××科技有限公司做出没收违法所得5.6万美元、罚款10万元的处罚决定。

间接贿赂，入账不实

某汽车维修站自2005年以来对来站维修汽车的驾驶员发放联系卡，年底按卡累计金额的5%给付驾驶员现金，并以驾驶员座谈会、经营费用等名义在会计账目中列支，累计支付回扣款

6万元。该市工商局接到举报后对该汽车维修站的商业贿赂行为立案调查。汽车维修站称，给付给驾驶员的现金是商业中正常的折扣，所支付的金额已全部入账，并无商业贿赂所称的"账外暗中"行为。工商局认为在商业贿赂中，无论是账内还是账外，也无论是公开还是暗中，只要是通过不正当手段获取了竞争优势，扰乱了正常的交易秩序，均构成不正当竞争的商业贿赂行为。"入账"并不代表合法化，只要未在依法设立的、反映其生产经营活动的会计科目上如实入账，都属于未入账的范畴。汽车维修站对支付给驾驶员的金额作为座谈会费用在"经营费用"科目中列支，但由于未列入法定的会计科目，因此不能改变该笔费用是为了争取交易机会而采取的贿赂行为这一本质。

其五，虚假宣传行为。

虚假宣传行为是指经营者利用广告或其他方法，对产品的质量、性能、成分、用途、产地、价格，以及企业的历史渊源和规模等所作的引人误解的不实宣传。广告的经营者在明知或应知的情况下，代理、设计、制作、发布虚假广告的，也违反了《反不正当竞争法》，将承担相应的法律责任。

【案例分析】 阅读下面的案例，掌握虚假宣传行为的特征，避免采取此类经营方式。

虚假宣传，混淆视听

2001年8月，河北省保定市工商局根据群众举报，依法对××电子有限公司的虚假宣传行为进行立案调查。经查，××电子有限公司在产品简介中对其××牌手表所获"金桥奖"的评比、颁奖单位及"全国销售量第一"的统计单位作了不真实的宣传。产品简介称，××牌手表"从1992年起连续四年由国内贸易部、中国轻工总会、中国电子工业部、中国纺织总会、国家经贸委、中国消费者协会、国家技术监督局七个部委评为'金桥奖'"；"经国内贸易部统计证实，1998年、1999年度全国销量第一"。但事实是：××牌手表在1992年和1993年获得的"金桥奖"，分别是由商业部最畅销国产商品展销活动组委会和国内贸易部全国畅销国产商品展销活动组委会评比、颁发的，1994年和1995年获得的"金桥奖"，才是经国内贸易部等7部门评比、颁发的。1998年和1999年全国销量第一的统计单位分别是中华全国商业信息中心和深圳市钟表行业协会，而非国内贸易部。基于上述事实，保定市工商局认定，××电子有限公司对其××牌手表所获"金桥奖"的颁奖单位及"全国销售量第一"的统计单位作不真实的宣传的行为，违反了《反不正当竞争法》第九条第一款的规定，对该公司作出责令停止违法行为，消除影响，并罚款2万元的行政处罚。

夸大功效，名不副实

2013年6月，某市路南区工商局接到消费者投诉，两位退休夫妻在某超市因听信了促销员宣传的××牌阿胶"固元膏"能"治疗哮喘、痛风，尤其对老年人具有补血、延缓衰老之功效"，花费3 360元购买了20盒产品。回家使用后，两位老人感觉该产品就是普通的食品，没有什么特殊功效，与当初购买时商家介绍的情况不符。10月20日，老人找到商家要求退货被拒绝。后老人又多次找商家协商，商家均以食品没有质量问题为由，拒绝为他们退货。于是，老人到路南区工商局进行投诉。工商局立即对该案件展开调查，发现该产品宣传单印刷的文字中有："固元膏适合妇女、中老年人食用，补血、补肾，治疗哮喘、痛风，特别适合糖尿病病人食用"等宣传用语。工商局指出，根据《食品安全法》规定："食品和食品添加剂的标签、说明书上所载明的内容，不得含有虚假夸大的内容，不得涉及疾病预防、治疗功能"。经过批评教育，商家为消费者无条件退货，返还3 360元购货款，并按照《消费者权益保护法》的规定给付3 360元的赔偿金。

乱标药效,忽悠顾客

2006年8月3日,××工商局在市场巡查中发现××日化厂生产并销售的"田七"特效中药牙膏包装盒上标示:田七又名"金不换",为历代名医所称颂的名贵中药。通过现代科技提取出丰富的田七精华——田七总皂苷,具有散血止痛、消炎抑菌之功效,长期使用更能强化牙龈、牙质,使之更健康;能有效改善及预防虚火牙痛、牙龈出血、牙本质过敏、口腔溃疡、牙菌斑等宣传预防和治疗疾病内容的宣传用语。经核查,该牙膏属日化用品非药品,其预防和治疗疾病的宣传未经国家法定部门核准。××工商局依据《反不正当竞争法》第24条第1款的规定,责令当事人停止违法行为并消除影响,罚款人民币1万元。

其六,侵犯商业秘密行为。

商业秘密是指不为公众所知悉,能为权利人带来经济利益,具有实用性并经权利人采取保密措施的技术信息和经营信息。侵犯商业秘密行为是指以不正当手段获取、披露、使用他人商业秘密的行为。经营者不得采用下列手段侵犯商业秘密:

(1)以盗窃、利诱、胁迫或者其他不正当手段获取权利人的商业秘密;

(2)披露、使用或者允许他人使用以前项手段获取的权利人的商业秘密;

(3)违反约定或者违反权利人有关保守商业秘密的要求,披露、使用或者允许他人使用其所掌握的商业秘密。

第三人明知或者应知前款所列违法行为,获取、使用或者披露他人的商业秘密的,视为侵犯商业秘密。

从企业管理角度看,商业秘密是企业重要的无形资产,对企业在市场竞争中的生存和发展有着重要影响。一旦企业的商业秘密被侵犯,其损失往往不可估量,远非诉讼赔偿能够弥补。因此,要从管理的源头入手,建立专有信息内部控制制度,制订保密制度,采取保密措施,还要加强企业文化与员工保密意识的宣传和引导。

【案例分析】 阅读下面的案例,掌握侵犯商业秘密行为的特征,避免采取此类经营方式。

盗用资料,窃取秘密

2001年2月,A电器有限公司向苏州市工商局投诉称:A公司在1998年开始开发JC302手提吸尘器,从制订开发计划书到通过评审、试装报告、认定加工厂,经历了7个月的时间,至1999年5月投产,目前已获利润800万~900万元。2001年初,A公司二分厂厂长潘某跳槽到B电器有限公司任总经理。他盗用A公司的技术资料,生产与A公司开发的JC302相似的PRINESS牌手持吸尘器,B公司和潘某的行为侵犯了A公司的商业秘密,损害了其经济利益和竞争优势。苏州市工商局经调查认为,B公司所使用的经营和技术信息与A公司的商业秘密具有一致性和相同性。同时,B公司有获取A公司的商业秘密的条件;而B公司不能提供其使用的经营和技术信息是合法获得的证据。因此,苏州市工商局认定B公司的行为构成侵犯商业秘密行为,依照《反不正当竞争法》第25条规定,责令B公司停止违法行为,并处5万元罚款。

其七,低价倾销行为。

低价倾销行为是指经营者不得以排挤竞争对手为目的,以低于成本的价格销售商品。低价倾销违背企业的生存原理及价值规律,在市场竞争中往往引发价格大战、中小企业纷纷倒闭等恶性竞争事件,甚至导致全行业萎缩的严重后果。《价格法》第14条规定,经营者不得为排挤竞争对手或独占市场,以低于成本的价格倾销,扰乱正常的生产经营秩序,损害国家利益或者其他经营者的合法权益。如果由于特殊原因而低于成本价格销售商品,则不构成低价倾销

行为,即四种情况属于例外:

(1)销售鲜活商品;

(2)处理有效期限即将到期的商品或者其他积压的商品;

(3)季节性降价;

(4)因清偿债务、转产、歇业降价销售商品。

【案例分析】 阅读下面的案例,掌握低价倾销行为的特征,避免采取此类经营方式。

打价格战,害人害己

京东自面市以来,多次发动价格战。淘宝网、当当网、苏宁易购均成为它的狙击目标。然而,在声势浩大的价格战背后,京东却要独自舔舐连年亏损的伤痛。京东2012年上半年业绩报告显示,销售额同比增长超过120%,GMV(交易额)同比增速161%。电商价格战无疑为靓丽的销售额做出了不可磨灭的贡献,但同时也给京东留下了不能忽视的伤疤——在业绩报告中有一个至关重要的数字依旧比较难看,即净利润为负。全面铺开的物流建设固然消耗了京东的大部分资本,但是永不间断的电商价格战也是侵蚀其利润的"害虫"。而事实上,像京东一样的电商不止一家。目前国内能盈利的电商几乎为零。在一轮又一轮脱离秩序和规则的电商价格大战中,电商真正欺诈的是它们自己。在毫无利润可言的情况下,200%、300%甚至500%的销售额不过是泡沫。用价格战掠夺过来的市场份额同样不靠谱,消费者手中的鼠标随时都可能跑偏。继商务部给电商价格战定下的欺诈"罪名"之后,2012年9月初,国家发改委对京东、苏宁和国美发动的欺诈性的价格战进行了处罚。

其八,强行搭售行为。

强行搭售是指经营者出售商品或者提供服务时,违背对方的意愿,强行搭售其他商品,或者附加其他不合理条件的行为。"其他不合理条件"是指除搭售以外的不合理的交易条件,如限制转售区域、限制技术受让方在合同技术基础上进行新技术的研制开发等。

【案例分析】 阅读下面的案例,掌握强行搭售行为的特征,避免采取此类经营方式。

强制搭售,反被处罚

2011年11月,桂林市工商局××工商所接到消费者袁某的投诉信,反映桂林市一家汽车销售公司在销售汽车时,强行搭售车载DVD、导航仪等配件,要求该公司给予退货。经调查,该公司在销售紧俏的车型时,违背购车者的意愿,搭售DVD、导航仪等汽车装饰用品的行为,属于《反不正当竞争法》和《广西反不正当竞争条例》规定的强制搭售商品行为。桂林市工商局责令该公司改正违法行为,并对其做出了行政处罚。

其九,不正当有奖销售行为。

不正当有奖销售行为是指经营者在销售商品或提供服务时,以欺骗或其他不正当手段,附带提供给用户和消费者金钱、实物或其他好处,作为对交易奖励的行为。有奖销售本来是促销方式的一种,对吸引顾客、提高产品和经营者的知名度、扩大市场份额具有一定的积极作用。其方式大致可分为奖励所有购买者的附赠式有奖销售,以及奖励部分购买者的抽奖式有奖销售。但有奖销售毕竟不同于产品质量、价格和服务的竞争,而是基于利诱来扩大产品市场的推销方式,如果采用不正当的有奖销售则很可能导致不正当地吸引顾客,损害公平竞争的市场环境。《反不正当竞争法》对有奖销售采取了允许但限制的态度,国家工商行政管理局《关于禁止有奖销售活动中不正当竞争行为的若干规定》进一步细化和明确了有奖销售的规定。下列不正当的有奖销售方式受到法律禁止:

(1)谎称有奖销售或者对所设奖的种类,中奖概率,最高奖金额,总金额,奖品种类、数量、

质量、提供方法等作虚假不实的表示;

(2)采取不正当的手段故意让内定人员中奖;

(3)故意将设有中奖标志的商品、奖券不投放市场或者不与商品、奖券同时投放市场;故意将带有不同奖金金额或者奖品标志的商品、奖券按不同时间投放市场;

(4)抽奖式的有奖销售,最高奖的金额不得超过5 000元。以非现金的物品或者其他经济利益作奖励的,按照同期市场同类商品或者服务的正常价格折算其金额;

(5)经营者利用有奖销售手段推销质次价高的商品;

(6)其他欺骗性有奖销售行为。

目前,一些经营者在商业促销中挖空心思,在有奖销售上大做文章,企图钻法律的空子或规避法律,从事不正当的有奖销售活动。比如在抽奖式有奖销售中,避开直接付现金或给物品,而是提供名目繁多的活动(如免费旅游),或是提供一些贵重物品(如汽车、房屋)的长期使用权等。上述奖品的价值以同期市场同类服务的正常价格折算,往往远远高于《反不正当竞争法》所限定的最高限额,因此,同样要受到《反不正当竞争法》的规范。

【案例分析】 阅读下面的案例,掌握不正当有奖销售行为的特征,避免采取此类经营方式。

有奖幌子,黑心赚钱

××百货公司是某市一家资格比较老的百货公司,在市场经济竞争中一直效益不太好。为扭转这种状况,该公司想出了一个办法,即将积压商品以有奖销售的方式高价卖出去。××百货公司的经理孙某认为,消费者都有一种贪小便宜的心理,完全可以加以利用。于是,××百货公司就分发、张贴有关有奖销售的广告,广告中称奖品有彩电、冰箱、洗衣机、收录机、自行车以及其他小家电,只需要购买10元钱的商品就可以获得奖品。广告果然吸引了许多消费者前来购买商品。可是,中奖的消费者回家一试才发现,所获得的奖品都不能正常使用,于是纷纷要求退货或者换货。然而,××百货公司却推脱奖品是不能换的。于是,消费者纷纷向市工商行政管理局投诉。市工商局经调查核实,发现该公司从其他公司购进了本来应该销毁的伪劣家电和降价处理的次品百货冒充正品搞有奖销售。依据《反不正当竞争法》第13条关于利用有奖销售的手段来推销质次价高商品的规定,该公司构成了不正当竞争行为,损害了消费者的合法权益,同时对正常的市场竞争秩序造成了危害,应当承担相应的法律责任。工商局责令××百货公司用合格商品置换所有伪劣家电,并将伪劣商品全部销毁;由××百货公司在本市范围内对消费者予以公开道歉;并处以罚款10万元。

重重大奖,实则违法

某饮料公司于2005年1月开始在多个省市区发布"××果汁3次连环中大奖"的宣传页对其生产的××果汁进行有奖销售活动。按照该公司的宣传,凡在活动期间购买该公司生产的××果汁可有三次中奖机会:第一重奖是:买一箱(24瓶)该饮料可获刮刮卡一张,即刮即中,一等奖是价值500元的遥控直升机一架;二等奖是价值10元的回力玩具车一辆。第二重奖是:集够10个该饮料的拉环可获某明星签名照片一张。第三重奖是:集够10个拉环除寄回某明星签名照片,还可参加每两个月的大抽奖:一等奖是价值5 000元的台式电脑,二等奖是价值2 000元的数码相机,三等奖是时尚随身听。某市工商局对该公司的上述有奖销售活动进行调查,认定该公司的行为属于《反不正当竞争法》第13条第3项所指的不正当竞争行为,依据《反不正当竞争法》第26条的规定,对该公司做出了罚款1万元的行政处罚。

其十,诋毁商誉行为。

诋毁商誉行为是指经营者捏造、散布虚假事实，损害竞争对手的商业信誉、商品声誉，从而削弱其竞争力的行为。商誉是市场对经营主体名誉的综合性进行评价，它是经营者长期努力追求、刻意创造，并投入一定的金钱、时间及精力才取得的，良好的商誉本身就是一笔巨大的无形财富，最终又通过销售额、利润等有形的形式回报经营者。实施诋毁商誉行为，一般是通过广告、新闻发布会等形式捏造、散布虚假事实，使用户、消费者不明真相产生怀疑心理，不敢或不再与受诋毁的经营者进行交易活动。若发布的消息是真实的，则不构成诋毁行为。

【案例分析】 阅读下面的案例，掌握诋毁商誉行为的特征，避免采取此类经营方式。

自提身价，打压同行

福建A公司是一家生产、销售保健食品的企业，其主要产品是"A鳗钙"；B公司也是一家生产保健食品的企业，其主要产品是"B鳗钙"。两家公司是当地直接的竞争对手。2011年，B公司在报纸等媒体和散发的广告宣传单上宣称"B鳗钙，国家卫生部批准的唯一鳗钙类法定补钙保健食品"；"未经卫生部正式批准的是一般补钙食品"。B公司还散发了题为"最近，我很烦"的广告宣传单，称"妈妈前几天给我买回一盒A鳗钙，居然没有买B鳗钙！吃起来，口感差，又不舒服。我真的很烦！后来妈妈发现，原来这些鳗钙并没有通过国家卫生部的批准，不能用来补钙，甚至没有通过安全性毒理性检验，其质量及服用后的安全性难以保证。我对妈妈说，下次一定给我买B鳗钙"。A公司认为B公司的行为足以误导普通消费者对"A鳗钙"产生错误的认识，并对国内鳗钙产品研制的领先权、技术力量等方面产生误解，损害了自己的合法权益，遂起诉至法院。法院经审理认为，一方面对自己的商品进行不真实的虚假宣传，另一方面排除他人的鳗钙保健食品的合法性，B公司直接损害了A公司的商业信誉和A鳗钙的商品声誉，构成不正当竞争行为，责令B公司立即停止侵权，赔礼道歉，赔偿损失25万元。

为求捷径，胡编乱造

2001年3月，刘某在上海创立"巴比点心店"，2004年4月申请变更为上海巴比餐饮管理有限公司，发展连锁经营，开设了十几家分店。2004年7月，刘某向商标局申请注册"巴比"商标。同年7月，以耿某为法定代表人的科比食品有限公司注册成立，以招募加盟店的形式开展经营，其《招商指南》上有醒目的"科比"卡通形象标识及"巴比馒头"字样。科比食品公司共招募了14家加盟连锁店，店招正中位置有醒目的"科比"卡通形象标识及"巴比馒头"字样，以及"巴比馒头新形象，仿冒必究"字样。此外，科比食品公司网站也有"科比"卡通形象标识及"巴比馒头"字样，网站的主要内容是宣传和推广名为"巴比馒头"的产品，进入网站的"巴比馒头社区"栏目，有一篇题为"孰真孰假，尝尝就知道——巴比馒头创始人有话要说"的文章，主要内容是刘某和耿某起初合伙经营，主要依靠耿某的精湛技术，但经营红火后，刘某不给耿某分红，耿某于是自己创办科比食品公司，刘某的巴比餐饮公司的生意下滑，科比食品公司经营的才是正宗的巴比馒头。巴比公司发现科比公司网站上的故事纯粹属于捏造，而科比公司作为2004年7月新成立的公司却在市场上利用已经具备较高知名度的"巴比"名称大肆招募加盟，具有明显的"搭车"故意，造成众多消费者的混淆和误认，其行为是不正当竞争，故起诉至法院。法院经审理后判令科比食品有限公司立即停止侵权，公开登报道歉，消除不良影响，赔偿巴比餐饮公司损失2万元。

其十一，串通招投标行为。

串通招投标是指投标者串通投标，抬高标价或者压低标价；投标者与招标者相互勾结，以排挤竞争对手公平竞争的行为。《关于禁止串通招标投标行为的暂行规定》列举的投标人与招标人串通投标行为的主要表现包括：招标者在公开开标前开启标书，并将投标情况告知其他投标者,或者协助投标者撤换标书,更改报价;招标者向投标者泄露标底;投标者与招标者商定,在招投标时压低或者抬高标价,中标后再给投标者或招标者额外补偿;招标者预先内定中标者,在确定中标者时以此决定取舍;招标者与投标者之间其他串通招投标行为。市场竞争机制的一个重要功能就是准确反映市场供求关系,优化资源配置,引导经营者正确决策。由于串通招投标行为是为了通过限制竞争来谋取超额利润。因此,它不仅直接损害了有关投标者的合法权益,而且还损害了招标者的利益,妨碍了竞争机制应有功能的充分发挥,误导了生产和消费,同时也会助长腐败现象蔓延。根据《反不正当竞争法》第27条的规定,串通招投标,其中标无效,监督检查部门可以根据情节处以1万元以上20万元以下的罚款。

【案例分析】 阅读下面的案例,掌握串通招投标行为的特征,避免采取此类经营方式。

串通投标,中标无效

2006年12月,A建筑装潢公司与B建筑安装工程总公司、C建筑工程公司一起参加××中学宿舍楼建筑工程招标,该市建设局向B、C公司泄露标底,二者串通压低标价,排挤A公司,最终B公司中标。A公司遂起诉至法院,请求法院判决确认B公司中标无效,B、C公司赔偿A经济损失58万元。B、C公司辩称编制工程预算书只是业务人员之间个人行为的善意协助,没有串通投标。法院经审理认为,B、C公司构成了串通投标的不正当竞争行为,其中标无效;A公司要求赔偿经济损失的诉讼请求证据不足,法院不予支持。

从广义上讲,对不正当竞争行为的规制,除了《反不正当竞争法》本身以外,还包括相关的法规性文件和其他相关法律中的相关条款,如《消费者权益保护法》《广告法》《价格法》等。《消费者权益保护法》于1994年1月1日起施行,与《反不正当竞争法》的出台、实施仅相差一个月时间,前者从维护消费者权益的角度制定了禁止不正当竞争的条款,而后者的主要着眼点是维护经营者的合法权益,这是两者之间的主要区别。发布虚假广告是一种最常见的不正当竞争行为,《广告法》从规范广告的角度制定了禁止不正当竞争的条款。价格是进行市场竞争的一个重要手段,不正当的价格行为是构成不正当竞争的主要内容之一,因此《价格法》中许多条款涉及禁止不正当竞争。

{联系实际} 社会中存在哪些不正当竞争行为?这样带来的短期与长期后果是什么?

3.2 企业参与公平竞争的法律保护

3.2.1 常见的合同纠纷与处理方法

【导入案例】 2006年夏季,A果品公司因市场上西瓜脱销,向B农场发出一份传真:"市场因西瓜脱销,贵方如有充足货源,我公司欲购十个冷冻火车皮。望能及时回电与我公司联系协商相关事宜。"B农场因西瓜丰收,正愁没有销路,接到传真后,喜出望外,立即组织十个车皮货物给果品公司发去，并随即回电："十个车皮的货已发出，请注意查收。"在 A 果品公司发出传真后、农场回电前，外地西瓜大量涌入，价格骤然下跌。接到 B 农场回电后，A 果品公司立即复电："因市场发生变化，贵方发来的货，我公司不能接收，望能通知承运方立即停发。"但因货物已经起运，B 农场不能改卖他人。为此，A 果品公司拒收，B 农场指责果品公司违约，并向法院起诉。

{想一想} 本案的纠纷是由于谁的原因导致的？A 果品公司是否要承担违约责任？

法律建议参考：双方发生纠纷的原因是 B 农场没有理解要约和要约邀请的区别。根据《合同法》第 15 条，A 果品公司给农场的传真是询问农场是否有货源，希望农场回电通报情况，具有要约邀请的特点。B 农场没有按果品公司的传真要求通报情况，在直接向果品公司发货后，才向果品公司回电的行为，不具有承诺的性质。在此情况下，若 A 果品公司接收这批货，合同就成立。但由于果品公司拒绝接收货物，故此买卖合同不成立。A 果品公司无须承担赔偿责任。

A 棉纺厂与 B 贸易公司签订一份棉花买卖合同，合同约定 B 贸易公司向 A 棉纺厂提供未经精加工的去籽棉花 100 吨，依合同约定执行国家定价，并规定违约者应支付违约金。在合同执行中，B 贸易公司因单方主观上的原因迟延 20 日交货，在此之前正好赶上市场上调整棉花收购价，调整后的棉花收购价比以前有所提高。B 贸易公司提出按照提价后的棉花收购价付款，A 棉纺厂不同意，认为 B 贸易公司延迟交货，负有违约责任，应仍按原定价格支付货款。B 贸易公司不同意，拒绝交货，A 棉纺厂遂诉至法院。

{想一想} A 棉纺厂是否应该按照 B 贸易公司的要求，按照提价后的收购价付款？

法律建议参考：A 棉纺厂应按照合同约定的原价格付款。因为 B 贸易公司未按合同约定的时间交货，属于逾期交付标的物的行为。按照《合同法》第 63 条规定："执行政府定价或政府指导价的，在合同约定的交付期限内政府价格调整时，按照交付的价格计价。逾期交付标的物的，遇价格上涨时，按原价格执行；价格下降时，按照新价格执行。逾期提取标的物或者逾期付款的，遇价格上涨时，按照新价格执行；价格下降时，按照原价格执行。"B 贸易公司由于自身的原因延迟交货，本身已违约，应继续履行交货义务，支付违约金，妄求从中牟利的行为是没有法律依据的。

企业之间的合同行为,是一个多环节的过程,起源于谈判,开始于签约,实现于履行,结束于履行完毕或意外终止,最终一般逃不出"皆大欢喜"或"不欢而散"的结局。合同纠纷是指因合同的生效、解释、履行、变更、终止等行为,引起合同当事人的争议。合同纠纷的内容主要表现在合同当事人对于导致合同法律关系产生、变更与消灭的法律事实以及法律关系的内容有着不同的观点与看法,纠纷的范围涵盖了一份合同从成立到终止的整个过程。企业对外进行经营活动,都是以合同为载体与客户、供应商等发生经济关系,如果产生合同纠纷,那么企业通过完成交易正当获取利润的初衷就无法实现,还会造成其他经济损失。因此,在订立到履行合同等一系列的过程中,有效规避、预防以及处理合同纠纷显得尤为重要。本部分主要以企业常用的买卖合同为例,阐述如何在合同行为上进行自我法律保护。

首先,对于合同风险的防范,实际上在订立合同之前就已经开始了,我们称之为"先合同义务",即在缔约的过程中,双方要基于诚信原则负告知、协力、保护、保密等义务。在谈判磋商时,企业要注意防范以下风险,保护自己的合法权益:

(1)防范恶意订立合同的风险。有时竞争对手会冒用签订合同的名义与对方进行多轮次的交谈,试图了解对手的各种信息,例如了解目标企业的大小、资金规模、人员状况、经营状况、财务状况、后期安排等。这些信息通常会在与对手的假冒谈判中采用问题的方式提出来,这些信息如果被竞争对手恶意获得,将对自己产生不利的影响。因此,企业在合同谈判中要有策略、有步骤、有敏感问题预警意识。

(2)防范商业秘密泄露。上面提及了恶意的谈判磋商,但是许多的谈判对象也不一定在磋商时即存在恶意,突发的过失也有可能导致企业商业秘密的泄露。即使谈判对象进行商谈时善意获得商业秘密,今后也可能使用商业秘密或将商业秘密泄漏出去。因此,企业在合同谈判中要严格遵守商业秘密保密制度,切忌急于求成而泄露商业秘密。最有效的方法是企业在与谈判对象进行磋商之前,即签署保密协议。该保密协议的签署使得与其磋商的任何当事方首先能将商业秘密的保守义务的重要性了熟于心,既为恶意磋商的人敲响了警钟,又为可能过失泄密的人提了醒。保密协议不是万能的,但保密协议的签署无疑为界定各方的权利与义务设定了标准和责任,可谓有百利而无一害。

其次,合同订立过程中的风险,主要集中在要约、承诺的风险防范。要约是希望和他人订立合同的意思表示,也称为"发价"或"发盘",其内容具体、确定,一经受要约人承诺,要约人即受该意思表示约束。承诺是受要约人按照指定的方式,在有效的时间内,向要约人做出同意要约内容的意思表示,称为"接受"或"收盘"。承诺不得对要约内容做出实质性变更,否则视为新发出要约,原要约失效。合同当事人不断地磋商、讨价原价的过程,就是通过要约、反要约,直至承诺的过程来实现的。明白了这一过程,就能清楚地把握合同订立过程中容易出现的风险点。

(1)要约的风险防范。合同的达成往往需要经历交易双方的多轮谈判,特别是内容重大、结构复杂的合同。双方在讨价还价中会不断地调整各自的最大利益和退让底线,因此,在谈判过程中应当特别注意,避免使不合自己利益初衷的意思表示产生法律约束力。如果发出条件的目的只是想探询对方是否有合作的意愿,则应斟酌词句,避免使其成为要约,因为要约不得任意变更和撤销,对方一旦接受,合同即告成立,要约中的内容便成为要约人在合同项下的义务,若不履行,则构成违约。因此,若没有一经对方接受便受法律约束的意图,则应做成要约邀请,明确提示"此件仅为要约邀请,不具法律约束力"等字样。如果市场行情十分乐观的情况下,企业想抓住一切可以订立合同的机会,则应当将全部的要约内容予以明确,并明确表示"此要约不得更改,一经更改,要约失效"等字样,如果承诺方对要约进行非实质性更改,要约仍然有效,合同成立,合同内容以承诺方的承诺为准。一个典型的买卖合同包括货物的数量、货物的价格以及货物可以交付的时间。以上三者双方达成一致,合同就能成立,其他的条款可以通过商业习惯及法律规定予以补充。

(2)承诺的风险防范。第一种情况是,机会的把握对企业来说十分重要,稍纵即逝的商业机会意味着金钱利益的损失或得利,如果当事人希望承诺立即生效,则应当符合承诺的时间条件与方式条件;如果要约明确了承诺的时间条件,则承诺人应当在约定的时间内做出明确的意思表示,否则就丧失了订立合同的机会;如果要约没有明确承诺的具体时间,承诺人应当根据交易习惯在合理的期限内做出回应。承诺的方式存在很多种,如今即时通信技术发达,使用电话、传真、e-mail等通信方式,承诺能零时间到达要约人系统;如果承诺以信函的方式发出,则承诺的时间应当从发出信函的时间开始计算。第二种情况是,企业不希望自己立即受到承诺的限制,而希望能够留有充分的回旋余地,为下一步的谈判提供相应的筹码。如果有上述考虑,企业可以采用以下方式避免风险的发生:实质性地改变原要约的内容,发出新要约,当然这种方式又回到了上述要约的风险点上。如果承诺已经发出,企业可以撤回,撤回承诺的通知应当在承诺通知到达要约人之前或与承诺通知同时到达要约人,显然撤回信函方式的承诺比撤回即时通信方式的承诺容易得多。此外,法律规定合同订立的方式可以是书面的、口头的,当然也可以是以自己的行为做出某项意思表示,企业如果不愿意立即订立合同,那么至少在采取任何行为时应当谨慎从事,注意不要以事实或行为成为承诺的意思表示。

【案例分析】 阅读下面的案例,思考企业应如何处理因要约和承诺带来的合同纠纷。

A公司因建造一栋大楼,急需水泥,向B、C、D三家水泥厂发出函电,称:"我公司急需标号为150型号的水泥100吨,如贵厂有货,请速来函电,我公司派人前往购买。"三家水泥厂在收到函电之后,都先后向A公司回复了函电,在函电中告知它们备有现货,且告知了水泥的价格,而C水泥厂在发出函电的同时,也派车给A公司送去了50吨水泥。在该水泥送到之前,A公司得知B水泥厂所产的水泥质量较好,且价格合理,因此,向B水泥厂发去电函,称:"我公司愿意购买贵厂100吨150型号水泥,盼速发货,运费由我公司承担。"在发出函电后第二天上午,B发函称已准备发货。下午,C水泥厂将50吨水泥送到,A公司告知C水泥厂,它已决定购买B水泥厂的水泥,不能接收C水泥厂送来的水泥。C水泥厂认为A公司拒收货物已构成违约,双方协商不成,遂向法院起诉。

{想一想} A公司是否构成了违约?C水泥厂的损失应该由谁来承担?

法律建议参考:在本案中,A公司向三家公司发函属于要约邀请,询问三家水泥厂的报价。因此,C水泥厂的发货行为不构成承诺,其与A公司间的买卖合同不成立,A公司没有义务接受C水泥厂送来的货物,损失由C水泥厂自行承担。由此可见,不能盲目为了抓住市场机会而忽略合同的法律要素,否则得不偿失。

【拓展资讯】 企业应如何进行合同谈判管理?

☞ 谈判准备阶段

1. 谈判机构应当收集对方的基本资信情况。主要通过调查对方在工商行政管理局登记备案的资料来进行,这些信息应当包括对方的名称、法定代表人姓名、法定代表人签名及印鉴备案情况、企业印鉴备案情况、股东组成情况、注册资金情况、年检情况、资产情况、债权债务情况、企业资质,还可以要求对方提供其营业执照副本原件、企业信用登记证书等可以证明其资信情况的证件。重大项目资信收集,还应当作一些适当的社会调查。

2. 设计谈判预案。将对方在谈判中开出的条件尽量考虑全面,然后设计最高条件和最低条件,也就是答应对方条件的上限和下限。设计的谈判预案是正式谈判中必须遵守的基本条件。

☞ 正式谈判阶段

应当主动向对方出示能够证明自己资信情况的上述证件,一则让对方了解自己,另外也通过这种方法促使对方主动出示,避免因单方索要而产生尴尬和不愉快。重大项目的谈判,必须核实对方企业的基本情况包括:

1. 对方企业的规范名称。

名称应当以工商登记注册的名称(即营业执照上登记的名称)为准,如果对方所使用的企业印章与营业执照上记载的规范名称不一致,多一个字少一个字,谈判人员应当指出并拒绝承认该印章,除非其在工商管理机关登记备案的也是这枚印章,以防止在纠纷产生时发生"张冠李戴"的情况。

2. 法定代表人。

法定代表人应当以营业执照上登记的姓名为准,不能轻信对方提供的其他证明,如名片。如果法定代表人亲自参加谈判,应当验明其身份证。

3. 代理人。

如果法定代表人委托他人参加谈判,应当出示法定代表人签名和加盖企业印章的委托书,谈判人员应当审核对方身份证以核实其是否确系委托书上载明的受委托人(代理人)。委托书上的委托权限应当包含谈判内容,委托期限应当包含谈判时间。要做到怀疑名片、怀疑复印件(含传真件)、怀疑介绍信、怀疑熟人。

还要注意,未经请示的个人意见不得在谈判桌前发表。不得因谈判事项超出谈判预案,谈判人员先擅自表态,让对方认为这就是公司意见,然后再请示,再以个人意见领导不同意为由,推翻原先表态。因此,在谈判中的确有新情况出现同时谈判预案没有涉及的情况下,谈判人员只能非常谨慎地表示"对此,我只能发表个人意见,不代表公司,公司意见我们将在下次跟您沟通"。

☞ 谈判完成阶段

1. 书面形式。

把谈判经过形成书面文件如谈判纪要,让对方签字盖章;谈判成功后,要把谈判成果以书面形式记录下来,双方签字确认,还可以通过录音来记录谈判过程。书面形式的作用除了备忘外,在发生纠纷时,保存了追究对方责任的依据。

2. 确认其他资料。

对方向自己提供的有关企业介绍、产品介绍、项目介绍等资料,凡是可能对正式签订合同产生影响的文件,应当要求对方在文件上签名或盖章。

谈判完成后,当事人都会起草、签订书面协议。通常情况下,承诺生效时合同即成立,书面协议并不是法律规定的合同成立要件,现实生活中很多长期合作的企业或信誉高的企业,也会严格履行口头合同。但双方当事人最好约定以书面形式签订合同,特别是复杂的交易因包含了很多细节问题,需要书面条款一项一项地落实,同时也避免了口说无凭,在发生争议时能找到法律依据。书面形式中,合同内容所明确的双方的权利与义务是通过合同条款设计来实现的,可以说合同条款设计缺陷是合同法律风险最主要的产生途径。

(1)合同主要条款设计。

合同主要条款,是指合同必须具备的条款,若双方当事人没有约定,则合同不能成立。合同主要条款决定着合同的性质、双方当事人最核心的权利与义务。一般而言,主要条款根据合同的性质和类型,由当事人约定,一般包括当事人的名称或姓名和住所、标的、数量、质量、价款或报酬、履行期限、地点和方式、违约责任、争议解决方法。

合同标的条款:要使用标的物的正式名称,即标准学名,而且要用全称;写明商品商标;注意同名异物和同物异名的情况;写明标的的品种、规格、花色及配套件。

合同数量条款:一些无法直接用数字表述数量的合同,要明确约定一种数量计算方法;一些长期供销合同里,通常以需求方通知确定每次的实际数量,但如果需方突然大幅增加数量,将导致供方无法满足而违约,这类合同可以约定单次需求数量超过某一上限不算违约。

合同质量条款:验收事项约定要明确,如验收地点是在交货方所在地还是收货方所在地,验收不合格是否有权拒绝接收货物以及因此造成损害时如何承担,联合验收有分歧时如何处理等。质量认定的最终途径要明确,如双方就是否符合质量要求存在分歧,需要第三方的介入确定最终的质量认定;双方最好能约定一个具体的质量检测机构,否则可能出现就委托最终检测的第三方发生争议。委托检验的费用承担要明确,费用承担不明确,必然会出现谁委托、谁负担的情况,即使最终责任明确后可以要求对方承担,但企业资金的占用同样是将要面临的风险。

合同价款或报酬条款:计算方法约定要明确;不要只约定总价,当出现合同部分解除的情况,双方关于未履行部分所占合同总价的比例往往难以达成一致意见。价款支付方式要明确,如预付金额、支付时间、质量验收与支付的关系等。

合同履行期限条款:现实中义务的履行不是简单的行为,需要给当事人一定的期限,如付款会规定在几个工作日内完成。一些以特定行为完成为合同有效期的合同,履行期限难以精确规定的,最好约定最长履行期限,一旦对方延迟履行,则可以解除合同。

合同履行方式条款:企业在选择交易对方时,通常会根据交易需要衡量对方,保证具体对方亲自履行合同,能够有效保证合同顺利履行,当合同出现代为履行约定时,则可能给企业带来意想不到的法律风险,特别是在代为履行缺乏相应的限制时,法律风险值将更高。在设计合同、加工承揽合同等对当事人能力有特殊需要的合同中,要明确禁止代为履行。运输条款属于履行方式中非常重要的部分,在涉及运输的合同中,双方关于运输方式、运输费用承担、运输风险负担都要明确约定。

合同违约责任条款:"一方违约,承担违约责任或按法律规定承担违约责任"没有实际意义。对违约行为要考虑全面,如卖方的交货义务就应当根据延迟支付、不能交付、交付物品不符等分别约定违约责任;违约造成的损失计算方法要明确;当对方当事人违反合同义务达到一定程度,继续履行合同已经失去意义,要设定在某些违约情况下解除合同的权利。

合同争议解决条款:不同的地域对企业法律风险是不同的,企业对注册所在地的司法实践最为了解,若合同纠纷能够在该区域进行处理,则法律风险能够最有效地得到控制。因此,在合同中通过争议解决条款,约定有效的仲裁或诉讼管辖法院,是有效控制法律风险的重要环节。若约定在对方司法区域管辖,法律风险值通常比管辖约定不明的风险更高。在涉外合同中,约定在国外进行管辖或仲裁,争议解决的成本和难度将大幅上升,法律风险将更高。

合同主要条款,除当事人、标的、数量外,其他内容法律都规定了补正条款,即当事人没有约定或约定不明时的确定方法,法定补正方式使不确定性法律风险概率明显降低。

(2)合同次要条款设计。

次要条款法律未直接规定,也不是合同类型和性质要求必须具备的。一般而言,次要条款法律风险不是评估重点。如双方在有偿买卖合同中约定某项服务为免费提供,一旦因该服务发生争议,很容易被法院认定为次要义务或附随义务,判定该条款的争议不影响合同继续履行。在合同中详细约定合同的目的、生效条件、保密义务、不可抗力等次要条款的,对减少合同履行纠纷也具有重要作用。

根据《合同法》的规定,对于当事人在合同中没有约定或者约定不明的,按照《合同法》第61条的规定,可由当事人达成补充协议;当事人不能达成补充协议的,按照合同有关条款或者交易习惯确定。然而,按照《合同法》第61条的规定有时仍然难以确定,因此,《合同法》第62条具体规定了合同各项内容的确定问题:

√质量要求不明确的,按照国家标准、行业标准履行;没有国家标准、行业标准的,按照通常标准或者符合合同目的的特定标准履行。

√价款或者报酬不明确的,按照订立合同时履行地的市场价格履行;依法应当执行政府定价或者政府指导价的,按照规定履行。

√履行地点不明确,给付货币的,在接受货币一方所在地履行;交付不动产的,在不动产所在地履行;其他标的,在履行义务一方所在地履行。

√履行期限不明确的,债务人可以随时履行,债权人也可以随时要求履行,但应当给对方必要的准备时间。

√履行方式不明确的,按照有利于实现合同目的的方式履行。

√履行费用的负担不明确的,由履行义务一方负担。

【案例分析】 阅读下面的案例,思考企业应如何处理合同条款约定不明带来的纠纷。

2009年11月,A公司与B公司洽谈柑橘买卖,A公司采购部经理到B公司的柑橘基地观看了果粒后,达成了柑橘买卖合同。双方约定,A公司向B公司订购出口质量柑橘4 800千克,单价为2.50元;A公司提供纸箱、封口纸,B公司负责选果、包装、装车并办理特产税、准运证。双方还具体约定了果品的规格、质量、交货期限。合同签订后,A公司向B公司支付定金1万元,B公司随后派人到外地与其他果农联系购买柑橘合同。合同履行期间,A公司要求B公司按合同的约定进行选果、包装,但B公司要求A公司提供纸箱与封口纸并派人一起到外地提货,双方产生争议。同年12月,A公司派出员工、车辆到B公司柑橘基地自行选果,B公司人手不够,无法阻挡,A公司运走柑橘3 900千克,但未付款。后A公司向法院起诉,要求B公司承担不提供自产水果的违约责任。B公司辩称,A公司不提供纸箱、封口纸,并拒绝一起到外地提货,因此自己并不违约。

{想一想} 纠纷产生的根本原因是什么？B公司是否构成违约？A公司到B公司柑橘基地自行取果的做法妥当吗？

法律建议参考：纠纷产生的根本原因是双方对柑橘的来源，以及履行期限没有明确约定。由于在订立合同前，A公司采购部经理到B公司的柑橘基地观看了柑橘果粒，并在观看果粒后双方才订立合同，应当认定双方签订合同的默认前提是B公司提供的柑橘属于自产柑橘，这种情况应当属于交易习惯的一种，因此，B公司应当按照合同约定向A公司提供自产柑橘。同时，由于双方在合同中未明确约定履行期限，根据《合同法》第62条的规定，除给付货币、交付不动产之外，其他都在履行义务一方所在地履行。因此，合同的履行地点应当是B公司的所在地，B公司无权要求A公司赴外地接受履行。另外，A公司派人自行到B公司柑橘基地选取柑橘并拒付款项的行为也属于违约行为。

【拓展资讯】 企业应如何进行合同签约管理？

签约管理是整个合同管理的关键。根据《合同法》的规定，双方在合同上签字盖章，合同就开始发生效力。谈判仅仅是为签订合同做准备，而合同正式签订才表示合同真正的诞生。双方该做什么、不该做什么，都在这一阶段"敲定"，之后再发现问题想推翻重来，比登天还难，谁也不会愿意放弃已经获得的利益。因此，对这一阶段的管理至关重要。

☞ 合同草拟

草拟合同，应当由业务人员进行，并经过顾问律师的修改。对于常规的合同，一般企业都会事先设计好合同条款，然后留几处空白，根据谈判结果在空白处填上内容，就算合同完成。这种合同称为"空白合同"。对于这样的空白合同，在设计时，必须对本方的利益和如何制约对方的条款考虑全面。经常使用的空白合同，尽量由专业人员（如企业的法务部或顾问律师）草拟。空白合同的最后应该留一条为"其他约定事项"，以备根据特殊情况填写补充条款。

对于对方提供的空白合同，必须非常谨慎对待，里面往往包含合同陷阱。多制约别人，多给自己空间，这是每个人的基本心态，设计巧妙的空白合同，都会体现这一特点。因此，尽量不要使用对方事先设计的空白合同。在特殊情况下，合同金额不是很大，对方提供的空白合同还算公平，必须使用空白合同的，我们必须看懂合同的每一个条款，如果需要补充制约对方的条款，必须坚决在合同中补上去，不要因为对方说"是否加这条其实没有关系"而放弃。

☞ 合同审查

对草拟的合同，经过双方确认意思一致后，合同经办人应当将合同草稿及所有在资信调查以及谈判中形成的资料（包含前面说的对方提供的企业介绍、产品介绍等），提交企业合同审查部门审查，万不可为图省事而直接盖章了事。合同审查由法务部或顾问律师预审，最后由企业负责人根据专业人员的初审意见作终审决定。

合同审查的重点是对对方的制约是否严密，对方对自己的制约是否过于苛刻。"经济账"在合同谈判中早应该算清楚。当然，对方的资信问题，也是合同审查的重要内容。审查如果发现合同草稿需要修改、需补充谈判的，操作程序如前，直至最终审查通过。

企业应当尽量避免为了图省事在空白合同上先加盖合同章或企业公章，然后由谈判人员在谈判过程中填写，这样一来，合同审查制度便形同虚设。在确保安全的情况下，如果确需使用空白合同的，必须严格管理，并编号登记，领用人应当签字领用。因为商业上有一个惯例，那就是"认章不认人"，法律推定，盖章的合同是企业的真实意思表示，所以空白合同上填写上内容后，企业负责人事后即便发现问题，对方也有权不允许修改。

☞ 签字画押

这是签订合同的最后一道程序。在盖章前，如果打印的合同文本上有空格没有填写的，必须在两份合同上同时将空格划"—"，表示该内容双方没有约定。加盖的合同专用章或企业公章应当是在工商行政管理局备案的印章，其他如财务专用章、销售部、采购部印章都不可承认。如果因特殊情况，该企业改用新的印章而没有备案，则应同时让该企业的法定代表人或委托书上委托的人凭身份证明在合同上签字。

印章应当压在企业名称和签约日期上，如果合同有 2 页以上的，应当将合同文本装订好，并由双方在每页上盖章或在合同右边加盖骑缝章。合同有附件的，应当在最后一页合同文本上注明，并且合同附件也应当加盖印章。对打印的合同和空白合同中事先拟定好的条款，在签订合同时有涂改的，必须两份同时改，而且必须在涂改的地方由双方盖章确认。

☞ 合同装订

经过上述程序后，一份完整的合同就签订成功了，接下来的工作，就是将合同文本、谈判中形成的资料、合同附件（比如对方提供的产品说明书、清单等）、对方的身份资料（身份证复印件、营业执照复印件、委托书）等装订成卷或放入专用档案袋保存。在履行合同中形成的新资料，也一并放入卷中。

☞ 其他形式合同的特别管理程序

订单。在经常发生买卖业务的企业之间，为了简便操作程序，经常使用订单确定买卖关系，一般订单仅仅注明货物的种类、规格型号、数量及交货期限，很多重要内容都无法在一张订单中记载完全。因此，使用订单签订合同时，务必签订一份完整合同，并将合同编号，同时在合同中写明，"关于交货品种、数量及期限，由买方在要求供货前××日发订单通知"。以后每次发出订单时，在订单上注明"××号合同订单"、"本订单未约定事宜，根据××订单执行"。

利用传真、电子邮件、个人信函签订的合同，或者这些材料是合同组成部分的，应当要求对方在传真、电子邮件打印文稿及信函上签字盖章确认，以免将来发生争议。

最后，签订一个好的合同只是良好的开端，合同在履行过程中同样会存在很多不确定因素，容易发生显性法律风险。企业不能过于依赖完备的合同设计以及胜诉判决书，以至于造成很多在实践中无法挽回的损失。要加强对合同履行过程的事中控制，尽量避免发生问题，及时发现问题与解决问题。

（1）注意合同的法定期限和约定的期限。

《合同法》中许多法定权的行使都有明确的期限，超过该期限，行使权也就丧失了。所有这些期限的规定，对企业履行合同都是有相当大的影响的。因此，企业合同管理部门应定期翻阅和审核合同备案件，一旦发现问题，就及时向上级汇报，并采取相应的补救措施。例如《合同法》第 54 条规定："当事人一方因重大误解订立的或在订立合同时显失公平的，有权请求人民法院或者仲裁机构变更或者撤销;一方以欺诈、胁迫的手段或者乘人之危,使对方在违背真实意思的情况下订立的合同,受损害方有权请求人民法院或者仲裁机构变更或者撤销。具有撤销权的当事人自知道或者应当知道撤销事由之日起一年内没有行使撤销权的,则该撤销权消灭。"《合同法》第158条关于对产品数量和质量检验的规定:"当事人没有约定检验期间的,买受人应当在发现或者应当发现标的物的数量或者质量不符合约定的合理期间内通知出卖人。买受人在合理期间内未通知或者自标的物收到之日起两年内未通知出卖人的,视为标的物的数量或者质量符合约定,但对标的物有质量保证期的,适用质量保证期,不适用该两年的规定。"以上几个方面的撤销权期限,其实都是国家从法律上对受损方的一种法定的救济权的规定。如果合同履行过程中发现问题应及时行使撤销权。

(2)注意交付时的风险。

如果按照约定由供货方送货,必须由合同中注明的对方经办人签收货物,或者由经对方书面授权的其他人签收。接收支票时应注意对支票进行审查,在支票付款的情况下,有可能是购货方用别的单位的支票支付货款。实践中,只要支票是真实、有效的,一般都可以接受。接收支票时应重点审查收款人的名称是否正确、书写是否清楚、字迹是否潦草、大小写的金额是否一致、大写数字是否正确、印鉴(公章和法定代表人印章)是否清晰,如果是经过背书的支票,应审查背书是否连续、有无伪造变造的痕迹等,避免银行退票带来的麻烦和损失。出具收据和接收收据时,如果对方要求先出发票并挂账,应当让对方出具收条,并一定要在收据中注明"以上款项未付",该张收据就有了欠款确认书的作用。

(3)合同变更、转让管理。

合同双方权利与义务的变更,如标的、质量、数量、履行期限、履行地点、履行方式等,需要双方协商一致签订补充合同或条款方可有效。特别是货款支付问题,必须严格按照合同约定向对方以约定的付款方式付款。如果对方提出变更收款单位,必须由双方协商一致并签订补充条款作为原合同附件,由双方盖章确认后方可生效,必须杜绝仅凭单方变更通知即改变付款对象的情况。

(4)证据保存制度。

要妥善保管好合同的原件以及双方履行中往来的全部书面记录。合同的原件保管是非常重要的,这不但是合同履行的必要条件,更是索赔的最直接、最有力的原始证据。如果企业把合同的原件弄丢,则会使企业索赔处于非常被动的局面,甚至会导致无法进行索赔。许多合同的内容是企业不愿意公开的,也有些合同中会涉及商业秘密或者技术秘密。对这些合同的保管显得格外重要,建议可由签订了保密协议的人员负责保管。合同原件保管的时间越长越好,自合同履行完毕之日起计算不应少于2年。我国的民事纠纷期限也是2年,当然有些合同2年期限显然过短,尤其是那些重要的设备、工程安装、工程施工合同、房屋买卖合同等,这些合同的保管期限至少应等于或大于它的使用年限。

涉及合同签订或履行的重要电子邮件证据的收集要特别注意,不能擅自直接从邮箱下载删除,应尽量长时间地保存在邮箱服务器中,取证时需要由公证机关下载保存并打印,制作成公证书。涉及往来传真件必须及时复印加以保存。

【案例分析】 阅读下面的案例,思考企业应如何处理因合同履行带来的纠纷。

A百货公司(下称A公司)与B服装厂于2012年3月签订了购买3000套童装与3000套儿童连衣裙的合同,合同约定5月初交货。合同还对童装与连衣裙的式样、面料、花式、规格、质量等作了规定。合同订立后,A公司向B服装厂支付了20万元的预付款。同年4月30

日,A 公司向被告询问货物是否备齐,B 服装厂答复过完五一国际劳动节后由被告送货上门。5 月 4 日,A 公司因未收到货物,遂派人前往 B 服装厂处,发现 B 服装厂仅生产出 1 500 套童装和 1 000 套连衫裙,而大量的工人在生产另外的服装。A 公司提出因 B 服装厂已违约,于是决定将已做好的童装与连衫裙提回,其余的服装让 B 服装厂不要生产了。B 服装厂提出制作童装与连衫裙的面料已备齐,不能终止合同,最后 A 公司同意服装厂可于 5 月 20 日将货送至 A 公司处,否则因赶不上六一儿童节前的展销会,不必再发。5 月 20 日,B 服装厂未能将货送到,直到 5 月 28 日,B 服装厂告知原告,货已备齐,可直接将该批货物送至展销会会场,A 公司称合同已解除,拒绝收货,并请 B 服装厂退回 9.5 万元的货款。B 服装厂拒绝退款,A 公司遂向法院起诉,要求解除合同,退回货款,赔偿损失。B 服装厂辩称,该批服装是为 A 公司特别制作的,且在 5 月 28 日将货直接送至展销会会场,A 公司的要求是极不合理的。

{想一想} 在 B 服装厂违约的情况下,A 公司能单方解除合同吗?

法律建议参考:B 服装厂 5 月 28 日将货送至展销会会场,虽勉强赶上了展销会,但已超过 A 公司给予的 16 天宽限期,A 公司有单方面解除合同的权利。当事人在合同中已规定了合同的履行期限,债务人在履行期限届满后没有履行合同,则在债务人延迟履行以后,债权人给予债务人以合理的宽限期,在合理的宽限期到来时,债务人仍不履行合同,则表明债务人具有严重的过错,债权人有权解除或终止合同,对此《合同法》第 94 条第 3 款专门做出了规定。因此,本案争议的焦点并不是 B 服装厂 5 月 28 日送货是否影响了 A 公司展销目的的实现。合同 5 月 20 日解除以后,尚未履行的,终止履行。

{想一想} A 公司是否可以改进履约管理能力,减少损失?

法律建议参考:虽然 B 服装厂构成违约,A 公司可以解除合同,但也影响了自己的展销,丧失了一定的市场机会。反思这一案例,A 公司应该提高合同管理能力,如设计违约金条款,积极索赔;及时催告,给自己留有余地;发出解除合同的通知,表明态度;转让合同,另寻出路等。本案中,A 公司没有正式发出催告履行通知书,没有明确通知超过了 5 月 20 日解除合同。明明是对方违约,被违约方还要进行诉讼,增大了纠纷解决成本和消耗了精力。

催告履行合同通知书

致××公司：

　　我公司与你公司于××年××月××日订立××买卖合同。合同约定你公司应于××年××月××日向我公司交付。但你公司至今未向我公司依据合同约定进行交付。

　　我公司特致函你公司在接到本通知×日内向我公司进行交付。如在×日内你公司仍未依合同向我公司进行交付，我公司将依合同约定（或法律规定）解除合同。

　　特此函告。

××公司
年　月　日

【拓展资讯】 企业应如何进行合同履约管理？

　　在履行合同的过程中，可以预测的结果有两个——合同顺利履行和违约，这两个结果是可以变化的。有些时候，你可能履行得很"圆满"，但别人可能认为你违约了。而且单就违约来说，也是富于变化的，它可能是因对方的违约导致自己的违约，也可能是因自己的违约而导致对方的违约，还可能是单方的违约变成双方的违约。最常见的现象是，甲方违约了，但是乙方没有及时掌握证据，而乙方针对甲方违约采取了保护措施，被甲方掌握了证据，结果，由于乙方没有证据能够证明甲方有违约行为，采取的保护措施反倒变成了违约行为。例如，在买卖合同中，双方约定具体时间，甲方派船到某码头提货，在这个时间来临之前，乙方电话通知甲方无货可提，甲方愤怒地指责乙方违约并威胁要诉诸法院，在提货时间到达时，甲方也未派船到码头。对甲方未派船到码头的情况，乙方收集了相关证据。结果，乙方有证据证明甲方在这一天未派船提货，而甲方却没有证据证明乙方事先电话告知无货可提。如果诉诸法院，结果可想而知。这些都是合同履约管理的结果。合同履行中怠于管理，很可能会在这些变化中处于不利地位。履约管理应当以业务部门为主，多部门地协调配合进行，尤其是法务部门或顾问律师，在履约管理中应当发挥好指导作用。比如说，在遇到前面例子中说到的接到乙方电话通知时，法务部门或顾问律师就可以指导业务部门，要求甲方给一个"无货可提"的书面通知，如果对方不肯给书面通知，就可以指导业务人员再给乙方打一个电话，以确认是否真的无货可提，让对方把这个意思再复述一遍，并在通话中进行录音，这样就不会发生有理变为无理的情况。因此，有关人员应当通晓合同内容，合同重要条款要烂熟于心。合同义务（即哪些是该做的，哪些是不该做的）是双方履行的内容，合同权利（即哪些是可以做的）是合同双方自我保护的首要武器。

☞　履约准备

　　关于合同义务，合同各方都会约定一个履行期限，而且违反这个期限，合同一般都会约定违约金作为制裁措施，比如逾期付款违约金、逾期交货违约金、逾期竣工违约金等。按期履行是非常重要的，为确保在期限上不违约，在计划安排上要留有余地。如销售部门签订销售合同后，应当将每一期交货的数量和质量要求，在签订合同后最短的时间内通知生产部门，并在期限到期前反复催促。

☞　履行标志

　　履行合同一般都涉及交付问题，即将合同标的物（如买卖的货物、施工的建筑物、金钱等）怎么样才算交付完成？也就是说，履行的标志（履行凭证）是什么？在实践中，人们一般都以收货方在提货单（收货单）、送货单或验收单上签字为履行标志，也有以收货方向售货方开具入库单为履行凭证的,以说明履行已经完成。有些企业收到对方交付的货物后,由于各种原因(如时间上来不及等)仅仅清点了数量,而没有对货物的品质(质量)进行审验,却向对方开具了收货单、入库单,或在对方的送货单上签字,这样做实际就放弃了验货的权利,对自己是很不利的,失去了对产品质量提出异议的机会。

另外,一方向另一方支付货币的,应当尽量通过银行转账,并取得对方的售货发票;以现金方式结算的,必须同时取得售货发票。发票应当在收到现金或银行支付凭证(如现金支票、汇票等)的同时交付,因为发票既是纳税依据,也是收款收据。

履行标志可以由双方在合同中约定,也可以按照惯例执行,总之,一方向另一方交付合同标的物,必须取得一定的凭证;相反,没有完成标的物交付,就不能向对方提供履行凭证。

☞ 催告和异议

催告也就是催促对方履行合同,为下一步采取措施做准备。比如说,对方没有按时间交货,经过催告后还不交货,我方就有权利解除合同,即不再接受对方的货物,并有权进行索赔。

异议,也就是向对方就其履行合同的行为提出反对意见,使其履行合同的行为不成立,或者证明对方违约。如对方交付货物,接收货物的这一方经过验收后,发现货物质量不符合要求的,向对方提出质量异议。

☞ 证据收集和保守

履行合同中,对自己履行合同或对方违反合同的行为,要注意索要证据(比如前面说的履行凭证)、收集证据(如录音、调查等),而对自己履行合同要避免让对方抓住把柄而被人控制。比如前面说的催告和异议,你既然提出来了,那就一定要有证据证明你确实提出过,否则,发生纠纷后,你不能证明已经提出过催告或异议,从法律角度讲,就等于你没有提出过。

☞ 异常情况汇报

合同履行中出现的一些非常规问题,很多都涉及法律问题,操作技术性很强,并非业务部门所能独立解决。比如说,收到对方就产品质量提出的异议书怎么办?对方的产品在验收中提出质量不符合要求怎么办?企业应当建立履行合同异常情况汇报制度,业务部门应将履行合同中出现的非常规情况向法务部门、顾问律师或企业负责人汇报,请示应对措施。异常情况大致包括:自己有可能违约或已经违约,对方有可能违约或已经违约,收到对方的催告、异议、律师函或涉及法律问题的通知(如解除合同通知)等。

建立异常情况汇报制度是非常必要的,如果业务人员自己不精通法律,遇上情况又不汇报,非常容易给企业造成损失。例如,某企业收到对方交付的货物后,发现质量不符合要求,就打了一个电话给对方,让对方把这批货拉回去,重新换一批货。对方在电话中表示同意,但是一直没有兑现。业务人员也没有采取进一步的措施,而是把这批货放在仓库了事,心想反正你不换货我不付钱就是。岂料一年后,收到了法院送来的起诉状,对方状告自己收货不付钱,该企业到法院应诉称已经通过电话通知过质量不符合要求,所以拒付货款,但当法官要求出示已经通知过的证据时,企业哑然,官司的结果可想而知。如果该业务人员把这一情况及时向法务部门或顾问律师汇报的话,结局不会如此。

☞ 危机管理

危机管理是履约管理的一个组成部分,在合同履行中发生危机时,处理得当能够化险为夷;处理不当,将使危机演变成现实的损失。履行合同中的危机情况包括:自己有重大违约行为,或即将发生重大违约行为,该行为可能将直接导致索赔;对方有重大违约行为,或即将发生重大违约行为,可能将直接导致合同目的"落空";双方在合同履行中发生重大争议,事关谁承担重大违约责任问题等。总之,利益攸关的时刻,合同纠纷一触即发。

异常情况汇报是有违约可能就要汇报请示,而危机管理中说的违约则是指重大违约,是指对合同条款根本不履行或延期履行造成合同目的不能实现。比如说,买卖棉衣的合同中,推迟几天交货,不属于重大违约,只有当推迟交货时间过长,比如到了春天才交货,再接受货物已经没有意义时,这才构成重大违约。再比如说,对方在合同到期或未到期前,直接、明确地告诉"这个生意我不做了"。

重新回到谈判桌前是很理智的抉择,双方可以通过协商化解危机:变更合同;转让合同;行使先履行抗辩权、不安抗辩权,同时履行抗辩权;协商赔偿;向第三方索赔等。把损失降低到最低限度,是合同危机管理的最现实的目标。发生合同危机,属于合同管理的非常规情况,企业的业务部门在这个阶段只能与法务部门或顾问律师做好企业领导的参谋,而企业领导的亲自决策、直接参与则显得非常重要。化解危机,需要的是高效率,错过时机将使危机演变成现实的纠纷或损失。

〖联系实际〗 请你对自己企业对外交易的合同进行复查,哪些条款设计存在潜在风险,哪些签字盖章不规范,哪些合同在履行时发生过纠纷?针对存在的问题,你将出台哪些措施,对合同管理进行改进?

3.2.2 企业工业产权的法律保护

【导入案例】 2000年2月,珠江公司开始生产、销售"冰牛奶"产品,并在全国范围内对该产品进行广告宣传。珠江公司的"冰牛奶"产品销售十分火爆。2000年10月,西安冰牛工业公司申请并成功注册"冰牛"文字及图案组合商标。2002年5月,西安冰牛公司向珠江公司发出律师警告函并提出索赔。2006年8月,西安冰牛公司以珠江公司的"冰牛奶"产品构成商标侵权为由将珠江公司及其西安销售商诉至西安市中级人民法院。

〖想一想〗 珠江公司的"冰牛奶"是否侵犯了西安冰牛公司的"冰牛"商标权?

法律建议参考:"冰牛奶"是一种通用商品名称,文义是"冰冻型的牛奶饮料",且由珠江公司使用在先。虽然"冰牛"为注册商标,但珠江公司使用"冰牛奶"只是用来说明牛奶饮料的特征和属性的,此种使用合法,不存在不正当的目的,符合《关于商标行政执法中若干问题的意见》第9条第3款"善意地说明商品或服务的特征或者属性,尤其是说明商品或者服务的质量、用途、地理来源、种类、价值及提供日期"。在判断商标相同或者相近似中,不能简单地从有多少相同的字来理解两者相同或者相近似,而要从商标各自的意思指向判断,事实上"冰牛奶"并没有造成消费者对"冰牛"商标的混淆。因此,珠江公司并没有构成侵权。

南京××照明公司自行研制的系列路灯,于 2004 年 8 月 2 日向国家知识产权局申请了外观设计专利,并于 2005 年 2 月 9 日被授权生效,2005 年 4 月份发现山东××公司在未经其同意的情况下,使用该公司专利产品进行某项目路灯安装。为此,南京××照明公司与山东××公司进行交涉无果,向法院提起诉讼,请求法院确认山东××公司侵犯南京××照明公司外观设计专利权;要求山东××公司停止侵权、消除影响、赔礼道歉;要求山东××公司赔偿南京××照明公司损失 30 万元人民币,并承担本案诉讼费及相关费用。山东××公司辩称其没有生产南京××照明公司的专利产品,只是从生产厂家购货,实施了路灯安装,侵犯外观设计专利产品之事与其无关。

〈想一想〉 山东××公司是否侵犯了专利权?南京××照明公司是否能获得赔偿?

法律建议参考:在确认是否侵权时,首先要确认外观设计专利是否有效,在获得专利权证之后是否按照国家知识产权局的要求缴纳相关专利费用,确保专利权的现实有效性。法院依据《专利法》第 21 条第 2 款"外观设计专利权被授予后,任何单位或个人未经专利权人许可,都不得实施其专利,即不得为生产经营目的的制造、销售、进口其外观设计专利产品"的规定,认定山东××公司构成了侵权,故责令山东××公司立即停止侵权。但法院认为,专利权作为一种财产权,侵权行为影响的只是专利权人的经济利益,并未损及专利权人的精神权益,对消除影响、赔礼道歉的请求不予支持。并且山东××公司并不是专利产品的生产者,其只是购买之后安装,能提供其产品的生产者和产品合法来源的证据,根据《专利法》第 63 条第 2 款"为生产经营目的使用或者销售不知道是未经专利权人许可而制造并销售的专利产品或者依照专利方法直接获得的产品,能证明其产品合法来源的,不承担赔偿责任"的规定,法院对南京××照明公司要求赔偿损失的诉讼请求也不予支持。由此可见,本案中虽然南京××照明公司胜诉,但并没有获得赔偿。

工业产权又称"工业所有权",是指权利人对商品生产和流通中的创造发明和显著标记等智力成果,在一定地区和期限内享有的专有权和独占权,包括发明、实用新型、外观设计、商标、服务标记、厂商名称、货源标记、原产地名称等。在我国,工业产权主要是指商标专用权和专利权。商标专用权是指注册商标的所有人对其所有的注册商标享有独占的使用权,未经其许可,任何人都不准在同一种商品或者类似商品上使用与其注册商标相同或近似的商标。专利权是指发明创造人或其权利受让人对特定的发明创造在一定的期限内依法享有的独占实施权,是知识产权的一种。法律对工业产权的保护多是与公平竞争的权利相联系的,那么,企业该如何获得工业产权保护呢?

其一,企业要获得工业产权需要主动申请。

与著作权一旦完成便自动获得不同,商标专用权与专利权都是依申请注册或申请审批获得。除了人用药品和烟草制品的商标是强制注册的以外,其他商标都是自愿注册,但只有依法注册的商标才获得专用权,并受到法律保护。企业使用的商标如果未经注册,则不享有商标专用权,别人也可以使用这个商标,使得商标标明商品来源的基本作用受到了影响,也导致商标代表商品质量和信誉的作用大打折扣;一旦他人将该商标抢先注册,该商标的最先使用人反而不能使用该商标,或者有侵犯他人商标权的可能,影响企业的正常经营;未注册商标不能形成工业产权,也不能成为使用人的无形资产。外观设计与商标同属于企业品牌识别系统,企业通常会申请外观设计专利,获得10年的专利权。但对于技术类科研成果,企业不一定适合申请发明专利或实用新型专利。因为专利保护有其局限性,例如发明超过20年保护期限、实用新型超过10年保护期限,企业这一创新将被无偿公布,贡献给社会,任何企业均可免费使用该发明或技术创新;申请专利必须将企业的技术文件公之于众,使该技术成为公知技术,破坏了秘密性,给不法分子仿造专利提供了现实条件;科研成果被授予专利后,其他企业可以在已获得专利的技术基础之上,再发展成新的发明创造,获得新的专利,尽管企业的专利仍然受到法律保护,但是与更新的技术相比已经处于劣势,企业将失去竞争力;申请专利需要支付一定的费用,而获得专利后也要缴纳年费。因此,企业是选择专利保护还是商业秘密保护,不能一概而论,要具体问题具体分析:

1. 反向工程的难易程度

反向工程是指通过对产品进行解剖和分析,从而得出其构造、成分以及制造方法或工艺。反向工程获得的技术是合法的。对于企业的科研成果,如果其他企业不可能通过反向工程或者很难通过反向工程而获得该技术,那么,企业宜选择商业秘密保护;对于容易被其他企业反向工程获得技术的科研成果,企业宜选择专利保护。

2. 科研成果价值的期限长短

现代科技发展迅速,有时不到半年时间,技术就已被淘汰。因此,企业应评估自己科研成果的价值期限。如果该科研成果的期限不超过专利法保护的期限,那么企业可以选择专利保护。但是,对于企业的科研成果如配方,会长期源源不断地为企业带来经济利益,那么,企业可以选择商业秘密保护,因为商业秘密保护不受期限限制。例如,美国人彭巴顿1886年5月发明了可口可乐饮料配方,距今已一百多年,一直没有申请专利。但这项配方发明采用技术秘密保护获得的经济利益,比申请专利保护取得的经济利益要大得多。

3. 能够获得专利的可能性高低

我国专利法对授予专利规定了严格的"三要件",即新颖性、创造性与实用性。企业通常会有一些技术改进或革新等,但又不具备专利的条件。如果企业将这些改进或革新申请专利,而结果未被授予专利,那么该技术改进或革新将变成公知技术,任何企业均可任意使用。我国近几年专利申请获得批准约为25%,也就是说,国家现受理的专利申请大部分并未授予专利,因此,企业应事先分析该科研成果被授予专利的可能性,对于被授予专利可能性高的科研成果,可以选择专利保护;对于被授予专利可能性低的科研成果,宜采用商业秘密保护。

4. 经济价值大小程度

由于专利保护需要企业向专利部门支付一定的专利费用,因此,从企业利益考虑,对于经济价值低的科研成果不必选择专利保护而应选择商业秘密保护;而对那些经济价值高且市场需求量大的产品或技术应申请专利保护。

【拓展资讯】 商标申请注册的程序

(一)商标查询

1. 商品/服务的类别可查《类似商品和服务区分表》第九版。

2. 查询商标是否已被注册:可以进入中国商标 http://sbcx.saic.gov.cn/trade/查询。

(二)提交商标注册申请所需提交的资料

1. 商标注册委托书；
2. 申请人资格证明资料；
3. 商标图样；
4. 优先权证明；
5. 列出寻求注册的商品或者服务,指出商标类别。

(三)受理商标注册通知

商标局收到商标申请资料后,会先详细检视申请表格及所有附件,以查看表格内须填写的部分是否已经填妥、有关资料是否正确、所需资料是否不全、费用是否交齐。如无意外,商标局会出具受理通知书,时间大概为20个工作日。

(四)审查

商标局会查核有关商标是否具有显著性,是否符合中国商标法律法规所定的注册规定,时间大概为9个月。如审核通过,申请程序将进入下一阶段:初审公告阶段。

(五)登报公告

初审公告为期3个月,如无人提出异议,该商标就可以成功注册了。

(六)注册

商标注册申请被核准后,该商标的详细资料便会记入注册记录册,并向申请人发出注册证明书(整个时间为一年左右)。注册日期会追溯至提交申请当日,换言之,作为注册商标拥有人的权利,应从提交申请当日起计。商标注册有效期为10年,快到期的前半年可以办理商标续展手续。

其二,企业要建立工业产权保护制度。

工业产权具有知识面广、专业性强的特点,对工业产权的保护是一个长期而艰巨的任务,关系到企业的发展乃至生存基础,企业应在法务部门或律师顾问的指导下,建立健全工业产权内部规章制度,加强员工工业产权法律意识的培训。在商标管理方面,对商标的设计,要有严格的内部审核程序,审核商标是否有显著性和识别性;明确商标注册证、注册商标标识和商标许可使用合同如何管理;对商标的印制生产实行严格的责任制度,从而使注册商标的日常使用制度化、规范化;还要根据企业发展阶段,形成企业商标体系,达到商标行为与经营行为、商标信誉与企业信誉、商标优势与企业优势的"三统一"。在专利管理方面,要建立专利、专有技术申报制度;确定员工在工作中完成专利的归属及奖励办法;明确专利信息如何管理和利用,专利技术如何许可或转让;发现侵权行为如何处理;员工应承担的保护企业专利的义务,以及造成泄露应承担的责任等。

设立专门机构或专门管理人员也十分必要,现在虽然不少企业加强了内部工业产权管理工作,但存在管理职能分散、职责不清等问题。从实践经验来看,不宜将工业产权管理分散到多个职能部门。规模大的企业应设立专业部门,全权负责企业工业产权的管理与决策,也可以将管理工作归并到一个综合性的岗位。

【案例分析】 阅读以下企业内部商标管理制度、专利管理制度,以及通过网上查找本行业具有代表性的工业产权管理制度,制定适合自己企业的工业产权管理制度。

××公司商标管理制度

第一条 为加强公司商标管理,强化员工商标意识,正确运用商标战略和策略,不断提高商标的信誉价值,争创驰名商标,利用公司商标的无形资产实现内强素质、外树形象战略,进一步开拓市场,提高效益,加速发展,特制定本《制度》。

第二条　通过建立规范的公司商标管理制度,确保商标的显著性、独创性;确保商标国际国内注册的及时性;确保商标依法正确使用;确保商标所指定的商品质量与创新;确保商品服务信誉;确保商标专用权不受侵犯及其价值不断增值。

第三条　公司企发部是商标管理的主管部门,其职责是:
(一)负责制定商标管理的规章制度;
(二)负责商标的申请、注册、续展、转让、评估、使用许可的审核工作;
(三)负责处理公司商标被侵权及纠纷案工作;
(四)指导、监督下属企业及关联企业的商标管理工作;
(五)负责商标的档案管理、信息处理;
(六)提供商标专业知识咨询服务及培训教育;
(七)负责与政府行政管理部门联络;
(八)负责有关商标的其他事项。

第四条　管理部门、子公司及关联企业的职责是:
(一)负有保护公司注册商标专用权的义务;
(二)履行商标使用许可合同中双方约定的权利和义务;
(三)有权对商标专用权的特许使用、有偿使用提出建议;
(四)各管理部门、子公司及关联企业负责人对本《制度》负有具体实施的责任;
(五)各相关部门、关联企业在使用公司注册商标时,负有维护商标完整性的责任,对商标侵权行为有举报的义务。

第五条　产品开发部门在新产品开发初期,应同时考虑新产品商标的使用,并应根据国家商标的审核周期提前向企划部申报注册商标。

第六条　公司企划部根据企业的经营战略需要,按国际商标注册的规则办理境外商标注册。

第七条　各子公司、关联企业需自行注册商标的,可参照本《制度》自行办理相关手续。商标核准注册后,报公司企划部备案。

第八条　公司企划部应该经常与政府商标管理部门保持联系,接受专业指导,掌握商标政策法规,了解商标信息,以提高商标管理水平。

第九条　商标的使用要求:
(一)使用公司注册商标,应在商品包装上标明注册商标及标记"®";
(二)在使用本公司注册商标前,应确认其使用是在核定的商品范围内,如需在未注册类商品上使用,则应另行提出注册申请;
(三)使用公司注册商标时,应以核准注册的文字、拼音、图形及其组合元素规范使用,不能随意改变。

第十条　商标的使用许可:
(一)××有限公司为注册商标的所有人,公司所属各部门、非法人资格的分支机构是商标的当然使用人。
(二)公司下属具有法人资格的各子公司、各关联企业需使用本公司注册商标的,应签订使用许可合同。
(三)使用许可合同文本应采用商标局规定的范本。其主要内容有:双方名称、地址、使用许可的商标名称、注册证号码；使用许可商标的商品范围和期限；使用许可商标标志的提供方式；许可人提供的相应技术和许可人监督商品质量；被许可人保证商品质量的措施；使用许可的报酬数额和支付方式；双方争议的处理方式及违约责任等。

（四）公司所属质量监督部门和负责经办商标使用许可的部门，应经常对使用许可商标的厂家进行抽样检测，并向当地的政府质检部门咨询其质量状况。

（五）对质量不稳定、企业信誉低、售后服务差的商标使用许可企业，应责令其限期改正，直至终止其商标使用资格。

第十一条　商标的使用许可需由经办部门向公司企划部提出申请，并负责草拟许可合同，按《××有限公司合同管理办法》规定的程序审核，报公司董事会讨论通过，经批准后方可签署。

第十二条　发生商标使用许可合同纠纷时，经办部门应及时报告公司企划部，并配合处理。

第十三条　注册商标标识的印制应严格按照《商标印制管理办法》的规定。承印单位必须持有工商部门核发的《印制商标单位证书》及《商标印制业务管理人员资格证书》。

第十四条　公司企划部对商标侵权案件应及时进行调查取证，各相关部门应积极配合。对经初步核实涉嫌侵权的案件，应分别采取报请工商行政部门查处、与侵权方协商赔偿、对侵权方提起诉讼等方式处理。

第十五条　建立和完善产品质量保护体系，优化产品质量，争创精品名牌，保障消费者利益，维护商标信用的最大化。

第十六条　对于外借、转让企业商标的行为视其情节影响予以经济处罚、行政处分，直至追究法律责任；对于发现仿冒、伪造公司商标或利用公司商标进行商务活动的举报者予以奖励。

第十七条　本《制度》在执行中如有与国家商标法律法规相抵触的，以国家相关法律法规为准。

第十八条　本《制度》由公司企划部负责解释。

第十九条　本《制度》自发文之日起施行。

××公司专利管理制度

第一章　总　则

第一条　为规范公司专利工作，充分发挥专利制度在公司发展中的作用，促进公司技术创新和形成公司自主知识产权，推动公司加强对知识产权的管理、保护和利用，依据《专利法》和《专利法实施细则》，结合本单位的实际，制定本制度。

第二条　公司专利工作的任务是充分依靠和运用专利制度，鼓励和调动公司员工的积极性，为公司技术创新以及生产、经营服务。

第三条　公司总经理和"知识产权办公室"共同负责对公司专利工作进行宏观指导和协调。公司的专利申请指标及专利管理水平作为评价和考核公司技术创新工作业绩的重要依据。

第二章　管理机构及人员

第四条　"知识产权办公室"负责专利管理及各类制度建设，报总经理批准后由"知识产权办公室"负责执行。

第五条 "知识产权办公室"指定专人对公司专利申请文件进行管理,专利管理人员与公司签订《企业技术保密协议》。

第六条 专利管理人员每年年初制订该年度的专利工作计划,并由"知识产权办公室"存档备案。

第七条 "知识产权办公室"负责公司内部的专利工作宣传及培训。

第三章 机构职能及职责

第八条 "知识产权办公室"是本公司组建的一个致力于知识产权研究和发展及合作方向的新型职能部门。负责专利的申报与管理、专利技术的对外商务合作,配合公司技术部门开展新项目技术研发和新产品技术规划。

第九条 主要职能范围包括:项目的研发;专利项目的申报;政府专利资助金的申领;专利资产的综合评估;与专利代理机构的沟通;专利的维权;专利技术的组织开发和公司内专利成果的转化;专利库的建立;专利新项目的可行性研讨、立项、申报。

第四章 专利申请

第十条 员工提交的专利申请由"知识产权办公室"与公司总经理共同评定技术创新性。

第十一条 对任何一项发明创造是否申请专利,由"知识产权办公室"分析和评价后报公司总经理决策审定。

第十二条 任何个人或部门不得在申请专利之前进行有关科技评价、评估、产品展览与销售等可能会导致发明创造公开丧失新颖性的活动。

第十三条 申请决定做出后,专利管理人员准备好专利申请技术资料,由"知识产权办公室"统一办理专利申请。

第五章 专利维持与放弃

第十四条 公司每项专利在授权维持期间,由"知识产权办公室"与中国专利局进行联系,办理一切与专利相关的手续。

第十五条 "知识产权办公室"认为某项公司专利产品丧失维持价值,可向公司领导提出申请放弃专利。

第六章 专利许可及转让

第十六条 本公司许可或转让他人实施专利的,或本公司实施他人专利的,应签订书面专利实施许可或转让合同,专利许可或转让的收费及相关条件由"知识产权办公室"提出意见报总经理批准,及时向国家专利局登记公告。

第七章 专利保护

第十七条 公司及其员工应时刻注意对本公司专利权的保护,维护公司的合法权益。

第十八条 发现侵权行为,"知识产权办公室"应及时报公司领导并做好调查取证工作,必要时可请求专利管理机关调处或向人民法院起诉。

第十九条 公司应自觉遵守专利法及其有关规定,不得侵犯他人专利权。

第八章 专利信息的管理和利用

第二十条 专利管理人员负责日常专利信息的收集:

(一)国家颁布的与专利相关的法律、法规和规定;

(二)与本公司产品和技术有关的专利文献。

第二十一条　专利管理人员负责日常专利信息的保存：

(一)公司内部的各种专利管理规定；

(二)研究开发过程中的工作记录和有关文件；

(三)技术合同文件，包括技术开发、技术转让、技术咨询、技术服务等。

第二十二条　建立公司专利信息数据库，产品、技术研究开发立项之前，应进行专利文献检索，在研究开发过程中及完成后，要进行必要的跟踪检索，公司研究开发项目进行鉴定验收时应有专利检索报告。

第二十三条　对公司重大的新技术、新产品研究开发项目，或者公司具有重大市场前景需要申请外国专利的技术创新成果，要进行项目专利战略研究，提出专利战略分析报告。

第九章　专利界定及奖励

第二十四条　执行本公司的任务或者主要是利用本公司的物质技术条件所完成的发明创造为职务发明创造，申请专利的权利属于本公司。下列四种情况均属于职务发明创造：

(一)在本职工作中做出的发明创造；

(二)履行公司交付的本职工作之内的任务做出的发明创造；

(三)离开本公司一年内做出的，与其在本公司承担的本职工作或本公司分配任务有关的发明创造，其个人申请专利的权利属于本公司；

(四)公司员工在离开公司时，不得将本公司专利技术资料带离，并且在一年内不得将应属于本公司申请的发明创造申请个人专利。

第二十五条　利用本公司的物质技术条件所完成的发明创造，申请专利的权利和专利权归属为本公司，有约定的，从其约定。

第二十六条　员工在业余时间，在没有利用本公司物质技术条件(包括资金、设备、原材料或者不对外公开的技术资料)等的前提下，并且与本职工作任务无关的发明创造，则视为非职务发明创造，申请专利的权利属于发明人。

第二十七条　对于职务发明专利申请，公司按照专利法的有关规定对发明人进行奖励，以鼓励员工创新，积极申请专利。对发明专利、实用新型专利、外观设计专利的奖励由"知识产权办公室"提出意见报总经理批准。

第十章　责任与处罚

第二十八条　员工将职务发明创造以非职务发明创造申请专利的，或者有其他严重违反本制度规定的，损害公司权益行为造成公司严重损失的，公司将依法采取措施，追究其应承担的法律责任。

第二十九条　公司专利管理人员玩忽职守，履行职责不当或者泄露秘密，造成公司损失的，依据有关法律、法规和政策的规定，承担相应的责任。

第十一章　附　则

第三十条　本制度由××公司解释。

第三十一条　本制度自公布之日起实施。

> {练一练} 请根据以上案例的思考，拟定本企业的工业产权管理制度，设立专门的职能部门进行管理（可另附页）。

其三，发现工业产权被侵犯时，企业要积极维权。

企业发现被侵权时，有两种途径可以寻求救济：一是行政救济，二是司法救济。根据《商标法》第53条的规定："有本法第五十二条所列侵犯注册商标专用权行为之一，引起纠纷的，由当事人协商解决；不愿协商或者协商不成的，商标注册人或者利害关系人可以向人民法院起诉，也可以请求工商行政管理部门处理。工商行政管理部门处理时，认定侵权行为成立的，责令立即停止侵权行为，没收、销毁侵权商品和专门用于制造侵权商品、伪造注册商标标识的工具，并可处以罚款。当事人对处理决定不服的，可以自收到处理通知之日起15日内依照《行政诉讼法》向人民法院起诉；侵权人期满不起诉又不履行的，工商行政管理部门可以申请人民法院强制执行。进行处理的工商行政管理部门根据当事人的请求，可以就侵犯商标专用权的赔偿数额进行调解；调解不成的，当事人可以依照《民事诉讼法》向人民法院起诉。"根据《专利法》第60条的规定："未经专利权人许可，实施其专利，即侵犯其专利权，引起纠纷的，由当事人协商解决；不愿协商或者协商不成的，专利权人或者利害关系人可以向人民法院起诉，也可以请求管理专利工作的部门处理。管理专利工作的部门处理时，认定侵权行为成立的，可以责令侵权人立即停止侵权行为，当事人不服的，可以自收到处理通知之日起十五日内依照《行政诉讼法》向人民法院起诉；侵权人期满不起诉又不停止侵权行为的，管理专利工作的部门可以申请人民法院强制执行。进行处理的管理专利工作的部门应当事人的请求，可以就侵犯专利权的赔偿数额进行调解；调解不成的，当事人可以依照《民事诉讼法》向人民法院起诉。"

可以看出，当工业产权被侵权时，权利人既可以寻求司法救济，也可以寻求行政救济。但是行政部门的处理决定不是终局的，当事人不服还可以诉至法院，而且行政部门只针对侵权行为是否成立和责令停止侵权行为做出处理决定，至于侵权赔偿问题，行政部门只能应当事人的请求进行调解，调解不成的，当事人可另行向人民法院提起赔偿诉讼。鉴于行政救济所具有的上述局限性，实践中，权利人在面对侵权行为时，大多数都会直接寻求司法救济。因此，从司法救济的角度来讲，权利人做好诉前准备和评估工作诉讼是一项具有复杂性和较高的风险性的法律工程，如果不事先做好必要的准备和评估工作而贸然启动，就容易在诉讼过程中陷入被动，甚至面临败诉风险。为了最大限度地降低诉讼风险，准确地预测诉讼前景，权利人应当在起诉前进行充分的调查取证，并根据获取的证据做好诉前侵权分析工作。

另外，因取得、转让、使用等商标、专利等合同行为引起的纠纷，可以约定申请仲裁或由乙方提起合同之诉。对行政机关确权等行政行为不服的，行政相对人可以申请复审，乃至向法院提起行政诉讼。

关于工业产权诉讼的专业技术性强、法律关系复杂、取证和举证困难、侵权形式多样、赔偿数额难以计算，特别是专利案件第一审直接由中级人民法院管辖。当事人在进行工业产权维权时，一定要收集好各种权利证据、侵权证据、损害赔偿的证据等，必要时聘请专业的律师提供法律支持。

课后思考

　　本章主要以企业主、总经理、中高层管理者为读者对象,解读了在竞争日益激烈的情况下,企业参与竞争应遵守哪些法则,自觉摒弃不正当竞争行为,同时如何加强内部管理,如何寻求外部救济,保障自己的公平竞争权。学习完本章后,请你想一想,你在实际中曾经看到过哪些不正当竞争行为?这些行为会有哪些危害?自己企业的经营策略是否需要调整以更好地适应公平竞争?企业在合同、工业产权等内部管理上是否还可以改进?如何在法律的框架下获得更大的竞争优势?

实训项目

　　谈判,一般被误以为是"讨价还价",谈判在韦氏大辞典的定义是:"买卖之间商谈或讨论以达成协议。"因此成功的谈判是买卖之间经过计划、检讨及分析达成互相可接受的协议或折衷的一种方案,这些协议或折衷方案里包含了所有交易的条件,而非只有价格。企业在对外经营中规避合同法律风险的逻辑起点是加强商务谈判能力,在程序上有计划、有步骤地保障谈判能够达成,体现共赢的交易条件。因此,为相关岗位制定规范的合同谈判流程,能从源头上降低法律风险。请模拟下面的采购谈判程序,进一步了解和掌握采购谈判及合同订立的基本流程和内容,画出合同谈判流程图,制定与合同谈判相关的制度。在此过程中你还需特别关注产品质量、正当竞争、工业产权等相关内容。

××商业连锁有限责任公司		总编号	BBG—×××	发布日期		年　月　日	
^^		部门编号	CGZX—03	^^		^^	
文件名称		合同谈判流程	版次	01	页码		01/03
编　制	采购中心办公室	审　核		批　准		秘级	一般

1. 目的
为达成供需双方合作目标的一致,实现双赢。
2. 适用范围
全体采购人员。
3. 参考文件
《××××2014(×)号》
4. 职责与权限
4.1 本流程专为洽谈商品的《供应合同》《联营合同》《租赁合同》设定。
4.2 采购中心办公室监督此流程执行。
5. 谈判流程
5.1 谈判准备阶段
5.1.1 计划和调查研究
• 根据合作品牌及供应商,制订年度合同谈判计划(销售、毛利率、费用)。
• 针对合同谈判计划,调查了解各品牌、各供应商以往的合作情况及年度发展计划,确定该品牌的谈判目标值,此目标需要得到商品部部长的确认。
5.1.2 建立商品信息平台
• 根据电脑系统内已有的大类商品明细,确定小类商品组成表,选择好要引进的单品、物流方式、合作区域及供应商。

续表

- 明确总部及片区商品资源,分配片区商品引进范围。
- 根据小类商品组成表,确定门店商品配置表。
- 建立有效信息平台,将商品信息分类,并下发至各片区采购。
- 区采购接收商品信息后,同样寻找、了解、分析供应商的资源。

5.2 谈判阶段
5.2.1 看样
- 确定引进的商品,看其样品外观、质量,食品类商品需品尝其味道,并检查其证件资料等。

5.2.2 报价
- 供应商将商品价格表交我方采购员,我方进行市场价格调查,对比、分析、确认后再定售价(定价以消费者需求为导向认定,确保小类商品毛利率目标的实现)。

5.2.3 洽谈
- 双方确认引进商品明细。
- 确定物流方式。
- 确定单品合作门店或范围。
- 采购协议进价的重新确认。
- 确定合作的生意量(销售额)及毛利率目标。
- 确定结算方式。
- 确定供应商的各项费用赞助。
- 约定其他附带条款等。

5.2.4 二次谈判
- 首轮谈判结束后,双方意见如不能达成一致,则进入二次谈判,直至双方就合作条件达成共识为止。

5.3 总结阶段
5.3.1 谈判小结
- 各采购员应在首轮谈判后将此次谈判的结果向商品部部长汇报:供方提出的合作要求、对比和分析我方制定的谈判目标、双方已达成的项目、确定下一轮谈判的重点及要解决的问题、机会和威胁等(SWOT 分析),与商品部部长确定调整方案。

5.3.2 谈判后
- 在双方就合作条件达成一致后,填写《合同申报表》,报商品部部长审核(片区的,则需先报片区经理审核),再上报采购总监。

5.3.3 反馈
- 经采购总监审批同意后,方可签订正式合同文本。

附录

企业法律风险体检评估表

请你花几分钟时间,根据自己企业的实际情况填写这份问卷,它可以帮助你诊断、反思企业的法律体系健全程度、存在或潜在的法律风险,你还可以寻求法律顾问的专业帮助,针对贵公司提供高质量的法律服务。

第一部分 综合篇

(　　)1. 贵公司是否组建了内部法律事务部?
A. 是　　B. 否　　C. 否,但有专人负责法务

(　　)2. 贵公司是否聘请常年法律顾问?
A. 是　　B. 否

(　　)3. 贵公司是否认识到事前预防、事中控制法律风险对企业的益处?
A. 是　　B. 否

(　　)4. 贵公司重大经营问题的决策是否征询法务人员或律师的意见?
A. 是　　B. 否

(　　)5. 贵公司是否对员工进行法律知识技能方面的培训?
A. 是　　B. 否

(　　)6. 目前贵公司最关注的法律风险是什么?(可多选)
A. 规范内部制度　　B. 合同审查及纠纷　　C. 企业对外投资　　D. 劳动关系
E. 债务清收　　F. 侵权索赔　　G. 知识产权　　H. 其他

(　　)7. 贵公司一年内是否受到过工商部门的行政处罚或处理?
A. 是　　B. 否

(　　)8. 贵公司一年内是否受到过税务部门的行政处罚或处理?
A. 是　　B. 否

(　　)9. 贵公司一年内是否受到过其他行政部门的处罚或处理?
A. 是　　B. 否

(　　)10. 贵公司一年内是否发生过诉讼或仲裁?
A. 是　　B. 否

第二部分 公司治理篇

(　　)1. 贵公司的股东会(或股东大会)是否定期召开?
A. 定期召开　　B. 偶尔召开　　C. 很少召开　　D. 从不召开

(　　)2. 贵公司是否向股东提供财务报告?
A. 定期提供　　B. 偶尔提供　　C. 从不提供

(　　)3. 贵公司对外投资、担保等事项是否由股东会(或股东大会)表决?
A. 均表决　　B. 偶尔表决　　C. 从不表决

(   )4. 贵公司的股东会(或股东大会)是否有议事规则?
　　A. 是　　B. 否

(   )5. 贵公司是否设立了董事会? 如有,是否定期召开?
　　A. 设立,定期召开　　B. 设立,偶尔召开　　C. 设立,很少召开　　D. 未设立

(   )6. 贵公司就董事会运行及议事规则是否制定了相关制度?
　　A. 是　　B. 否

(   )7. 贵公司是否设立了监事会? 如有,是否定期召开?
　　A. 设立,定期召开　　B. 设立,偶尔召开　　C. 设立,很少召开　　D. 未设立

(   )8. 贵公司就监事会运行及议事规则是否制定了相关制度?
　　A. 是　　B. 否

(   )9. 贵公司是否制定了总经理办公细则?
　　A. 有　　B. 没有,但有关于规定总经理职责的其他文件　　C. 没有制定相关规范

(   )10. 贵公司是否拥有内容完备的公司章程?
　　A. 有,且内容完备　　B. 有,但不完备

(   )11. 贵公司股东或实际控制人持有的公司股权是否存在质押、冻结和其他权利的限制?
　　A. 是　　B. 否

(   )12. 贵公司高级管理人员是否在控股股东、实际控制人及其控制的其他企业中担任除董事、监事以外的其他职务或者领薪的情况?
　　A. 是　　B. 否

(   )13. 贵公司是否存在与控股股东、实际控制人及其控制的其他企业同业竞争的情形?
　　A. 是　　B. 否

(   )14. 贵公司是否存在与控股股东、实际控制人及其控制的其他企业进行显失公平的关联交易的情形?
　　A. 是　　B. 否

(   )15. 贵公司与控股股东、实际控制人及其控制的其他企业间有无业务、财务、资产、人员、机构混同的情形?
　　A. 是　　B. 否

(   )16. 贵公司有无资金被控股股东、实际控制人及其控制的其他企业以借款、代偿债务、代垫款项或者其他方式占用的情形?
　　A. 是　　B. 否

(   )17. 贵公司高级管理人员最近3年内是否受到过刑事、民事、行政处罚或纪律处分或对所任职公司因重大违法违规行为而被处罚负有责任或者存在个人负有大额债务到期未清偿的情形?
　　A. 是　　B. 否

第三部分　合同篇

(   )1. 贵公司是否每次交易都与对方签署书面合同?
　　A. 全部签署　　B. 大部分签署　　C. 少部分签署　　D. 基本不签署

(   )2. 贵公司对内部工作人员对外签署合同是否有书面的授权委托书？
A. 是   B. 否
(   )3. 贵公司填发授权委托书及授权委托书的使用是否有相应的管理制度？
A. 是   B. 否
(   )4. 贵公司洽谈、签订、履行合同是否明确具体的合同承办人？
A. 是   B. 否
(   )5. 贵公司授权签署合同的委托代理人和合同承办人是否经过相关法务培训？
A. 是   B. 否
(   )6. 贵公司对外签署合同有以下哪些程序？（多选）
A. 市场可行性调查   B. 法律尽职调查   C. 谈判、起草合同   D. 合同会审
E. 合同复审   F. 合同外审   G. 主管领导审批   H. 合同签署   I. 合同归档
(   )7. 贵公司签署合同时，对相对方的哪些情况进行审查？（多选）
A. 主体资格审查   B. 履约能力审查   C. 代理人资格审查
D. 信誉状况审查   E. 合同标的法律状况审查
(   )8. 贵公司签订合同前的合同文本是否有律师进行审查？
A. 有   B. 部分有   C. 没有
(   )9. 贵公司是否有关于合同签订程序及审查的管理制度？
A. 是   B. 否
(   )10. 贵公司是否有合同履行的监督部门及相关制度？
A. 是   B. 否
(   )11. 贵公司在合同履行过程中对双方往来的哪些文件做过留底或保管？（多选）
A. 函件   B. 备忘录   C. 会议纪要   D. 传真   E. 电话记录   F. 电子邮件
G. 单据
(   )12. 贵公司收到或发出订单或传真有无加盖公章确认？
A. 是   B. 否
(   )13. 贵公司是否要求交易对象发出函件时加盖公章？
A. 是   B. 否
(   )14. 贵公司对应验收的标的物，是否由有关部门签署书面验收证明文件？
A. 是   B. 否
(   )15. 贵公司与合同相对方之间信息的送达方式是什么？（多选）
A. 传真   B. 特快专递   C. 公证信函   D. 电报   E. 普通邮件   F. 电子邮件
(   )16. 贵公司合同订立及履行过程中的文件往来是否由专门部门或人员统一管理？
A. 是   B. 否
(   )17. 贵公司有无合同保密制度？
A. 是   B. 否
(   )18. 贵公司对不按合同规定的结算方式办理收款和支付手续的，财务部门是否有权拒绝办理？
A. 是   B. 否
(   )19. 贵公司的合同委托代理人调离本单位或由于其他原因失去代理权限的，是否向贵公司缴销代理授权文件？

A. 是　　B. 否
(　　)20. 贵公司的合同专用章是否由专门部门统一管理？
A. 是　　B. 否
(　　)21. 贵公司合同专用章是否被允许携带外出？
A. 是　　B. 否
(　　)22. 贵公司合同专用章的使用是否有用章记录？
A. 是　　B. 否
(　　)23. 贵公司是否有合同纠纷处理的管理制度？
A. 是　　B. 否
(　　)24. 贵公司发生合同纠纷选择何种方式处理？
A. 和解　　B. 调解　　C. 仲裁　　D. 诉讼

第四部分　知识产权

(　　)1. 贵公司现有的知识产权类型有什么？（多选）
A. 专利　　B. 注册商标　　C. 版权（含软件）　　D. 商业秘密
E. 集成电路布图设计登记　　F. 企业域名注册　　G. 其他
2. 各种类型的知识产权对贵公司收益的重要性：
(　　)2.1 专利　　A. 重要　　B. 一般　　C. 不重要
(　　)2.2 注册商标　　A. 重要　　B. 一般　　C. 不重要
(　　)2.3 版权　　A. 重要　　B. 一般　　C. 不重要
(　　)2.4 商业秘密　　A. 重要　　B. 一般　　C. 不重要
(　　)3. 贵公司是否对管理人员、研发人员进行知识产权宣传和培训？
A. 是　　B. 否
(　　)4. 贵公司是否与员工签订保护公司知识产权的合同或条款？
A. 是　　B. 否
(　　)5. 贵公司在研发合作中是否约定知识产权权利归属和保护的条款？
A. 是　　B. 否
(　　)6. 贵公司是否在开展国内外产品/技术贸易前进行知识产权侵权调查？
A. 是　　B. 否
(　　)7. 贵公司是否主动跟踪国内外竞争对手的专利或其他知识产权进展情况？
A. 是　　B. 否
(　　)8. 贵公司是否已经获得国内注册商标？
A. 是　　B. 否
(　　)9. 贵公司在申请注册商标时，是否在相同或类似商品（或服务）上申请过相同或类似的商标？是否在不同类别中申请过相同的商标？
A. 是　　B. 否
(　　)10. 贵公司与交易对象签订知识产权转让或许可协议时，是否审查过对方作为权利人的正当性和权利的完整性？
A. 是　　B. 否
(　　)11. 贵公司是否在业务计划和经营方针中明确了知识产权工作方针？